粮油市场报

中国粮油书系编辑委员会

主　任｜邱清龙

副主任｜陶玉德　许世文

委　员｜邱清龙　陶玉德　许世文　徐劲松
　　　　　姜道宏　刘新寰　李　平　张前进
　　　　　姚大英

主　编｜陶玉德
副主编｜刘新寰

《中国粮油地理探秘》
　编　纂　裴会永　白　俐

《中国粮油新视点》
　编　纂　裴会永　白　俐

《中国粮油财富解码》
　编　纂　张宛丽　任　敏

《中国粮油产业观察》
　编　纂　石金功　宋立强

《中国粮油人物志》
　编　著　王丽芳

ZHONGGUO LIANGYOU CAIFU JIEMA

中国粮油财富解码

主　编　陶玉德
副主编　刘新寰
编　纂　张宛丽　任　敏

河南大学出版社
·郑州·

图书在版编目(CIP)数据

中国粮油财富解码/陶玉德主编. —郑州:河南大学出版社,2011.1(2012.5 重印)
ISBN 978-7-5649-0370-1

Ⅰ.①中… Ⅱ.①陶… Ⅲ.①粮油工业—工业企业—企业家—生平事迹—中国—现代 ②粮油工业—工业企业—概况—中国 Ⅳ.①K825.38 ②F426.82

中国版本图书馆 CIP 数据核字(2011)第 015082 号

责任编辑　郑华峰
责任校对　郭延豫
整体设计　王四朋　王小娟　王　勃

出版发行　河南大学出版社
　　　　　地址:郑州市郑东新区商务外环中华大厦 2401 号　　邮编:450046
　　　　　电话:0371-86059712(高等教育出版分社)　　　　网址:www.hupress.com
　　　　　　　　0371-86059715(营销部)
排　　版　郑州市今日文教印制有限公司
印　　刷　郑州海华印务有限公司
版　　次　2011 年 1 月第 1 版　　　　　　　　　　　印　次　2012 年 5 月第 2 次印刷
开　　本　787mm×1092mm　1/16　　　　　　　　　印　张　13
字　　数　277 千字　　　　　　　　　　　　　　　　印　数　27001—35000 册
定　　价　25.00 元

(本书如有印装质量问题,请与河南大学出版社营销部联系调换)

总序 /FOREWORD

认识粮食　感知中国

中国文明史虽说非常古老,但粮食的起源和种植却远远长于5000年的历史。在中国农业发展的不同时期,五谷、六谷、九谷甚至百谷,交替成为粮食的代名词。唯一不变的是粮食的价值。

国以民为本,民以食为天。粮食在中国历史、文化、经济的发展中一直占据重要位置。小到人们的日常生活,大到政治事件、国与国的多数军事行动,都与粮食有着或明或暗的牵连,如秦始皇统一度量衡、曹操的官渡坑降、清军入关……粮食在其中扮演着一个隐形的、无台词的主角。

随着工业革命和科技革命的兴起与发展、现代化和信息化进程的日新月异,中国农耕文明逐渐嬗变,并向着农业现代化高速前行。在经济形态不断变革的新形势下,粮食经济拥有的自身属性与产业链条都在发生质的变化。

一

英国人拉吉·帕特尔的《粮食战争》一书,让人们看到一场另类的没有硝烟的"战争"——粮食不仅是一种生存资源,而且成为一种战略武器。

粮食在快速的贸易中被市场化,在高速的科技更替中被高产化、转基因化;粮食本来是必需品,但在全球量化宽松时代,粮食的金融属性更加凸显,成为资本逐利的投资品;粮食作为"白金"已成为新的泛货币化的价值符号,并在全球流动性泛滥的情况下,推动国际大宗商品价格屡创新高……谁控制了粮食,谁就拥有了资本,谁就能控制整个世界,这让人不寒而栗。

对于中国这个拥有世界1/5人口的国家,粮食战略与安全显得尤为重要。杂交水稻之父袁隆平曾直言,中国的粮食安全是"一场输不起的战争"。农业部部长韩长赋亦再三呼吁,中国人的饭碗必须牢牢端在自己手里。

虽说中国农产品自给率很高,粮食也连续7年增产,缔造了世界的奇迹,但我们的粮食生产却依然面临着耕地短缺、基础设施不足、自然灾害增多、环境(土壤、水质)污染加重、市场资本化与科技化羸弱的不利局面,粮食供给仍处于紧平衡状态,品种结构和地区分布也不平衡。粮食安全仍然是一个不可掉以轻心的重大战略问题。

对此,我们有过不堪回首的太多太沉重的记忆。且不说20世纪50年代末对粮食产量的虚报浮夸,也不提三年困难时期粮食匮乏对国人的致命威胁,近30年来,我们有过圈地导致耕地急剧减少的教训,有过缩减种粮面积造成抛荒或"双改单"的失误,有过无视国情以生物质燃料替代原油而造成的苦果,有过面对特大自然灾害难以抵御的几分无奈。"七连增"之前一年——2003年全国粮食产量跌至8614亿斤即为例证。

"我们要有忧患意识,始终保持清醒的头脑。同时,又要树立信心,信心就像太阳一样,充满光明和希望。"站在新的历史起点上,温家宝总理再次以坚定的语气,向世界传递出中国政府的自信和清醒。

谁知岁丰歉,实系国安危。在世界粮食危机愈演愈烈的当下,对于粮食之价值与国情,我们理应清醒认知。

二

粮食如此重要,因此我们必须对粮食的生产者——农民给予高度的敬重,对他们的生存生产现状给以清醒的分析和认识,以保证他们合理的利益诉求,调动他们生产粮食的积极性。

农民与粮食是天然不可分割的。但随着时代的发展,农民的生存状况与过往不可同日而语。过去,农民是"纯粹"的农民,日出而作,日落而息,一辈子被紧紧地拴在一小块土地上;现在,随着城镇化进程的提速,许多农民走进工厂车间、建筑工地,成了城市建设和工业化的一分子,更不乏买房置业者,脱离了农村户口,成了城市市民。

农村劳动力减少导致的直接后果就是农田的抛荒和农业的减产。

为了改变这种局面,国家出台了一系列惠农政策:免除农业税,提高粮食收购价,补贴农民种粮,加快水利基础设施建设……这在一定程度上提高了农民的种粮积极性,农民重新回归久违的土地。

这期间,新生代农民悄然兴起。与祖辈显著不同的是,他们不再满足面朝黄土背朝天的生活状态,不再固守传统的种植方式,有文化、懂技术、会经营成为新生代农民的显著特征,"职业农民"成为他们的耀眼名片。

他们中一些人借助土地流转的机遇,成了远近闻名的种粮大户;一些人依托高效农业和科技产品,让土地生出了"黄金";一些人从粮食深加工中,破解了财富的密码。他们从五谷中体验到成功的快感,并以燎原之势,带动着整村、整乡、整县的农民依托粮食脱贫致富,奔上小康之路。

但是,随着城镇化、工业化建设的加速,农业生产又面临着一些新问题:一方面是耕地不断减少,18亿亩耕地红线几近逾越,保障粮食生产的条件岌岌可危;另一方面是农业比较效益低,种地产粮不挣钱,成为亟待解决的农业难题。

为了解决中国的粮食供给安全问题,必须创造条件,从源头上保证粮食的生产安全。而这一切有赖于正确处理各种矛盾,保证粮食生产的主体——农民的合理利益,培育知识化、职业化的农民。毕竟扎根广袤土地的知识化、职业化的农民最终将成为缔造中国粮食安全的基石。

三

由于历史原因,我们的粮食经济研究起步较晚,基础较为薄弱,存在着重宏观轻微观、重生产轻流通、重开发轻保护等方面的缺陷。系统梳理中国粮油生产、流通、加工、消费全链条,有利于人们在特定的案例中找出普遍的规律,认清客观的形势。

在几千年的农业实践中,中国粮食生产流通经历了若干不同的发展阶段,从刀耕火种到现代化种植,从以物易物的简单交易到现货、期货、资本综合并存的现代化贸易,从部落内交易到国内贸易再到世界范围内的贸易……现在粮食以及引发的粮市、粮世、粮势都与以往千差万别,但我们大部分人对粮食的认知还多简单地停留于糊口上。

作为全国唯一一份粮油行业大报,《粮油市场报》自1985年创刊以来,肩负为耕者谋利、为食者造福的使命,秉持信息食粮、财智向导的办报理念,一直以新闻的力量,执著耕耘于这片广袤的土地。在记录与见证粮食经济发展变革的过程中,我们越发感到粮食形势的多变和信息的重要性,也越发感到肩上的责任之重。

谷贱伤农,贵则伤末。"豆你玩"、"蒜你狠"、"姜你军",由农产品上涨而引发的相关行业商品价格"水涨船高",已直接地影响了我们每个人的生活。随着气候变化、人为炒作等因素影响的加深,刚性需求的加强,全球粮食危机的加剧,明天的不确定性也日益加重。粮食的价值与作用、种植与管理、流通与加工、消费与利用、开发与保护,都需要我们重新来解读、认知。

由《粮油市场报》联合河南大学出版社策划推出的"中国粮油书系",以时代为经,以粮食生产境况、产业发展动态、粮油企业智慧、专家新锐视点、粮食经济地理为纬,突出诠释了当前粮食发展的重点、特征和演变,深入探讨了国家粮食安全、农产品价格以及"三农"等焦点话题,在真实、客观地反映中国粮食经济腾跃图景的同时,也向社会呈现了发展中出现的各种问题与难题。

只有了解粮食的人越多,对"米袋子"工程重视程度越高,才能真正消除粮食安全隐忧,实现民富国强。如果你希望享受丰富的物质生活,那么,就更应该具备以战略思维来看待粮食的智慧和眼光。

只有珍视粮食的价值,珍视农民的力量,我们才能读懂中国粮情国运,我们才能在广阔的天地里,畅快淋漓地品味五谷的芳香,汲取这些来自人与大自然合力带来的惠赐。

前言 /PREFACE

超凡的财富智慧

　　财富,是一个打动人的字眼,在当今社会中,每个人都在追求属于自己的财富,希望能够早日创造幸福。但是,不是每个人都能正确地理解财富,都能借鉴、掌握成功人士的经验,最终获得梦寐以求的财富。

　　在当今社会中,想要创造属于自己的财富,我们最应该掌握的是创造财富的智慧。在创造属于自己财富的路上,那些成功人士不懈奋斗的经历、创造财富的过程、升华提炼出的财富智慧是我们弥足珍贵的"食粮"。这些"食粮"更是财富中的财富,它不仅仅属于个人,同时也是对社会发展的一种推动,对社会进步的一种奉献。

　　儿时住楼房,最爱站在窗前"看风景",希望最终走出去,奔向自己向往的广阔天地。可是因为人小,每次都只能搬张凳子爬上去看。时至今日,这个愿望早已成为回忆,看到的风景也有很多,但永远忘不了的是当初跳上凳子时看到风景的开心和激动。本书的编写目的就是为广大读者提供这样一张"凳子",一个纵览财富智慧的平台,让想要创造财富的人和创造更多财富的人站在更高的高度上,更早、更快、更广地找到创造属于自己财富的正确道路。

　　本书在编写时主要遵循以下四点:

　　首先,语言朴实。本书以朴实平和的语言、生动有趣的经历、丰富深刻的人生感悟,描摹了39位中国粮油商界杰出成功人士的创富实战经验,从每个人的人生历程、心灵成长和财富规律等多个角度探讨和回答了长期以来困扰我们的创富问题,并深入浅出地分享财富智慧所在,让我们充分认识到成为财智的主人需要具备什么样的智慧以及创造财富、保存财富和运用财富有哪些规律可循,等等。

　　其次,内容充实。本书以解读最炫财智人生、关注最潮企业方法为己任,以独特视角,锁定"人物传奇"和"财富模式",解读资本积累的来龙去脉,解析创业创新的跌宕起伏。从细腻而富有财经味道的文字中,让人领悟到这些来自农村或深耕"三农"领域的榜样人物和企业的卓越事迹、管理方略、财智创新、独特风采,通过他们的梦想、辛酸、奋斗和成功历程,向读者呈现了中国粮油财智人物及企业的传奇故事和个性化气质,并从中分享智慧、拓宽视野,引发更多的智慧思考和创业激情。

再次,理念新颖。关注中国粮油领域中那些显现出智慧光芒、具有卓越创造力和非凡品格的人们,关注敢于超越常规、勇于挑战极限的人们,关注粮油界民族品牌的亲历者、开创者。通过面对面交谈、跟踪生活,触摸一个个性格迥异又极具魅力的精英人物,进入他们的企业旅程、思想轨道与情感世界,感受和领悟他们的创业对时代生活、业界变迁所给予的影响。

最后,跨度广阔。本书中的39位财智人物来自辽阔的西部高原,富饶的东北三省,江南的鱼米之乡,中原的新兴粮区,等等;财智人物涉及各行各业,有粮食深加工的,有物流、商流的,有粮食机械的,还有种粮大户、下海官员,不一而足。通过挖掘人物的创业故事、经营智慧,和读者一起分享企业管理经验与发展历程,犹如打开一扇窗,让"三农"企业"身未动心更远",了解更多的外部世界和资讯,为企业提供更多有用的信息,从而为企业家、企业和公众、世界之间搭建了沟通之桥。

"天下没有免费的午餐。"财富决不会是天上掉下的馅饼。放眼本书中的财智人物,尽管他们创业的条件有优有劣,他们积累财富的速度有快有慢,他们的成功或得自于机缘,或取自于努力,或赢得轻松,或挣得艰难,但有一个公认的决定因素必不可少:那就是超凡的财富智慧。智慧是创业的基础,是经营的艺术。希望《中国粮油财富解码》这本财富智慧书,通过专业、财经的解读,带给您一种拨动心弦的感觉和超越金钱的财富智慧,让您看清楚财富规律的"道",然后根据规律制定顺应它的"术"。随着我国市场经济的迅猛发展,伴随着巨大财富商机的到来,一场空前激烈、复杂的商战竞争序幕已经拉开。在这场新的财富争夺战中,愿本书为我国更多的财富英雄横空出世增添更多智慧。

编　者

目录 /CONTENTS

李建军：中国粮机商的国际视野……………………001

刘晓真：抢占中国主食产业化制高点………………006

白瑞平：中国面粉行业的一匹"黑马"………………011

吕平安：农民"小麦育种家"……………………………016

王明峰：中国玉米油产业领军人……………………021

李保安：小粮机的百年企业梦………………………026

高俊安："小豆馆"点亮世纪春…………………………031

康寿福：一块六毛钱起家的"粮油营销家"…………036

周明照：半路起家的"米业航母"掌舵人……………041

马云庆："民天"的智慧…………………………………046

李　广：新型农民的现代农业"舞步"………………051

李东顺：运筹豫北农贸大物流………………………056

刘宗利：打造"功能糖王国"的第一股………………061

贾庆胜："多兵种"支撑北麦复兴………………………066

邢仲芳：打造"航母"的西部"面王"……………………071

高天增：无为而治的饲料"先锋"………………………076

卢新宪：引领中米科技　演绎"大米传奇"..........081

冉德成：临危受命的粮海弄潮儿..........086

孙扬久："人面合一"缔造"面王"传奇..........091

马　鹰：芝麻油王国的"正道"守护者..........096

黄金龙：稻尖上跳舞的"牛司令"..........101

李先国："拼"出宿迁粮食新图..........106

丹志民："五方得利"领军中国面粉加工..........111

郭道雄：打通汉产芝麻油的全国路径..........116

寇　淮：成就"方欣"的学院派商人..........121

王建华：宁夏大米的"思想者"..........126

高凤国：做"利于百姓生活的事业"..........131

石耀武：中国小米第一品牌擎旗人..........136

田　明：让大米"异类"无可遁形..........141

张继华：80后的米市"黑马"..........146

阎德富：棉花世界舞"银河"..........151

汤　宇：剪不断的"绿色情缘"..........156

杨广川：搭建农产品交易高效平台..........161

向　勇：无招胜有招"摘星"油脂业..........166

阎仲黎：齐齐哈尔的"粗粮王"..........171

马家杰：一个现代农民的朴素梦想..........176

米　君：缘定胡麻的执著前行者..........181

相　海：油脂加工行业"设计师"..........186

缪其满：永不满足的"四海"前行者..........191

后　记..........196

李建军：
中国粮机商的国际视野

·姜华山·

人物简史

李建军，河北省正定县西平乐乡南化村人，1967年10月17日出生于一个农民家庭，中共党员，曾获河北省乡镇企业家、河北省乡镇企业系统劳动模范、第五届全国乡镇企业家、石家庄市十大杰出青年等殊荣。1991年创建河北第一家面粉机改修厂，1995年成为致力于各种型号面粉机械制造的民营企业家，2003年组建河北苹乐面粉机械集团，并任董事长至今。

李建军的成功并非偶然，在他眼中那些看似简单的技术改进，恰恰是我们今日所推崇的创新。国内外市场两条腿走路的战略，显示了李建军开阔的国际视野。未来，他将使苹乐朝更加专业化、国际化、多元化的方向发展。

初次见到河北苹乐机械集团董事长李建军时，觉得他长得很像著名相声演员——李金斗，不仅面相神似，连身高体形也颇为接近。这让我们的谈话从开始就在一种轻松的氛围中进行。在两个多小时的时间中，他虽不像说相声那样妙语连珠，但也轻松自然、风趣幽默，尤其是对国内外宏观经济的理解，对国内外粮机行业的洞悉以及对苹乐集团的发展、管理、文化的把控，都表现出了一个企业家的理性与视野。

从1991年时仅有几个人的面粉机改修厂，发展到目前在全国面粉机械行业中位居第一的成套设备生产商，李建军把"诚信"看做苹乐成功的根本。在办公桌后面的墙壁上，"信誉就是资本"的一幅字画非常引人注目。也因此，他特别欣赏古时商贾的"儒商"精神，最大的爱好就是看《胡雪岩》、《乔家大院》、《大商孟洛川》等具有优秀商业历史题材的电视剧和书籍。

李建军现在仅44岁，对于未来，他没有想过把苹乐做成中国500强或者世界500强，他只是想踏踏实实地把苹乐发展成国际一流的专业企业。

引航者

1988年，21岁的李建军在父亲承包的面粉厂刚工作几个月，就发现工厂里面粉机的配件不但购买困难，而且价格昂贵。他没有为此苦恼，反倒看出了其中的商机，当年就做起面粉机的配件销售生意。3年之后，他的生意已经发展到了6个门市部，分布6个县市区里面。李建军也掘到了人生中的第一桶金。

1991年10月，当面粉机配件销售市场即将饱和时，李建军与弟弟李正军、三姐李香菊、四姐李香花及时抽身而出，并作出了人生中的第一个重要决定——共同集资10万元创建了正定县平乐面粉机改修厂，由李建军任法人代表、总经理，河北苹乐集团的前身由此诞生。

把面粉厂的旧机器回收，改装或维修好后再卖出去，李建军姐弟的这种做法，当时在河北省内还没有人尝试过。因此，他们成了该行业"第一个吃螃蟹的人"。经过几年的奋斗，他们手中已经有了几十万元的积蓄。

善于发现市场并开拓市场的李建军注定要孤独地前行，因为几乎在一夜之间，后来者就与他们展开了激烈的竞争，若想继续引领市场，就必须开拓新的市场。通过调查，1994年李建军决定：做上游产品，研制开发生产小型面粉单机。次年，正定县平乐面粉机械制造有限公司正式成立，李建军出任董事长兼总经理，并注册了"苹乐"商标，员工由7人发展到100人。

此时苹乐事实上已实现了发展史上的一次蜕变——企业性质从修理厂变成了制造厂。值得一提的是，曾经多年从事过面粉机械配件销售、机械改修的李建军对市场有着独到的眼光和理解。市场上其他厂家生产的机械有什么不足之处，他们设计生产出的机械必定加以创新和改进。

从1996年起，苹乐的技术研发和创新驶入快车道，众多领先国内外的产品相继研发成功,并投入市场,苹乐的发展也由此进入了快车道。1996年下半年,苹乐面粉机一举占领了中国大部分产麦区。"苹乐面粉机,致富好粮机"的广告语也随之风靡一时。1997年7月,苹乐牌产品首次出口哈萨克斯坦,打开了出口之门。1999年,苹乐成立了国际贸易部,取得了自营进出口权。2003年7月,河北苹乐面粉机械集团成立。

"当时没有想到做到今天这么大。"回首往事,已经成功的李建军颇多感慨,"当时只想领着一帮人干好活就行了,没有想到成了中国第一,成了驰名商标,从来没有想过。"其实,在今天看来,李建军的成功并非是偶然的,在他眼中的那些看似简单的技术改进,恰恰是我们今日所推崇的创新,而这种创新无论是大还是小,都有可能成就一个领袖级的企业,更何况直至今天他们从没有停止过这种创新。

开拓者

2004年之前,虽然苹乐占领了大部分麦产区的市场,但在全国最大的麦产区河南,却一直未能取得大规模突破。

得中原者得天下,这句话在粮机行业同样适用。据李建军估计,河南粮机需求量相当于河北加山东两个省的需求量,所以他一定要把河南这个市场攻破,只有这样,才能把苹乐真正地做成国内一流的企业。李建军抓住了一个难得的机遇。2004年11月27日,苹乐投资2000多万元成功收购了河南企鹅粮机有限公司,组建了"河北苹乐集团漯河企鹅面粉机制造有限公司",成为有史以来中国面粉机行业跨省收购国企第一例。

李建军这一大胆举动在河南省粮机行业产生了巨大的影响,同时也使苹乐品牌知名度大为提升,收购后的第二年,苹乐粮机在河南省的销量就达到了3000万元,占其全年销售额的1/5。

扩大规模后的苹乐很快就实现了二次腾飞。2005年6月,苹乐首套300T大型设备合同签约,实现销售收入1.5亿元,年生产面粉机械能力1500台(套),成为中国面粉机械行业中机型全、规模大的成套面粉机械生产基地。2005年6月23日,"苹乐"牌商标被国家工商行政管理总局认定为中国驰名商标。

2006年10月,苹乐正式控股河南省豫鑫冶金设备有限公司,同时建筑面积为2000平方米的职工宿舍楼、投资百万元新上的全自动喷涂线也投入使用。为了扩大出口力度,苹乐在埃及成立了河北苹乐集团埃及粮食有限公司。2007年,苹乐在17个国家注册了苹乐商标,同时外贸出口创汇达300多万美元,苹乐产品覆盖埃及、埃塞俄比亚、印度、蒙古、利比亚、英国、澳大利亚等20多个国家和地区。2009年,苹乐的产品在国外的销售额历史性地突破了1000万美元,达到1050万美元,超过其全年销售额的40%。

李建军对国外市场的开拓以及他所制定的国内外市场两条腿走路的战略,不仅显示了他开阔的视野,同时在某种程度上还挽救了苹乐。2006~2008年上半年是国内粮机市场的"冬天",国内的很多粮机企业因此陷入困境,但苹乐国外市场销售额达到了680多万美元,几乎实现了100%的增长,极大地支持了国内市场。

放权者

一个企业的生命力如何、工人素质如何、管理方式如何都和这个企业的老总为企业注入的灵魂息息相关。

每天早晨7点50分,李建军都会准时到公司,然后参加点名,和大家一起升国旗、宣誓词、唱厂歌。只要进入苹乐集团,无论在哪儿,你总能体验到一种欣欣向荣的感觉。在李建军看来,抢占了人才的制高点也就是抢占了技术的制高点。目前国内生产磨机知名度最高、水平最高的人都在苹乐,生产高方筛最高水平的人才也在苹乐,因此苹乐所生产的粮机水平基本代表了中国的最高水平。

为了使企业管理更为规范化,2004年,李建军还投资数十万元引进了ERP管理系统,创造了中国面粉机械行业的首例,实现了单纯业务管理人员向业务、信息技术和管理三方面结合人才的转变,为苹乐的深度发展打下了坚实的基础。李建军最终的目标是把苹乐打造成上市公司。目前苹乐的股东仍然只是他们姐弟4人,从资本结构上看是家族企业,但李建军认为上市是一个企业蜕变的过程。只有在各个方面的监督下,企业做事才会更精细、更规范,而只有规范做事的时候,企业才有可能做大。

2007年,李建军为苹乐制定的远景规划是,在3~5年内使外贸出口额达到国内销售额的1/3,在10年内把苹乐打造成国际一流的面粉机生产企业。如今,第一个目标已经实现,他将在5~6年内实现第二目标。

对话

让苹乐在2015年达到国际一流水平

问:在粮机市场打拼了近20年,您怎么看中国的粮机市场?

李建军:我觉得面粉机这个行业是一个比较小的行业,是一个比较窄的行业,它在整个大的粮食加工行业当中只是其中一小部分。中国改革开放30余年,面粉机行业经历了由弱到强、由小到大、由国营到民营这么一个发展过程。谁在这个过程中跟不上,谁就会被淘汰。所以,作为一个企业的决策者,掌握方向时一定要看准下面该怎么走,把这个看准了以后,企业一般不会出大问题。

问:苹乐在国际市场也占领了一定的市场份额,现在国际市场是什么情况?

李建军:整个国际形势分两类情况。一类情况是发达国家,像美国、日本和以英国为代表的欧洲国家,这些发达国家在20世纪七八十年代初期粮机发展到一个阶段以后，这些年的改进并不大，都是一些简单的调整。但是像一些不发达国家或者欠发达国家，近几年的发展势头非常猛，比较有代表性的像埃及、埃塞俄比亚、哈萨克斯坦、印度、巴基斯坦这些国家，近几年粮机行业发展得很快。

问：最近两年苹乐的年销售额达到了多少？

李建军：实际上从2002年我们的销售额就超过1亿了。原先专家们都认为中国的粮机销售额超不过1亿，超过1亿的就是大型企业。我们最多的时候达到了1.8亿，少的时候也有1.3亿至1.4亿，2009年大概是1.6亿。

问：1.6亿能占全国市场份额的多少百分比？

李建军：面粉机市场全国的总容量不超过5亿，所以我们大概占了近1/3。

问：苹乐未来的发展目标是什么？

李建军：粮机发展的划界线是100吨以下的算小型，100吨到200吨算中型，200吨以上算大型。这样去定位的时候，应该说2009年我们接的大型设备套数明显比往年多得多。所以，从未来的角度上看，大型设备是趋势，苹乐首先一定要做成中国最大、质量最稳定的大型成套设备提供商。其次，在提高质量方面，一定要在2015年达到国际一流水平。此外，我们在国外还想建面粉厂、水泥厂，实行多元化经营。

问：布勒可谓是粮机行业的国际一流企业，它是苹乐的目标吗？

李建军：我成了国际一流，它就成第二了。就性价比来说，中国的产品还是好的，再加上中国的产品质量在提高，并且提高得非常快，用户还是认可的。

问：据说苹乐的人才很多在国内都是一流的，是这样吗？

李建军：现在国内生产磨机应该说知名度最高、水平最高的人都在我这里，生产高方筛最高水平的人才也在我这里。在用人上我们用的都是最好的，不好的我干脆不要，除非是在这里干一般工作还行，只要你是领头的，就得有水平。

问：您对企业文化是怎么理解的？

李建军：企业文化也不仅是一种形式上的点和面，而是渗透在每一个企业里面的模式和习惯。

问：您觉得一个企业家应该具备什么样的素质？

李建军：诚信、道德。我比较喜欢看有关商人历史的电视剧。为什么胡雪岩最后那么惨？就是他在这一方面出了很多问题，在他的发展过程中伤害了很多人。为什么孟洛川和乔致庸最后落的结果好呢，因为他发展了，带动别人也发展了。所以，做人也好、做生意也好，都要留有余地，我是这么理解的。

问：最后您能不能简单地总结一下自己？

李建军：兢兢业业吧，我认为自己还比较本分，不会去做一些过分的事，而是踏踏实实地做企业、做人。

中国粮油财富解码
DECODING

刘晓真：
抢占中国主食产业化制高点

·姜华山·

人物简史

刘晓真，1946年出生，现任河南兴泰科技实业有限公司董事长、河南省面制食品工程研究中心主任，同时兼任中国粮油学会常务理事、中国粮食学会发酵面食分会副会长、全国米面制品标准化技术委员会委员、河南省食品添加剂工业协会理事长等职。2001年获河南省先进民营科技工作者称号，2006年4月获河南省食品工业优秀企业家称号，2006年9月获全国关爱员工优秀民营企业家称号。

10多年来，刘晓真带领河南兴泰率先迈出了中国主食产业化的第一步，并抢占了诸多制高点。从生产工艺的研究到主食设备的设计，再到国家标准的制定，他不断地为传统的面制主食产业注入"科技创新"的基因，使中国人对馒头、面条等沿袭2000多年的主食有了全新的认识。

当过兵、做过官、从过商,还是河南省政府发展研究中心的特聘研究员及几所大学的兼职教授,在农业经济、技术经济研究中颇有建树。军、官、师、商,河南兴泰科技实业有限公司(以下简称河南兴泰)董事长刘晓真的多重身份与人生经历,足令所有有梦想的人称羡。但他的办公室却装修得很简洁,白墙素地,没有任何豪华贵重的装饰和摆设,唯一引人注意的可能就是那两个高大的书柜和书柜里一排排的线装图书以及墙壁上挂着的两个书法条幅。

儒雅、随和的刘晓真对传统民族文化的钟爱,不仅仅遍布在办公室的角角落落,闪现在企业运营的方方面面,而且也深深地烙在了他多年追求的事业之中——"实现中国传统主食产业化"。

责任引发梦想

在河南兴泰有个人人皆知的故事:2002年下半年,刘晓真带领公司员工到欧洲一家公司进行技术交流,当行至门前看到对方门上悬挂着所在国国旗、该公司司旗和日本国旗时,就问何故。对方回答说日本代表团昨天刚走,忘记更换了。刘晓真说,日本代表团来,挂了日本国旗,我们中国人来了,怎么不挂中国国旗,转身欲走。该公司人员再三致歉,并表示立即挂上中国国旗。刘晓真一行一直注视着国旗升至顶端,才走进那家公司的大门……

直到今天,刘晓真提及这件事,仍神情激动。他曾经讲道:"看到国旗冉冉升起的那一刻,我为自己是一个中国人而自豪。同时,我也立志要让我们的传统面制主食走出国门,走向世界各地。"今年65岁的刘晓真一直而且仍然在为这一理想而努力。

他当过4年兵,复员后考入郑州大学历史系,之后进入郑州铁路局,1977年开始从事进出口贸易方面工作,期间因爱好化学,又考取了一所大学的化学系。正是在从事外贸进出口工作时,刘晓真接触并看到了中国在食品添加剂方面的落后现状。当时,欧美的企业几乎占据了国内面粉乳化剂市场的全部份额。让外国人生产的乳化剂改良中国人再熟悉不过的小麦粉,这让刘晓真觉得有点别扭。1991年,他靠着借来的4.7万元创办了河南兴泰,并确定了将兴泰建成"国内最大的面粉乳化剂研发生产机构"的目标。

刘晓真为此努力了7年。1997年年底,河南兴泰成功研制出了多个系列的乳化剂产品,打破了进口乳化剂产品一统天下的局面,成功进入面粉加工、食品加工等应用领域,特别是面粉乳化剂,占据了全国80%的市场份额。

10多年过去了,河南兴泰目前是中国最大的食品乳化剂研究及生产的领头企业。但潜伏在刘晓真心里的民族自尊却让他有了更多的忧虑。

当看到"洋快餐"短短数年间在各大城市"攻城略地",对传统饮食业形成了巨大冲击时,刘晓真就想,如何才能使中国民族传统食品走向世界呢?

因为长期从事面粉乳化剂的科研和生产,河南兴泰对面粉的下游产品——面制食品也有深入的研究。通过调研,他们得出了一个惊人的数字,传统主食产业有3000多亿元的市场空间,其中仅馒头就有1000多亿元。2001年,刘晓真率先提出了"主食产业化"的理论和战略目标,并从产业理论、基础科研、市场实践等方面进行了深入研究和探索,迈出了推进中国主食产业化的第一步。

厚积而薄发

河南是食品大省,但只能说是数量大省,而不是效益大省。比如有2000多年历史的馒头,虽然一直是我们每日必需的主食,但无论从生产方式和生产水平,还是从安全与质量上看,不仅变化不大,不能适应老百姓的消费需求,也不能带动产业的根本发展,更不能支撑河南食品工业的持续发展。

在刘晓真看来,一个民族在满足温饱之后,接踵而来的就是实现自我完善。食品工业是我国开放较早、市场化程度较高的行业之一,同时也是技术引进程度较高的行业。但与国外经过150多年发展的食品工业相比,仍有不小差距。而使刘晓真备受"刺激"的另一个现实是,家庭作坊在我国的主食生产中占有较大比重。虽然近年来也出现了一些馒头生产厂家,但由于缺乏系统的技术支撑,工艺只是传统手工工艺的沿袭,与小作坊没有本质上的区别,依然缺乏竞争力。

刘晓真自20世纪70年代末开始研究宏观经济以来,在农业经济领域造诣很深。他认识到发扬中国传统主食文化,改善主食现状,实现产业化是必然选择。于是率先在国内提出了"主食产业化"的理论和战略目标,并提出传统主食应该实现产品标准化、工艺科技化、生产机械化、操作规范化、准入制度化,从而形成一个全新的面制主食市场。

行动之前,刘晓真又开始了长达8年的"蛰伏"。8年来,他投入2000多万元进行基础科研,没有任何赢利,完全依靠面粉乳化剂生产进行输血。最终,河南兴泰攻克了生鲜面制食品防老化的国际性难题,形成了一套科学、系统的工业化工艺方案,实现了机加工馒头口感达到和超越手工馒头的目标。

馒头的基础研究成功后,刘晓真又于2008年年初设计出了一套自动化程度高、贴近传统生产工艺、拥有自主知识产权的智能化馒头生产流水线,填补了长期以来我国"无超越手工品质的主食加工机械"的空白。

而最令外界关注的是,2008年国家标准委员会颁布了《小麦粉馒头》国家标准,河南兴泰作为标准的牵头制定者,更成为舆论的焦点。制定国家标准一向是"国"字号或"省"字号科研机构的专利,而河南兴泰却抢占了这个行业制高点。《小麦粉馒头》国家标准是河南兴泰2002年至2008年历时5年努力的结果。对此,刘晓真说,方便面是日本发明的,所以方便面的国家标准是参照日本的标准制定的,但馒头的"国标"应该由中国人自己独立来制定。

从生产工艺的研究到主食设备的设计,再到国家标准的制定,刘晓真不断地为传统的面制主食产业注入"科技创新"的基因,也使中国人对馒头、面条等沿袭了2000多年的主食有了全新的认识。

全面进军市场

2006年,在接受一次采访中,刘晓真讲了这样一段话:"洋快餐"对传统食品的冲击已不仅限于饮食经济本身,它实际上也反映出一个民族在经济全球化冲击下对传统文化的迷失。作为一个企业,发展传统主食产业,我们确实看到了巨大的经济空间,而作为一个民族企业,更重要的是出于对传统主食产业未来的忧虑以及肩负在振兴民族产业、弘扬传统文化方面的责任。

刘晓真的主食产业化事业更多地蕴含了他对中国经济发展的期望。1997年,刘晓真提出的小麦产业链需求倒置理论,使其蜚声学界和业界,并先后得到了温家宝总理的两次亲笔批示。2008年,刘晓真提出的应用农业理论体系,全面揭示了我国农业体系中粮食种植和粮食加工之间的内在联系。2009年7月,由于在全国主食行业处于领导者地位,国家有关部门委托河南兴泰独立承担了《国家粮食安全中长期规划纲要（2008~2020年）》的一个重要子规划中"中国主食工业化"部分的起草任务,刘晓真是该部分的起草工作召集人。

有数据表明,主食的增值能力是面粉的3~4倍,利润是面粉的100~200倍。河南每年输出约100亿公斤原粮,如果加大转化力度,经济效益十分可观。而刘晓真也开始了由"技术实力"向"竞争实力"的转换。目前,河南兴泰从河南起步,计划3年间,在郑州、洛阳、新乡、焦作等地建设数个日产35万个优质主食馒头加工配送基地,同时实现在北京、上海等20余个重点省（市）的市场布局,将兴泰旗下的"多福多"打造成全国第一馒头品牌。

不过,刘晓真说自己输出的绝对不是馒头,而是先进的理念、思想、技术和工艺。虽然目前河南兴泰所在的行业半径还很有限,但将来必然在一个更大的天地中一展宏图。他的计划是,在推进主食产业化的"战役"中,第一步做馒头,第二步做面条,第三步做大米,把这三个传统的主食板块都经过技术研发、设备制造、标准制定、市场推广,对产业整体水平进行大规模提升,进而形成新的市场。

从2009年开始,刘晓真计划在三五年内,在全国建立20多个产业集群,通过输入设备、技术,对当地的馒头进行改善,产生一个新兴市场。据了解,目前这一计划进展顺利,并且在市场上产生了巨大的反响。而在面条方面,刘晓真在2008年就已经成立了研发小组,在三五年内,河南兴泰的优质面条就会问世。至于大米,刘晓真的思路也是相当好的,但目前还处于前期筹划阶段。

对　话

破解中国主食产业化瓶颈

问：10年前，河南兴泰率先提出了主食产业化这一概念，当时的出发点是什么？

刘晓真：每年我国的小麦产量为1亿多吨，居世界第一位。其中，馒头、面条、水饺等传统面制主食消耗占小麦总产量的75%，这中间蕴含着巨大商机。据有关方面统计，主食及相关产品有3000多亿元的市场潜力。但目前，主食产业却存在着产业链条短、技术水平低、生产方式落后等缺陷。改造和提升传统的主食业，必须在创新生产经营模式的同时，在标准化、机械化和工业化问题上有所突破，这种商机才能真正释放。

问：在大家的习惯认识中，馒头是一种低价的日常消耗品，你们是如何让消费者认可这1元多一个的馒头的？

刘晓真：我国的经济社会起源于自给自足的小农经济，对馒头等主食的传统认识是小麦是自己家种的，馒头是自己蒸的，主要供应家庭成员食用的，只是一种以充饥为基本功能的食品，能吃、廉价即可。所以，低成本、低价格、低水平组成的"三低"问题，普遍存在于主食领域。而产业化，就是要通过先进技术的引入、先进装备的应用，使馒头脱离了家庭手工日常食品的概念，满足了消费者对食品的安全性、营养性、多样性等方面的需求，真正实现了馒头自身价值的"回归"。

问：这种技术含量体现在哪些方面？

刘晓真：我们的馒头在冷冻状态下保存一个月，口感仍较好，这一点普通的馒头是做不到的。我们通过多年研究，建立了我国唯一一个以应用研究为主要方向的小麦数据库。这个数据库记录了全国各地1000多个小麦品样数据，涵盖了小麦、面粉、面制食品之间潜在的对应关系。从2004年起，我们的专业技术人员在全国范围内对馒头市场进行了全方位的调研。之后，通过对馒头结构、保鲜机理等的研究，利用生物手段，攻克了馒头老化、保鲜、口感等方面的难题，辅以自主研发的设备，使工业化生产的馒头能达到或超过手工传统工艺生产馒头的品质、口感及风味。这些技术为馒头的商品化、产业化提供了保障。

问：经过10年的发展，您如何看目前中国的主食产业化进程？

刘晓真：发展主食产业化，是一项系统的社会工程，需要更多的企业参与。现在中国多数食品和面粉企业普遍存在产品技术含量和企业科研层面低的现象，没有形成真正的核心竞争力，在发展思路上过于注重规模和速度，过于注重市场机遇，未形成长远的发展战略，这与主食产业化发展缓慢不无关系。

白瑞平：
中国面粉行业的一匹"黑马"

• 胡增民　孔得蕾 •

人物简史

白瑞平，1952年出生于河北省赵县，大专学历，现任河北黑马粮油工业有限责任公司党支部书记、董事长兼总经理，曾当选中共辛集市第四次代表大会代表、政协辛集市第六届委员会委员、政协辛集市第七届常务委员，获石家庄市劳动模范、省厅级劳动模范等称号。

他曾经创造了这样的传奇：把一个停工停产、濒临倒闭的县办小面粉厂，发展成为拥有固定资产8400万元、资产总额超1.54亿元的大型企业。

如今，他再次演绎了又一个神话：让这个企业走出国门，远赴非洲开拓市场。

无论荆棘与坎坷，还是诱惑与陷阱，他带领着这个企业，几乎没有走错一步，成为业内一匹名副其实的"黑马"。

2009年12月21日，冬日暖阳透过百叶窗，斑斑驳驳洒满了一地。

黑色休闲外套、浅蓝色西裤、浅棕色皮鞋、银灰色框架镜，坐在我们对面的白瑞平，虽已过知天命之年，儒雅的他留给人的第一印象依旧精神十足、斗志昂扬。

他曾经创造了这样的传奇：把一个停工停产、濒临倒闭的县办小面粉厂，发展成为拥有固定资产8400万元、资产总额超1.54亿元的大型企业——河北黑马粮油工业有限责任公司。如今，他再次演绎了又一个神话：让这个企业走出国门，远赴非洲开拓市场，并瞄准了马来西亚作为下一个产业基地。

无论荆棘与坎坷，还是诱惑与陷阱，他带领着这个企业，几乎没有走错一步，成为业内一匹名副其实的"黑马"。他如何能屡屡抢在时局变迁之前，踩准每一个节拍，选对每一轮转型呢？

兼并共谋发展 "黑马"面粉走俏

白瑞平是文革期间的"老三届"，他下过乡，当过知青，做过初中语文教师。1974年，白瑞平正式进入粮食系统工作。由于头脑灵活、善于钻研，1983年，年仅而立之年的白瑞平调任束鹿县（后更名为辛集市）饲料公司任总经理。在他的带领下，饲料公司逐渐挣脱计划束缚，走入市场经济，越办越红火。

1993年12月的一天，白瑞平被县粮食局的领导叫到办公室，要他到饲料公司"兼并"濒临倒闭的粮食加工厂。合并后的"辛集市粮食工业公司"正式成立，白瑞平任公司党支部书记兼总经理。

说起"黑马"商标，这里面还有一段典故。上任伊始，白瑞平召集全体员工为加工出来的面粉命名。回想起当初的情景，白瑞平记忆犹新，在107名员工中，有105名员工起的名字都带"白"字：白云、白雪、白牡丹、白玫瑰……那天中午，白瑞平骑着自行车下班回家。在路上，他听到隔壁磷肥厂的女工们七嘴八舌地议论面粉厂的事。

有人说："这下倒闭的面粉厂就能搞好了。"别人问为啥，这人答："去了一个姓白的厂长，面粉还搞不好？！"白瑞平暗想：姓白的就能把面粉厂搞好，姓黑的难道就搞不好吗？下午一上班，白瑞平就抱着新华字典，一页一页地翻找着合适的名字。他发现以"黑"字开头的词语大部分都不太合适，不是贬义词，就是中性词。突然，他不禁眼前一亮："黑马"。他琢磨着，雪白的面粉叫这样的名字，既响亮又好记，按捺不住兴奋的他一拍桌子，大喊："就叫'黑马'了！"

在1994年以前，我国北方大部分地区都用布袋装面粉，用编织袋装饲料。由于布袋上印不上面粉的商标，精明的白瑞平决定改用编织袋装面粉，并把"黑马"的商标、生产厂家、地址等印到了编织袋上。这一创举起到了很大的宣传作用，人们渐渐记住了"黑马"面粉。有了商标，换了包装，又调整了销售政策，经过短短两年大刀阔斧的改革和经营，到1995年，粮食加工厂起死回生，原来停掉的两个共计100吨的生产车间全部开动，仍然供不应求。

从死到生渡难关　"黑马"浴火重生

1998年，对白瑞平来说，是不平凡的一年。

一夜之间，随着"四分开一完善"粮食流通体制改革的贯彻实施，国有粮食工业从"购、销、调、存、加"粮食主流环节变成了粮食行业的附营业务，贷款也从农发行转到了商业银行。资金链被切断，粮源也被切断，无形中给了白瑞平刚刚起步的面粉加工厂致命一击。当年，白瑞平本人也遭遇了人生的"生死劫"。

1998年阴历腊月二十三晚8时许，吃过晚饭后，白瑞平开车去厂里值夜班。想着明天就放假了，职工的奖金还没有着落，白瑞平焦虑不堪，忧心如焚。突然，由于无法集中精力看路，车子一头冲进了路边四五米深的河沟里。车子一点点下沉，冬日冰冷刺骨的河水很快从他的胸口漫到喉咙处。"当时想，就算没摔死，也得淹死，淹不死也得冻死我！"回忆起当时，至今白瑞平仍欷歔不已。

那次意外，白瑞平摔断了小腿骨，摔折三根肋骨、一根锁骨。次年正月初四，倔强的白瑞平不听医生的劝阻，出院回了家。第二天，白瑞平召集公司全体中层领导，在他家开会，制定了公司下一步的发展规划。正月十五，放心不下的白瑞平坐着轮椅来上班，当开全体职工会议时，很多员工看到他的样子，都忍不住掉了眼泪。

经历过这次"生死劫"后，公司的凝聚力空前加强。为解决资金短缺的难题，全厂职工共集资28万元，白瑞平解释说，那是他们厂起步时的"第一桶金"。后来，白瑞平拉着一些经销商来厂里参观，要他们"预付一些货款"。他又请粮站负责人来工厂参观，并告诉粮站负责人，买他们的小麦不算是"赊销"，而是"延期付款"。只要他们宽限一两个月，一定付清他们的货款。因此，工厂很快走出资金短缺的困境，机器又照常开动起来。

为进一步扩大销售市场，白瑞平顶着重重压力，从全省招聘了一大批大中专毕业生，实行"竞争上岗"。眼光独到的白瑞平要求销售人员把注意力放在农贸批发市场的个体户身上，不要总盯着那些国有粮店、国有粮食公司。有了28万元的"第一桶金"，又实行了面粉预付货款、原粮延期结算，再加上培养了一大批销售人员，一切困难都解决了。黑马面粉的名气一炮打响了！白瑞平露出了笑容。

粮油连锁经营　"黑马"挺进农村

在巩固城市面粉市场的同时，眼光独到的白瑞平看到了蕴含在农村市场的巨大商机。20年来，他面对粮食从计划走向市场的新形势，不断探索与实践，成功闯出了一条独具特色的农村粮油连锁经营新路子，成为粮食企业开辟农村市场的一匹"黑马"。

白瑞平开拓农村粮油市场，是在20世纪80年代"两代一换"的基础上发展起来的。他告诉我们,农户只要将小麦存入黑马农村粮油服务有限公司,凭公司出具的"黑马连锁店存取粮凭证",就可在公司随时取出小麦或面粉,也可以在公司的连锁超市内兑换任何商品,兑换比例随粮价浮动而变化。

在辛集市新垒头乡马吕村连锁店,我们翻开一本"黑马连锁店存取粮凭证",只见上面清楚地记着取货时间、品名、数量、折扣原粮量、结存原粮量等。女店长孟慈说:"有些村民嫌每次来店拿证麻烦,就把存粮本儿放在店里,拿了东西记上账就行,跟银行的活期存折差不多。"

从1995年到2004年,随着粮食市场逐步放开,为了在市场竞争中求生存,白瑞平把"两代一换"业务从原面粉加工车间分离出来,专门成立"农村粮油服务社"。黑马公司开始在农村遍设收储兑换点,发展粮油连锁经营,实施放心粮油进农村,兑换品种由单一的面粉扩大到米、油、酱、醋等食品。从2004年开始,黑马粮油注册60万元,组建"黑马粮油服务有限公司",发展连锁超市,并扩大了兑换品种,经营商品有日用百货、学生用品、儿童玩具、洗涤用品等3000余种。

到2009年年底,黑马农村粮油连锁店已发展到340个,直接服务农户12万多户50多万人,占辛集市总人口的80%;服务村镇达500多个,占辛集市村镇的80%;农村成品粮油市场占有率达到80%,年营业额达到1亿元。

长风破浪会有时,直挂云帆济沧海。2004年,中国粮食行业协会会长白美清,国家粮食局党组成员、纪检组长杨兵到黑马调研时,对"黑马农村连锁店"给予了高度评价,并随之在全国粮食行业以"黑马"为榜样,掀起了放心粮油进农村活动。

传奇非洲商旅 "黑马"走向世界

白瑞平一直坚信,"三条腿的板凳站得牢"。"黑马"虽然已占领城市面粉市场和农村的粮油市场,但白瑞平觉得"走出国门开拓市场"就是"黑马"的"第三条腿"。

2006年,白瑞平首次走出国门,带人到非洲的尼日利亚、埃塞俄比亚、赞比亚三个国家进行了商务考察。非洲的管理和技术水平都很落后,产品相对匮乏,白瑞平认为到当地办厂,不仅能够充分发挥"黑马"的技术和管理优势,扩大"黑马"的生产能力和规模,还能带动当地技术和管理水平的提高,推动当地的经济发展,实现双赢。

说干就干,"黑马"速度神速。2007年5月,"黑马"迈出了走出国门的第一步:在尼日利亚注册成立了"欧米伽—黑马面粉公司"。同年10月,"黑马"获得中国商务部的批准,在埃塞俄比亚成立了"甘特斯·黑马合资食品加工及贸易私人有限责任公司"。2008年年初,"黑马"与尼日利亚—国际有限责任公司(Holdent)签订技术合作协议,在尼日利亚的拉各斯市建设日处理小麦200吨的面粉厂。"黑马"负责生产线的工艺设计、设备采购、基建指导、设备安装调试、加工工艺和生产管理,尼方公司承担资金投入和工人的招聘工作。

谈及在非洲建厂的体会,白瑞平笑了笑,说:"苦辣酸甜,哪样都不少。"提起生活习惯和饮食习惯的差异,白瑞平更是深有体会。那里没有馒头、大米和面条之类的主食,除了盐,也没有其他的调料,在那里首次考察的20多天里,白瑞平和翻译每天只能吃"白水煮牛肉"。后来,两人看见牛肉就想吐,在短短20多天里,白瑞平瘦了很多。

白瑞平笑称自己是敢于"第一个吃螃蟹的人"。他透露,下一步打算去马来西亚考察,因为那里的大部分蔬菜都是从中国运过去的,如果技术允许的话,他打算在那里种蔬菜。白瑞平希望在今后的日子里,趁着自己还有能力,仍要带领"黑马"再"多吃几个螃蟹"。

对 话

三条腿的板凳站得牢

问:黑马在国内已经做得不错了,为什么还要"脱缰"到非洲闯市场?

白瑞平:我相信"三条腿的板凳站得牢"。黑马已经建设了比较完善的农村服务体系,可以说有了农村市场,有一个不错的面粉市场,还是区域性品牌,同时这两个市场互不影响。但是,还缺少一个国际市场,就凭我们的实力,到欧美市场去,跑步也跟不上。目前与尼日利亚和埃塞俄比亚合作的很好,项目进展也很顺利。

问:每一个人都有自己的喜怒哀乐,在黑马这么多年,您碰到的最大困难是什么?而哪一件事情又令您最感动?

白瑞平:俗话说得好,"金钱不是万能的,没有钱是万万不能"。回忆起来碰到最大的困难是——1998年改革时一下给粮办工业"断奶"了。我清楚地记得:有一次到一个粮站拉小麦,那天还下着小雨,30来吨粮食也装好了,可不给现钱对方不让走,先拉走雨停了送来也不行。令我终身难忘的是1998年黑马1700万元技术改造资金被国家批准的事。当时,省农发行信贷处的朱处长把我叫到石家庄,他拿出国家计委、国内贸易部、农发总行等联合红头文件让我看,说技术改造项目批下来了,倔强的我当时就哭了,不过那是成功的泪水。因为,如果当时项目批不下来,我将成为辛集人民的"罪人"。

问:人生是条路,人生是场戏,把黑马做成这样子,已经很不容易了,那么您感觉您的前半生最大的遗憾和乐趣是什么?

白瑞平:俗话说"男怕入错行,女怕嫁错郎",我最大的遗憾是从事了粮食行业和粮油工业,因为这是个"勤行",利润很微薄,要想做好真不容易;而最大的乐趣也是入了这一行,因为,如果这一行是为人类造福的,人命关天,吃饭第一,而且到哪里都比较受尊重。

中国粮油财富解码
DECODING

吕平安：
农民"小麦育种家"

· 陈 颖　孔得蕾 ·

人物简史

吕平安，1951年出生，河南省温县人，中共党员，现任河南平安种业有限公司董事长、河南省豫安小麦研究所所长，曾被评为国家小麦工程技术研究中心客座研究员、河南省品种审定委员会小麦专家组成员、河南省重大科技攻关项目首席专家、河南省小麦研究会常务理事、高级农艺师、高级咨询师，当选焦作市第十一届人大代表及获得"河南省劳动模范"、"全国农业技术推广先进工作者"、"科技部星火科技致富能人"等荣誉称号。

潜心研究小麦育种近30年，先后培育出10多个小麦高产优质新品种，其中5个通过河南省和国家的审定，累计推广种植面积达1亿多亩，增产小麦70多亿公斤，创社会效益80多亿元。"我只是一个普通的农民"，获得了国家科技进步二等奖的吕平安一直强调，但是他却两次得到胡锦涛总书记的亲切接见，平凡的他演绎了不平凡的故事。

"我是来自河南温县的吕平安,搞小麦育种的,您在2008年9月8日来过温县。"河南平安种业有限公司董事长吕平安在2010年1月11日召开的国家科技奖励大会颁奖仪式受到胡锦涛总书记接见时激动地说。曾是普普通通的农民,如今两次受到胡锦涛总书记的亲切接见,用吕平安自己的话来说,"这简直是个奇迹,没有想到"。

潜心研究小麦育种近30年,先后培育出10多个小麦高产优质新品种,其中5个通过河南省和国家的审定,累计推广种植面积达1亿多亩,增产小麦70多亿公斤,创社会效益80多亿元,吕平安因此获得了国家科技进步二等奖。

兴趣与责任并存

吕平安1951年出生在河南温县的一个小村庄,他从小不善言谈,学习成绩在班里也是中下游,用他的话说"性格那叫一个韧",不管做什么事情,都是坚持到底。那个时候生活不好,吃饱饭是吕平安和乡亲们最大的奢望。为了吃饱饭,吕平安就自己上树捉蝉壳,雷雨天也照样肩上挑着两个篮子跑遍大大小小的集会去卖蝉壳、水果,自己赚点小钱为家里减轻负担。

1968年,17岁的吕平安成了十里八村的"名人",他将南瓜嫁接到西瓜上,结出的瓜味道像放坏了的醋,他在一棵苹果树上嫁接几个不同品种,于是有的人就送他一个"二百五"的绰号。

但是他们村的党支部书记张明月并不这样认为,他把吕平安安排到大队科研站,拨给他20亩土地,让他管理。吕平安就在这块地里搞玉米制种、小麦品种对比和棉花疏密试验,虽然经历一次次的失败,但他始终没有放弃。经过几年的努力,全村的粮食产量上去了,他不仅成了十里八村真正的"名人",也因此爱上了农业科研。

因为工作成绩突出,1973年他被调到公社种子站,负责小麦、玉米种子的引进、示范和推广,指导各大队科研站的工作。这期间,他跑大专院校、跑科研院所,先后引进了7023、郑引1号、宝丰7228、百泉3039、百泉41等几十个优良小麦品种,进行示范种植、繁育推广,他的努力和执著使公社的小麦产量逐年提高,并在全县名列前茅。此时的他依然是领工分的农民身份,但是他对此却不以为然,他的梦想就是让乡亲们吃饱饭。

春去春又来,日子终将归于平淡,已近而立之年的吕平安常常问自己:"这样就满足了吗?就这样过一辈子?"河南温县虽是小麦高产区,但是却没有自己的小麦品种,当时的吕平安并没有想过会培育出多少个品种,会取得怎样的成绩,只是对科技充满好奇,想用自己的力量为乡亲们和社会作点贡献。

搞科研是个漫长的过程,在自家的试验田里,吕平安每天早晚察看两次,不管春夏秋冬几十年如一日,尽管他心血熬尽,但是当年他还是遭受了一次致命的打击:他精心照料8个月的杂交麦,收获时却大部分都是空穗。之后的几年,吕平安仍不停地引进新品种,搞小麦杂交培育,结果却没有培育出一个能集耐寒、抗倒、抗病、高产于一身让他满意的品种。

"虽然很难过,但是再大的困难都没有动摇过我搞科研的决心。"倾其所有来实现自己的科研梦,吕平安就是这样"一根筋"的人。就是这种毅力和坚持使吕平安完成了乡亲们能吃饱饭的愿望,通过多年的努力他终于得到了丰厚的回馈。

功成名就我心依旧

敞亮的办公室,黑色的真皮沙发,整齐的文件夹规矩地摆放在干净的桌子上。在吕平安看来,生活需要细致经营,搞科研同样容不得一点马虎。种地就要"平、直、匀","一屋不扫何以扫天下"的严格要求使他由单纯的科研人员变成了农民企业家,并获得了社会效益与经济效益双丰收。

1990年在镇政府的支持下,吕平安扩建了1.4万亩小麦原种基地。他主推的"温2540万亩原种繁殖基地"诞生。1991年吕平安推行"公司+基地+农户"的经营方式,实行"市场跌我不跌,市场涨我也涨"的理念,保障了当地农民的利益,增加了农民的收入,业界对其叫好声一片。

1998年"温麦6号"通过河南省审定并命名为"豫麦49",2000年"豫麦49"通过国家审定。之后,他又培育出了"豫麦49-198"、平安3号、平安6号、平安7号等小麦优质高产新品种。

2004年,吕平安成立了河南平安种业有限公司,"国家粮食丰产科技工程"河南课题组将技术含量最高的15亩连片超高产攻关田和万亩核心试验区建设的任务交给了他。吕平安推行"所有的田一模一样,统一规格,严格按照种—管—收的步骤"的管理模式。

2006年,国家粮丰工程验收专家组组长、著名小麦遗传育种专家李振声院士带领专家组来到温县,对15亩"豫麦49-198"小麦进行实打验收,平均亩产达到717.2公斤。这个结果创造了我国黄淮、长江、北方三大冬麦区15亩连片小麦平均单产的历史最高纪录。

2008年胡锦涛总书记接见了吕平安。《河南日报》在报道时详细描述了当时的场景:总书记紧紧握住他的手,亲切地勉励他,希望他培育出更好更多的优质高产新品种,为国家粮食安全作出更大贡献。同时,吕平安培育的8号、9号、10号、11号小麦新品种也正在参加国家、省小麦预试和区试,他的玉米育种计划也已进行4年,培育的新品系参加了省预试和区试。

"河南省劳动模范"、"全国农业技术推广先进工作者"、"科技部星火科技致富能人"等多项荣誉称号接踵而至,如今他又夺得2009年国家科技奖励大会科技进步二等奖。

当被问到取得这么多成就后有没有想过要停止科研的脚步时,吕平安笑道:"在很多年以前取得一点成就时我就想过,可只是在心里想,行动却一直都没有停止过。"目前,吕平安在2004年成立的河南平安种业公司拥有小麦专业育种科技园302亩、无公害标准化小麦原种繁育基地4万亩,公司正逐鹿中原,树起"千家粮满仓,万众尽开颜"的座座丰碑。

做中国最大的种业公司

提起平安种业,温县的村民无不竖起大拇指:质量高,品种好,信誉好。"再穷也不赊账,再富也为农民"的企业理念带动了温县乃至周边地区的经济发展。"如果市场价格跌了的话,吕总还是会按以前的市场价格收购农民的种子。"薛科长的话让我们看到了河南平安种业有限公司在当地的影响,它带给当地农民的"安全感和寄托感"使农民企业家吕平安的身份光彩熠熠。

此次北京之行的四个"没想到"使吕平安萌生了"60岁开始大干"的念头。第一个"没想到":在颁奖典礼时我坐在人民大会堂第二排,没想到国家对农民这么重视。第二个"没想到":没想到照相的时候我被安排在第一排,和胡锦涛总书记第二次亲密握手。第三个"没想到":没想到颁奖会议结束后,会议组让我不要走,在宴请的十几个重要人物中我是唯一的农民。第四个"没想到":没想到会通知我到海南参加第二天的高层种业科技论坛会议,而且还安排我在会议上向国务委员刘延东等领导汇报工作。

曾经只是把搞科研当做兴趣爱好,当做帮助人们吃饱饭的手段,如今吕平安把它当做国家重任,必须往前走,就算把命搭上也要大干!吕平安表示"大干"的第一步就是招兵买马,在全国选拔高层次管理人才。河南平安种业有限公司2009年卖出1000万公斤的小麦靠的只是4个业务员,2010年丰实人才资源成了其发挥天时地利优势的重要前提。

当谈到下一步的目标时,吕平安露出自信的微笑道:"我们要取得国家支持,增加大型基础设施的建设,同时还要在科技方面增招高科技人才……做河南省最大的种业公司,做全国最大的种业公司。"

对 话

搞科研就得钻进去

问:是什么促使您走上培育小麦优良品种这条路呢?

吕平安:我出生在一个农民的家庭,从小尝尽了受冻挨饿的滋味。我当时一心只想搞优质小麦品种培育,能让土地多打粮食,让乡亲们都吃饱饭,这是我最大的梦想。

问:获得国家科技进步二等奖,对您有什么样的影响?

吕平安:获奖后,我考虑更多的是自己身上背负的责任和压力,我要把这种压力和责任变成动力，为国家培育出更多的优质小麦品种。我原来打算等60岁时，就不干了，想把公司的一切都交给孩子们打理，回家安度晚年。获奖这件事，让我备受鼓舞，我决定继续干下去，不但60岁不退休，还要大干一场，就算舍了我这条老命，也要继续搞科研！

问： 可以具体谈谈如何大干一场吗？

吕平安： 我原来大部分精力都在搞科研上，没有时间管理公司的运营和管理，公司都是交给孩子们打理的。现在，我打算进一步扩大公司的规模。我们公司拥有一定的科研实力和顺畅的销售网络，现急需招聘一批优秀的、高层次的、有实践经验的、复合型管理人才。我觉得要想让家族型企业走得更好、更长远，必须把公司交给别人来管理。过3年，你再来看，我的公司不但会上市，还会成为全国有名的科研型企业。

问： 您觉得能够取得今天成就的关键是什么？

吕平安： 关键在于三点，一是兴趣和爱好，二是做事认真细致，三是坚持不懈的努力。大家都说搞科研是一件很艰难的事情，但我觉得搞科研就得钻进去，只要钻进去就不难了。我是一个做事特别认真细致的人，在培育新品种的过程，每一件小事我都务必做到既精又细；我大部分时间都是蹲在地里侍弄麦子，引进新品种，进行杂交培育；如果失败了，就再引进新品种、再培育，再失败，再引进。就这样一遍又一遍的重复，几十年如一日坚持不懈地努力才让我有了今天的成就。

问： 您觉得最值得骄傲和自豪的事情是什么？

吕平安： 从20世纪90年代初期，我培育出的优良小麦品种开始在全省大面积推广，当看到大家地里种的都是我培育出来的小麦品种时，我觉得自己这么多年的心血和努力没有白费，总算是给乡亲们作了点儿小小的贡献，这是让我感到最自豪和骄傲的一件事。

问： 农民、科技工作者、企业家几种身份，您更喜欢哪个身份，为什么？

吕平安： 我更喜欢科技工作者这个身份。经过这30年的钻研，我已经掌握了一定的技术，具备了科技工作者的基本条件，也取得了一定的成绩，我希望能以科技工作者的身份继续为国家作出更大的贡献。

问： 有人称您为"小麦界的袁隆平"，对此，您有什么感想？

吕平安： 这是记者采访时写的，这样的称呼我承受不了。袁隆平院士是"杂交水稻之父"，在全国的名气大着呢，我虽然取得了一定的成绩，但水平远远没有那么高，名气也没有那么大，这样称呼我，压力太大了。

问： 您平时是如何激励公司员工的？

吕平安： 我经常对他们说我是一个农民，没啥能力，你们个个都是大学生，只要坚持、坚持、再坚持，就一定能成功！

王明峰：
中国玉米油产业领军人

· 徐文正　陈　颖 ·

人物简史

王明峰，1957年出生，山东省邹平县韩店镇西王村人，曾先后获得邹平县十佳民营企业家、滨州市优秀民营企业家、滨州市劳动模范等殊荣，当选滨州市第九届人大代表，现任山东三星集团有限公司董事长。

曾经，他开创了多项第一：创办中国第一家玉米油加工企业，在国内食用油市场第一个擎起"玉米健康油"大旗，成为中国第一家玉米油出口企业，成为中国第一家在纽约泛欧国际证券交易所挂牌上市企业。

如今，他再次上演商业传奇：在金融危机"肆虐"全球的大背景下，2009年12月18日，三星油脂"中国玉米油"项目在香港成功上市。这些辉煌成绩的背后，是他不断强化机遇意识，始终保持发展的紧迫感、危机感和永争一流的精神状态。

视野广阔、头脑灵活、善于开拓是王明峰给人留下的深刻印象。曾经,他开创了多项第一:创办中国第一家玉米油加工企业,在国内食用油市场第一个擎起"玉米健康油"大旗,成为中国第一家玉米油出口企业,成为中国第一家在纽约泛欧国际证券交易所挂牌上市企业。

如今,他再次上演商业传奇:在金融危机"肆虐"全球的大背景下,三星集团逆势而上,2009年12月18日,三星油脂"中国玉米油"项目成功在香港联交所主板挂牌上市,融资6.3亿元,实现企业发展和资本运营的重大突破。

他个子不高,没有呼风唤雨的家庭背景,也不曾有名牌大学的经历,但是他在短短的十多年间,从路边一个维修部起步,做到现在下辖十几家子公司,拥有总资产40亿元、固定资产22亿元、职工4000余人,集机械制造、油脂精炼、钢结构安装、热电联产、棉纺织生产、汽贸及驾驶员培训、国际贸易于一体的大型民营企业集团。这些辉煌成绩的背后,是他不断强化机遇意识,始终保持发展的紧迫感、危机感和永争一流的精神状态。

"想好了就要执著地去做"

1981年,24岁的王明峰身无分文,凭着一腔热情,怀揣着美好梦想,依靠他人担保才从合作社贷到500元钱,在家乡的公路边上,办起了小小的机械维修部,从事电焊维修工作。很快,他就意识到,做事情不会像想象中的那么美好。电焊维修需要大量的铁板、铁管等原料,每次购买完原材料,怎么把这些又重又多的东西拉回家成了他的心病。由于资金的局限,雇佣和购买运输设备成为奢望,但他没有为此苦恼,而是用家里唯一的交通工具——自行车一点点地往回驮,一天下来经常是身心疲惫。

两年之后,二弟王明星和三弟王明亮的加入,使王明峰有了左膀右臂,加上灵活的头脑和诚实守信的作风,把小生意搞得风生水起。不满足现状的他,不久就把服务范围扩大到了机械维修。在三星集团,从管理层到普通员工,都会用三个词语描绘他们心目中的王明峰:敢想、敢干、敢为。

公司副总经理马学民描述了这样一个画面:机械维修厂成立不久,每当华灯初上,大家都在感受家庭温暖之时,在修理车间总会传来叮叮咚咚的金属敲击声,而这正是王明峰为了积累维修经验、摸索维修技术而挑灯夜战。回想起这段经历,王明峰用了一句话来概括:累,并快乐着。正是这种吃苦耐劳的干劲和乐观向上的心态,让他的维修厂在当地渐渐小有名气。1994年,积累了一定资金、技术和经验的王明峰,在两个弟弟的协助下,成立了邹平西王机械厂(2001年改制为邹平三星机械制造有限公司),主要从事油罐、大门等的生产加工工作。

20世纪90年代中期,国家对粮食流通体制进行改革,加快农业产业化发展,全国各地纷纷争上玉米淀粉加工项目,玉米淀粉加工设备市场需求火热。凭借着敏锐的市场"嗅觉",王明峰觉察到了玉米加工设备广阔的市场前景。经过实际调研和认真分析研究,他果断放弃已经初具规模、技术成熟的油罐和大门等产品的生产,立即上马玉米淀粉加工设备项目,投资研制开发了淀粉加工、淀粉制糖等各类粮食深加工设备。当年,公司生产的第一台75型管束干燥机就出售到青州市莲花淀粉厂。

摸爬滚打多年的王明峰深知,科技创新是支撑企业不断前进、保持竞争力的源泉。为提高生产设计水平,他自费到武汉粮油学院进修,还搞起了科研设计;有时,为了能与全国一些知名的技术专家合作,王明峰三兄弟经常披星戴月、登门造访,以不达目的誓不罢休的精神演绎了一曲曲现代版的"三顾茅庐"。

靠着勤于钻研的劲头、虚心学习的精神以及多年机械维修的技术和经验,他先后开发出了管束干燥机、三效蒸发机等13个系列40多个品种。开发出的"星宇"牌玉米淀粉加工设备、淀粉制糖设备、油脂浸出和高级烹调油连续精炼设备等系列粮油加工机械设备,以其机械技术先进、工艺合理等优点畅销全国。

问起当初转行玉米淀粉加工设备有没有后顾之忧,王明峰的话语斩钉截铁:"我做事的原则就是想好了就要执著地去做,不会前怕狼、后怕虎。"正是这次调整,使得王明峰掘到了人生真正意义上的第一桶金;也正是这次调整,为日后企业更大的发展奠定了基础。

"做中国玉米油第一品牌"

"善于以战略家的眼光分析市场形势、预测市场变化。"正是这种眼光,使王明峰能及时捕捉到并把握住身边的每一次商机,实现企业的跨越式发展。1998年下半年,全国淀粉设备市场走低,而毛油、色拉油价格走高,油脂市场看好。同时,王明峰在长期与玉米淀粉加工企业的交往中,慢慢地发现玉米淀粉加工企业的辅料——玉米胚芽,只是当做饲料卖掉,而国外则有企业将玉米胚芽制作成食用油,经济效益丰厚。此时,中国国内还没有一家玉米油生产企业,中国玉米油的潜在市场巨大。"看到这么大的市场,我几天没有安静下来。"谈到当时的心情,王明峰还是一脸的兴奋和喜悦。

机不可失,时不再来。1998年7月8日,王明峰购买韩店镇原废旧公司,征地6亩9分,投资建成了中国第一家玉米胚芽油榨油厂,率先在国内食用油市场擎起了"玉米健康油"的大旗,并成为国内玉米油行业"第一个吃螃蟹的人"。但是在当时,虽然欧美等国家把食用玉米油看做是一种健康、时尚的生活方式,中国没有得到大家广泛认可,食用者甚少,加之资金和技术上遇到的一些困难,王明峰在一开始就陷入困境。

谈到当时的情况,王明峰坦言自己也曾经痛苦过、彷徨过。但他坚信任何新事物的出现,都有一个被人接受的过程。随着人们消费观念的改变和自己的积极应对,困境开始慢慢消散,销量逐年增大。2004年3月,尝到玉米油甜头的王明峰,利用内蒙古地区的资源优势,成立了内蒙古三星粮油工业有限公司,在扩大规模的同时,开拓了葵花籽油市场。

"酒香也怕巷子深"。有好的产品,更要有叫得响的品牌。提到玉米油的发展目标,王明峰直言不讳:"打造中国玉米油产业第一品牌,这是我的梦想。"其实,从2002年开始,他就着手开发自主品牌"长寿花"的食用油小包装市场。2003年7月,三星集团第一批1000吨玉米油出口阿曼,成为中国第一个出口到国外的玉米油厂家。同年,4000吨玉米油产品陆续出口到中东、东南亚等地区,玉米油成功打入国际市场。

目前,三星油脂玉米胚芽压榨能力达50万吨,玉米油生产能力达30万吨,成为国内最大的玉米油生产、出口企业。在成功占领国内外市场,实现了"两条腿"走路后,为加快品牌建设,王明峰有了更大的"野心"——上市融资。2008年3月25日,三星油脂控股的中国玉米油项目登陆纽约泛欧证交所,首次实现融资2亿元。成为全球2008年第一家企业、唯一一家中国企业、中国第一家农产品加工企业在欧交所成功挂牌上市的公司,开创了中小企业欧交所上市的先例。

为了实现更大发展,距欧交所上市一年后的12月18日,经过积极筹备的三星油脂玉米油项目在香港联交所成功实现二次上市,共募集资金6亿元。"长寿花"香港绽放。作为中国玉米油的专业品牌,目前,"长寿花"牌金胚玉米油已成为沃尔玛、家乐福、华联等大型连锁超市的畅销品牌,出口海外20余个国家和地区,成为中国玉米油名副其实的第一品牌。"拥有一县的眼光,你就能做成一县的生意;拥有一省的眼光,你就能做成一省的生意;拥有天下的眼光,你就能做成天下的生意。"王明峰用实践实现着奇商胡雪岩的经典名言。

"企业是应该有责任的"

"企业小的时候,是我的;但是企业大了,就是社会的。"这是王明峰经常说的一句话,无论对外界,还是对员工。

管理是企业永恒的话题。在王明峰的书架上,《张瑞敏如是说》、《海尔管理模式全集》、《6S精益管理》等管理类图书随处可见。企业管理中,王明峰大胆跳出企业家族化管理的窠臼,实行"能者上、平者让、庸者下"的用人机制,面向社会高薪聘请各类职业管理人才担任部门要职。在管理制度上,三星集团借鉴"海尔"的管理经验,并结合实际,建立了一套规范合理、适应自身情况的规章制度。

三星集团的发展紧紧围绕国家产业政策,在农副产品深加工上下工夫,与"三农"紧密联系在一起。王明峰也经常说自己一直生活在农村,与农业、农村、农民有着浓厚的感情。公司油脂生产每年所需的玉米胚芽和葵花籽,使农民每年增加收入近亿元。现在,村里需要整修道路、更换路灯、建设学校等,他都会主动捐款捐物,用实际行动为社会主义新农村建设默默奉献。

问起是什么支撑他一路走来,他的回答简洁而质朴:"责任"。自称"机械起家,油脂发家"的王明峰,谈到未来的发展信心满满:"争取在2010年3月份推出新品——儿童专用玉米油;5月份使2009年投产建设的年产10万吨玉米油精炼项目开始运营;未来3年,三星油脂将努力实现自有品牌的销售占总产能的50%,销售网络覆盖二线城市达80%，使国人尽享玉米油之佳品美味。"

对　话

"三星"：能吃苦才能成"龙"

问：说到"三星"，大家都会想到韩国三星手机，您为什么为企业取名叫"三星"？

王明峰："三星"是我们兄弟三个一起创办起来的，因为我们的乳名中都带"星"字，所以有了现在的三星集团。我们从一个小小的维修铺干到现在有十余家子公司的民营集团，"三星"合力就是我们的事业支撑。

问："三星"不仅有油脂公司、粮机公司，还有汽车销售公司、驾校、加油站、棉纺厂和发电厂。这些行业从表面上看并没有什么联结性，为什么要选择多栖发展道路？

王明峰：我一直奉行一个理念，即只要赚钱就干！但是要想赚更多的钱，就要节约生产成本，我们就想到自己建发电厂，自己发电。再加上后来的汽车销售公司、驾校、加油厂，这都是建立在经济利益的增长点上去进行的。这些看起来并不联结的行业，每个之间都存在一些联系点，这样才形成了"三星"这个集团。

问：对比大豆油和花生油，玉米胚芽油还不太普及，人们对新生事物都有一个接受过程，在小包装玉米胚芽油刚推广遇到困难时您是怎么应对的？

王明峰：国内对玉米油营养价值认识的程度远低于西方发达国家，人们对玉米油的认识很有限，这让我们一度陷入僵局。为使广大消费者正确认识玉米胚芽油对人体健康的重要作用，我们近年来与油脂界权威机构联手合作，共同向社会普及玉米胚芽油的营养健康知识，并聘请著名主持人倪萍为我们代言"长寿花"牌金胚玉米油系列产品。通过几年的努力，玉米油销售渐入佳境。

问：2009年12月中粮集团在河南新乡建立了一个大型的物流园区，欲打造"从田园到餐桌"的小麦全产业链。"三星"在玉米油这方面有这样的打算吗？

王明峰：2004年3月我们在内蒙古投资5000万元成立了内蒙古三星粮油工业有限公司，建设了年产8万吨葵花籽油和20万吨玉米淀粉深加工项目。2007年又开发了40万亩玉米种植基地。我们在玉米深加工方面已经形成自己的产业链。玉米胚芽在加工成玉米油的过程中会过滤出一些剩余的渣子，俗名叫皂角。皂角可以二次利用，提炼出酸化油用于工业。2009年12月我们投产了年产7000万吨的酸化油项目，既环保又实现了玉米深加工产业的二次升值。

问：公司的用人原则是什么？

王明峰：几年来，我们共吸收安置了4000多名农村剩余劳动力及下岗职工、大中专毕业生、退伍军人就业。我们的用人原则是能吃苦，能者上、平者让、庸者下。

中国粮油财富解码 DECODING

李保安：
小粮机的百年企业梦

·闫 巍·

人物简史

李保安，工程师，中国粮食行业协会会员、中国发明家协会会员。1993年任河南省商水县粮食机械厂厂长，1999年任商水县福安粮机制造有限公司董事长兼总经理，2005年至今任周口市福安粮机有限公司总经理。

他设计粮机新产品数十项，其中获国家专利五项，列入国家"八五"、"十一五"计划科技成果各一项，获部优秀专利项目一项，获省优秀专利金牌奖一项，多次被评为省、市、县优秀工作者。

我们要做干燥行业内的"百年企业"，就要提高产品质量，不断地进行科技创新，进行新产品的推广，确保产品的利润，努力把自己的产品打造成知名品牌。

要做"百年企业"，技术创新是必不可少的环节，但它一定要与客户的实际需求相结合；创新的同时也要看到产品的推广前景，明确产品的定位，定位如果不准，企业就会没有活力，发展会变得非常缓慢。要做"百年企业"，要全心全意为客户服务，及时了解用户的需求，对产品进行不断地改进。

初见李保安，他朴实的外表、随和的话语，让人意识不到这就是全国粮食系统烘干机龙头企业的老总。在李保安强壮的双手上，布满了劳作留下的老茧。对此，他自嘲道："这些都是常年和机器打交道的结果，如果只坐在办公室里，是无法发现问题、解决问题的。"

下到车间第一线，将理论与实际相结合，是李保安遵循的宗旨。作为一个大型企业的领导人，他却经常在车间与机器打交道。因此，李保安拥有了发明家、企业家、工程师等身份，多重身份赋予了他更多的使命。

作为发明家，他申请多个国家科研项目，研发出数十项新产品，获得五项国家专利。作为企业家，他带领福安粮机一路走来，从濒临破产的边缘走向年销售上千万的康庄大道。作为工程师，他深入工厂，解决用户需求，改进设备性能，使得产品展现出生命力，企业展现出竞争力。

无数的荣誉给他带来了创新、前进的动力，而这些荣誉的背后却是李保安辛勤的付出和努力。

创新领跑行业

"没有创新，企业就不会发展。"这是李保安说的最多的一句话。

作为一个粮食人，李保安深知粮食储藏对于国家的重要性。于是选准粮食仓储机械为方向，带领企业围绕市场需求，前瞻性地开发设计新产品。

1996年，李保安在粮库调研时发现，在粮食收储期间，粮库内还是采用车推马拉、人抬肩扛的方式向仓库内运送粮食，采用手工称量的方式进行数量统计，在占用了大量劳动力的同时，也花费了大量的时间。

"发现了问题，就要想着如何去解决问题。"李保安说。他带领工作人员不断思考和摸索，开发研制了"全自动散粮秤送计量成套设备"，解决了粮库在粮食收购期间的机械化运送、全自动秤量问题。1998年，该设备在周口市各个粮库进行了推广，在粮食收购过程中节省了时间和费用，受到时任河南省人民政府副省长陈全国的赞扬。

全自动散粮秤送设备的成功，仅仅是李保安在创新发展道路上迈出的第一步，之后他又成功研制了多项新产品。但是，在这条道路上，除了有成功的喜悦，还有失败的辛酸，比如公司在研发专利产品——移动式循环谷物干燥机的过程中就充满了波折。

1999年，国家利用国债资金建设了多个大型粮食储备库，并对储备库的配套设施进行了招标。在招标项目中，北方四省的粮库采购了150吨至500吨的大型玉米烘干机作为自己的配套设施。

但是，李保安分析研究后认为，大型烘干设备今后的优势不会很大。他认为，粮库建设发展了，粮食生产趋势也变化了。当时农村土地逐渐朝种地大户手中集中，大量农村青壮年劳动力也进城务工，农村剩下的老人、妇女等没有能力对湿粮进行大规模晾晒。粮食要靠机器设备进行处理干燥，而大型烘干机投资太大，适用性并不强，很多中小粮库、种植大户和经营大户都买不起、用不起。"这个时候如果能够设计一种小型烘干机，移动方便、价格适中，发展前景肯定很大。"李保安说道。

于是，他四处调研，与相关专家进行探讨，白天在车间里研究机器，晚上在屋里设计图纸。经过不懈的努力，李保安开发设计出了一种"双层喷动流化槽式干燥机"，但在随后的应用实验中，他发现这种机器降水幅度小、噪声大、产量低、能耗大，各方面数据都很不理想。

谈到这里，李保安感叹道："虽然这种产品也能对粮食干燥，但它的竞争力肯定不强，适应不了市场的竞争。我认为，新一代烘干机的特点应该是降水幅度大、烘干品质好、节能省电，而这个产品在这些方面都体现不出优势来。"

李保安重新审视设计方案，再次与专家学者做了交流和沟通，重复进行实验，最终发现了问题所在，设计出移动式循环谷物烘干机。移动式循环谷物烘干机，采用了三段式烘干法：烘干—循环—再烘干—再循环—冷却，颠覆了以往"一次烘干"的理念。这项新产品的研制成功，使得福安粮机成为了同行业内的领跑者。

郑州粮食科技研究设计院的干燥工程专家李杰表示："三段式烘干法这一设计理论的提出，带动了干燥粮机行业同类产品的技术进步和优化升级，也开创了高水分粮一次入机就可降到安全水分，并保持品质不变的先河。"

凭借自主知识产权以及高科技含量，移动式循环谷物烘干机迅速打开了市场，走向了全国。2003年移动式循环烘干机被中国质量检验协会检测为"国家质量检测合格产品"；2004年被评为"全国质量信誉保障产品"，2005年被国家质检总局评为"全国质量、服务信誉双保障产品"，2009年又通过了国家星火计划项目的科技鉴定。

对于技术创新，李保安一直是这样认为的：产品开发和新技术应用都属于科技创新的一部分，而技术创新是企业发展必不可少的环节，它一定要与客户的实际需求相结合；但创新的同时也要看到产品的推广前景，明确产品的定位，定位如果不准，企业就没有活力，发展会变得非常缓慢。

真心换取回报

及时为客户解决问题，全心全意为客户服务，是李保安一直信守的准则。我国黑龙江地区，冬季天寒地冻、滴水成冰，粮食收获后水分偏高，不适合直接进行加工。在使用普通的烘干机烘干时，因为降水幅度过大，色泽和品质得不到保障，还出现脱皮等现象。

李保安得到用户反馈的信息后，带领技术人员直奔北大荒，在现场对机器进行调节，采用了分段控温的技术，先对粮食进行化冰处理，再对其进行烘干降水。经过调节，玉米一次性通过烘干机后水分下降到15%，而且粮食色泽和品质都没有发生改变，可以直接进行加工和入市。

"我最大的骄傲是我的产品造就了许多百万富翁、千万富翁。"讲到这里，李保安脸上洋溢着幸福笑容,"比如说,在20世纪90年代中期,我们研发了全自动液态包装机,河南省许昌市第二中学的校办工厂从我们公司购进9台,生产软包装饮料。结果,他们生产出来的饮料非常受欢迎,年产值达到了6000多万元。"

李保安感慨道:"对待客户就要全心全意,首先要确保自己的产品质量过硬,然后对售出去的产品进行实时反馈。只有及时了解用户的需求,才能对产品不断的改进。也可以说,我们的创新是为客户服务的。"

李保安对客户真心的付出,得到用户的一致好评,企业的产品也由此打开了市场。他说:"一旦一个客户认可了你的产品,他就会把这个产品推荐给周边的同行……福安公司的产品都是'成片'卖的,像安徽巢湖工业区周边企业购进200多台烘干机烘干水稻、内蒙古呼和浩特市周边企业购买600多台烘干机烘干玉米,都是由于一个客户认可我们的产品,带动了'成片'的销售。目前,公司产品遍布全国20多个省市,也出口到了东南亚、俄罗斯等地。"

在扩大市场的同时,李保安也没忘了巩固已有的阵地。几年间,他营造了云贵、苏皖、两湖、晋冀、新宁、蒙辽、吉黑七个服务销售区,健全了公司的售后保障体系,确保了产品售得出,服务跟得上。

做"百年企业"

当谈及企业的发展时,李保安显得很冷静,"公司的目标就是在干燥机械行业做专做精,找准自己的方向。"

当谈及福安粮机为何不向其他领域进军时,李保安有自己的想法:"我从一开始就选择了粮食行业,与房地产行业、金融行业不同的是,粮食行业是国家的基础,人民的需要。在这个行业上发展,永远都不会落伍……粮食行业也包含很多具体方向,像面粉行业、油脂行业,等等。但是这些行业中都有自己的龙头企业。我们如果进军这些领域,自己不具备优势,竞争力也不强。而粮食干燥机械行业发展较为缓慢,行业内部还没有形成龙头企业,给予我们的发展空间还很大。"

李保安又谈到瑞士的制表企业,他说:"瑞士的手表世界闻名,在数百年的竞争中,它们持续发展,产品质量和声誉始终都位列同行之首,我们也要做干燥行业的'百年企业'。"讲到这里,李保安停顿了一下,他的眼睛中透露出坚毅的眼神,"做'百年企业',企业就要提高产品质量,不断地进行科技创新,进行新产品的推广,确保产品的利润,努力把自己的产品打造成知名品牌。"

做百年企业,需要企业老总和企业职工的共同努力,而良好的企业文化是把这两者联系在一起的纽带。李保安非常注重企业的学习氛围,经常对工人们进行培训,请专家为大家讲课,另外福安粮机公司还是河南工业大学的学生实习实践基地。

李保安说:"企业文化就是企业发展成长的理念目标,文化是一种精神的引导,是为企业发展树立的一个灯塔,指引了企业前进的方向。企业文化是由其领导人决定的,但同时也要集思广益,与员工多多交流。上下统一思想,大家把劲往一块儿使,企业才能更好、更快地向前发展。"

对于企业的下一步发展,李保安觉得应该开拓思路,他说:"除了仓储行业中的粮食干燥机械外,食品行业的蔬菜真空干燥机械、农副产品远红外干微波燥机械、建材行业的矿砂干燥机械都是今后企业产品发展的趋势。我们不能局限于粮食干燥行业,要开拓思路,涉足其他行业的干燥机械领域。"

做干燥行业的"百年企业",是李保安的梦想,也是他前进的方向。我们相信,在这个灯塔的指引下,周口福安粮机必定会在未来的日子里认准方向,阔步向前迈进。

对 话

创新代表企业发展水平

问: 粮食行业范围很广,为何选择了仓储粮食干燥机械为公司的主要发展方向呢?

李保安: 粮食行业是一个大行业,其中已经形成规模的有面粉行业、油脂行业、粮油机械行业等。近年来,玉米加工业也逐渐成形,玉米淀粉加工厂、玉米饲料加工厂等发展迅速。粮食仓储机械行业发展则较为缓慢,未能形成规模,发展空间还很大。在20世纪末,往粮库运送粮食还是使用肩担车拉的方式。但是今后仓储行业的发展方向将会是采用现代化的管理模式,实行全面的电子化、机械化、信息化操作,这是一个趋势。

问: 公司对于技术创新非常重视,不断创新对于企业意味着什么?

李保安: 技术创新在企业发展中非常重要,没有创新就没有发展,国内各行各业中的领军企业、龙头企业都非常重视创新。但是,技术创新一定要与实际需求相结合,符合实际的创新才能叫做有效率的创新、有进步的创新,而与实际需求不符合的创新则无人问津。创新的同时也要看到产品的推广前景,明确产品的定位,定位如果不准,企业就会没有活力,发展也会变得缓慢。

问: 您如何看待企业的兴衰成败,在这么多年的发展中,有遗憾的地方吗?

李保安: 企业的发展是要经历风雨的,我们要用辩证的眼光看待企业的成长,抱着一颗平常心,赚了不大喜,赔了不大悲,既要看到成功也要看到失败。在这些年的发展中,我也错过好多机会,比如20世纪90年代初,我到广西参加会议,有朋友告诉我,如果把汤圆做好了会有很大的前途,但是我没有向这方面发展。这是比较遗憾的地方。虽然有遗憾,但是我认准粮食机械这条道路,一步一个脚印平稳前进,企业肯定会发展成为同行业中最棒的。

高俊安：
"小豆馆"点亮世纪春

·胡增民·

人物简史

高俊安，1962年出生，山东省沂水县人，中共党员，大专学历，现任山东世纪春食品有限公司董事长、山东省花生产业技术创新战略联盟理事，当选沂水县第八届政协委员。

1981年毕业于临沂农业学校，在沂水县高桥公社农业技术推广站工作；1984年调沂水县农业局农业技术推广站；1987年任沂水县优质花生基地培植站站长；1990年任沂水县花生加工厂厂长；1996年任沂水县农业资产经营公司经理；2001年创办山东世纪春食品有限公司任董事长至今。

他拥有典型的山东大汉的个子和性格，与花生打了30年交道。2001年，他白手起家创办了山东世纪春食品有限公司，如今资产已达1亿多元。近几年，他致力于花生高科技、高附加值产品的研究，开发的花生蛋白粉深加工项目，是全国为数不多的几家之一，"功能性花生小分子多肽"研究项目已申报国家专利。

齐鲁大地，人杰地灵。谁能想到，一个仅上过中专的普通汉子，凭着对花生产业的挚爱，多年来一直致力于改变花生的"命运"，在花生王国不停地耕耘、淘金。

早在18年前，他投资建成了当时全国第一家生产花生饮料的企业；近年来，当多数花生加工企业还停留在原料购销、简单加工阶段之时，他却专注花生植物蛋白、功能性小分子多肽的研发，走在了国内业界的前列。他就是山东世纪春食品有限公司董事长高俊安。

和花生有缘分的人

高俊安1962年出生在沂水县一个普通农家。1979年高中毕业后，凭他的成绩足可以考上大学，但由于家境贫寒，加上受样板戏《红灯记》里"穷人的孩子早当家"的影响，他觉得还是考中专见效快，能早毕业、早参加工作，于是报考了临沂农业学校。或许是高俊安这一辈子注定要和花生打交道，1981年中专毕业后，他被分配到高桥公社农业技术推广站，负责花生的技术指导工作。

由于善于钻研，高俊安很快在全县农技推广行业小有名气。1984年，他被调到县农业局的农业技术推广站，负责全县花生的新技术及新品种的试验、示范和推广工作。沂水是花生大县，是农业部确定的全国优质花生基地县，多年来花生面积一直稳定在30多万亩，是当地的主要经济作物。在20世纪80年代，该县就承担省、市一些大面积花生增产开发的项目，花生的种植技术和加工当时在全国很有名气。高俊安也因工作出色获得中国科协表彰的"全国科普先进个人"称号。

1987年，他到优质花生基地培植站任站长；1989年，他到黄淮海平原农业综合开发办公室任主任，仍和花生打交道。1990年，是高俊安人生的一个"转折点"，当时他在农业局的黄淮海平原农业综合开发办公室任主任，负责农业开发项目，经常和计划委员会打交道。李光明主任看到高俊安工作出色，还能写文章，很是欣赏，一次就跟他开玩笑说："小伙子，调到计委来吧？"他未加思索就回应："好啊！"

过了一个月左右的时间，县人事局一纸调令到了农业局，然而，却被局长于子忠打入了"冷宫"。半个月后，于局长觉得时间长了也不妥，只好向高俊安"摊牌"："小高啊，你确实是个人才，这不，人事局调你到计委去，可你对花生这一行很熟悉，眼下花生加工厂厂长空缺，我看你还是干老本行合适。"高俊安听了以后脑袋都大了，当时现场的气氛窒息了好几分钟，清醒以后的他答应考虑一下再回话。回家跟妻子徐贞一说，妻子坚决反对到企业任职，但最终他还是选择了去花生加工厂。

当问其原因时，他说搞了10年的花生技术推广，对花生产生了深厚的感情，真要脱离开花生这个行业，还真有点儿舍不得。同时，他坦率地说："如果到计委去，由事业编制转到行政编制，可能发展的空间会更大，最起码比干企业要轻松得多，但我一点儿都不后悔。"

因其从来没有搞过经营，高俊安到花生加工厂走马上任，是十足的"门外汉"。他一方面靠80来名职工的相助,另一方面靠自己的长处,也就是过去"一丝不苟"的精神,从抓基地、抓品质、抓生产做起,狠抓产品质量。在全县搞了154个基地村,种植花生12万亩,占全县总面积的40%,实行了统一种子、统一化肥农药施用、统一生产管理、统一组织收购的"四统一",较好地保证了花生纯度。到了加工环节,他仍旧是"一丝不苟",从不"萝卜快了不洗泥"。拿高俊安的话说,就是要从源头抓起,保证产品质量。

高俊安回忆说,当时他们通过山东省粮油进出口公司出口,工厂编号是23号,结果出口到日本、美国及欧洲市场后很受欢迎,有的客户点名要23号的产品。那几年,加工厂每年出口花生1万吨左右,创外汇五六百万美元。

令高俊安自豪的是,因为花生质量好,在全省的出口企业中名列"前四甲"。1994年,他被山东省粮油进出口公司评为进出口先进个人,获奖金15万元,这在当今也是"天文数字"。本来奖金是给个人的,但他没有装进自己的腰包,而是和职工一起分享。

致力于花生"生花"的人

高俊安一米七八的个头,一双炯炯有神的大眼,一开口连说带笑,让人感到和蔼可亲。高俊安目光远大,早在1993年的时候,他就提出:"依靠科技进步,打造自主品牌,实现科技兴企"的思路。考虑到出口花生原料附加值太低,他通过北京的朋友介绍,与北京食品研究所合作,投资200多万元生产花生乳,成为当时全国第一家生产花生饮料的企业。产品投放市场后,销路很好。

1994年,他又花50万美元引进了全套日本油炸花生仁生产线,产品出口到日本、韩国、俄罗斯、捷克等国家,还与泰国鸿发企业有限公司合资成立了山东正泰食品饮料有限公司。自此,获得了自有进出口的"护照"。2001年,高俊安停薪留职,创办了世纪春,当时叫临沂世纪春食品有限公司,2008年更名为山东世纪春食品有限公司。

步入2002年后,他逐步扩充设备、扩大规模,先是给出口公司供货,但人家要剥一层利,当年他就申请了进出口自营权。2008年,高俊安开始涉足花生深加工。"榨完油后的花生粕含蛋白质很高,而且是优质蛋白,但都做了饲料,非常可惜,应进行花生蛋白提取加工,为人类的健康造福。"他意味深长地说。

在花生植物蛋白生产区,生产车间高大明亮,机器设备一尘不染,厂区路面整洁,连5层楼上的不锈钢塔在阳光下也熠熠生辉。高俊安说,这是喷雾干燥塔,是目前国内最大的几个之一。在花生加工厂区,3000平方米的水泥地坪上摊晒着好像水洗过的饱盈盈的花生果,高俊安说这真是水洗后的花生,先把泥洗掉,晒干后经挑选、烘烤、分装后,出口到欧盟市场。

在高俊安的办公室,我们注意到一个细节,在植物蛋白厂区老板台上铺了一个中国地图,在花生加工厂区办公桌上放了个地球仪。"我一坐下就盯着全国的市场,目前世纪春的产品几乎覆盖了各省、市、县区,但还要全面延伸到乡村。"高俊安解释说。"我就是要把全国市场放在心上,天天盯着全国市场,我的目标是'小豆馆'产品延伸到市场每一个角落,把'小豆馆'品牌深入到每一个消费者心中。"

高俊安把"小豆馆"花生、大豆系列植物蛋白营养产品作为自己新的追求。其实,5年前他就萌发了做"小豆馆"品牌的念头。他觉得豆腐是大众营养品,平民百姓也人人喜爱,从古到今概莫能外。同时,豆腐没有区域性,到哪儿都受尊崇。当时,他只是有"豆腐坊"的概念,"三聚氰胺"事件后,更坚定了他把植物蛋白产业做大做强的决心。

也就是从那时开始,他发誓要把"小豆馆"品牌做大做强。在这种信念的支撑下,2008年7月,投资2000多万元的植物蛋白生产线落成投产。

用诚信赢得"市场"的人

在世纪春植物蛋白厂区,墙上"忙碌了一天您辛苦了,非常感谢您对企业辛勤的付出和无悔的奉献"的大字,不仅让员工感到在世纪春的温馨,更凸显了高俊安及公司的人文关怀和企业文化氛围。

在世纪春,还传唱着一段"一拖一"的佳话。家住江西九江的周春佳,大学学的是生物制药专业,毕业后在当地一家乳品厂当工程师。2009年春一次偶然的机会,小周认识了久闻大名的高董事长,尤其对他的植物蛋白产业研发深感兴趣,加之当时受"毒奶"事件的影响,正值乳品市场的低潮期,小周对世纪春的植物蛋白市场非常看好,就主动提出"加盟",现在已是生物科技部经理、研发中心主任。

同年10月,原来和小周在同一个乳品厂工作的女朋友刘金金,见他在山东有了用武之地,也千里迢迢来到了沂水,上演了一出真实的"孔雀东北飞"。

要说高俊安最困难的时候是创办世纪春之时,也是标准的白手起家。但因为他多年的"诚信史",总能"逢凶化吉"。2001年4月,他借用同学1800平方米、11间房子的小旅馆,作为公司办公生产地点。一些搞花生的同行主动赊销给他花生原料,远在青岛的一家花生机械厂为他提供了花生筛选脱皮机器。这一年,高俊安"小试牛刀",经营加工了700吨花生,挣了10万元,还了房租、原料款、设备款等后,还有部分盈余。

当问及哪件事情让他最难忘怀时,高俊安讲了一个例子:2009年9月,县内某花生加工贸易企业在农发行贷款1000万元,就因为人缘好、讲诚信,他一下帮这家企业担保了600万元。谁知还款期限到了,这个企业却一分不还,原来其在贷款时就没打算还,属于"恶意骗贷"。从法律上讲,对方有犯罪事实,作为担保方责任相对较轻,最多承担30%。但高俊安认为,自己从2004年开始就得到了农发行的支持,从个人和企业角度来说,都要讲诚信,宁愿自己吃亏,也不能亏了国家,亏了银行。

高俊安想自己承担贷款的举动一出,马上在不大的沂水县城掀起了"涟漪"。公司的董事、社会上的朋友、家人亲戚都异口同声地竭力反对。但他力排众议,硬是一分不少把600万元还给了农发行。事情过去半年了,高俊安还记忆犹新地说:"短期内,我个人精神上受到了很大打击,企业经营受到不小影响。但通过这件事,自己讲诚信的形象在社会上更加得到认可,从长期看赢得了信誉就赢得了企业更大的发展。自那时起,更坚定了农发行对自己的信任和支持。"

2009年,世纪春的总资产发展到1亿多元,虽然受全球金融危机、花生出口受阻的影响,但仍实现利润700多万元,与上年基本持平。

对 话

花生产业大有潜力

问:花生是人类生活中的重要食品之一,我国是世界花生生产和消费大国,您怎样看待发展花生产业?

高俊安:解决食用油对进口的长期依赖,必须发展花生产业。花生从北到南都适合种植,1亩花生榨的油,相当于或高于2亩大豆的产油量。发展花生产业,已引起了国家高度重视,能缓和食用油的供需矛盾,但同时也带来了花生粕植物蛋白的综合利用问题。解决这个问题,就要提高科技含量,增加附加值。

问:既然这样,那么围绕这一主题,世纪春都做了哪些探索?

高俊安:2008年,世纪春投资2000多万元,新上了花生大豆蛋白深加工项目,年生产能力为1万多吨。一方面作为一种产品,另一方面用于食品添加、医药的原料销售。每生产1吨的效益为1000元。花生蛋白粉深加工项目作为全国为数不多的几家之一,除加工花生蛋白粉外,还能加工核桃粉、豆奶粉、黑芝麻糊等产品。在此基础上,我们与国家花生技术工程中心合作研究开发了"功能性花生小分子多肽"项目,已申报国家专利。

问:您的营销思路和人才观是什么?

高俊安:我从事花生行业这么多年,一直是做事一丝不苟,做人真诚、实实在在,只有这样才能赢得客户、赢得市场。现在的市场可以说是"多极化",必须吸收优秀的管理技术和人才,并为他们提供一个发展空间,支持他们去专心致志做事业。只有这个人对这一行专心专注,才能做专业专家!

问:每一个人都有自己的信仰和追求,请问您最喜欢的名言是什么以及最欣赏的企业家是谁?

高俊安:我最喜欢的一句名言是"厚德载物,天道酬勤",而且已经成了世纪春的企业宗旨,要求每一个职工都要牢记在心。要想把事业做大做强,必须有良好的道德做支撑;同时,你要想做好做大,必须付出辛勤的努力。这两项相辅相成,缺一不可。我最欣赏的企业家是牛根生。他是从农民中走出来的杰出代表,我觉得他品德高尚,社会责任感极强,几乎把他自己的全部资产拿出来回报社会,用心做产品,用真情对员工。

康寿福：
一块六毛钱起家的"粮油营销家"

·孔得蕾 陈 颖·

> **人物简史**
>
> 康寿福，1965年出生，山东聊城人，大专学历，现任京派集团董事长、中国粮食学会营销技术分会常务会长。
>
> 1986年，康寿福从山东来到黑龙江，和同行组建了华达粮油贸易采购供应站；1993年，组建了自己的第一家公司——黑龙江正大粮油有限公司；1995年，到北京创业；2002年，筹建了北京坤江粮油批发大市场；2005年，成立了京派集团；2009年3月1日，京派集团第一家绿色有机食品专营公司"龙商"正式在北京成立。

年仅18岁时，康寿福就进入了粮油行业。在很多人眼中，他是一个粮油营销界的奇才：1993年至今，他创办的企业历经18年的风雨洗礼，现已成功发展为一个拥有10个分公司和成员企业的京派集团，现有员工1080人，资产1.5亿元。

2010年2月25日，春意融融。

来到北京京派集团总部的时候，康寿福正忙着处理集团内部的一些事务。47岁的他着一身合体的黑色西服，显得干练而又富有活力。

这是一位富有传奇色彩的人物，在很多人眼中，康寿福是一个粮油营销界的奇才：1993年至今，由他创办的企业历经18年的风雨洗礼，现已成功发展为一个拥有10个分公司和成员企业的京派集团，现有员工1080人，资产1.5亿元。

从一位名不经传的个体商户发展到今天京派集团的老总，康寿福无疑是一位企业界的成功之士。

"闯关东"

年仅18岁时，康寿福就进入了粮油行业。如今，他已在这个行业摸爬滚打了28年。

1982年，康寿福从老家山东来到黑龙江牡丹江市，下了火车，兜里仅剩一块六毛钱。在这个陌生的城市，面对即将开始的新生活，他的心中充满了憧憬和期望。

1986年，头脑灵活的康寿福和8个同行组建了华达粮油贸易采购供应站。为解决资金短缺的问题，大家纷纷从家里拿出不多的积蓄：少则几百元，多则一两千元。没有办公设备，大家就用盛挂面和大米的塑料箱当办公桌；当时，供应站唯一的交通工具就是3辆自行车，康寿福常推着自行车挨家挨户地去送面。"就连我这样的身板儿，还一下扛四五袋面呢……我们是出于对这个行业的热爱，累并快乐着。"回想起创业的情景，康寿福记忆犹新。

1989年，出于对商机敏锐的捕捉，康寿福在供应站的基础上又开办了6家连锁店。1993年，全国掀起市场改革的大潮，善于把握时机的康寿福组建了自己的第一家公司——黑龙江正大粮油有限公司，并从此走上了他的"柴米油盐酱醋茶"的多味人生。自此，仅仅用了5年的时间，康寿福的连锁加盟店已遍地开花，在牡丹江市达到了60家。这60家连锁加盟店不仅保证了粮食的优良品质，还为公司日后的发展壮大打下了良好的基础。

为了谋求更大的发展，1995年，康寿福来到北京继续创业。他在北京东五环的东苇路口买了一块地，并打算在此建一个较大的粮油批发市场。2002年，康寿福筹建了北京坤江粮油批发大市场，该市场占地200余亩，建筑面积10万余平方米。

可是，事情的发展并不像康寿福预想的那样顺利，在批发市场建成后的很长一段时间内，他的市场内冷冷清清，无人问津。但不服输而又倔强的康寿福并未因此消沉，他经常一个人跑到其他的粮油批发市场搞调研，学习别人先进的管理模式和理念。

通过对北京粮油市场充分的走访和调查，他为自己的批发市场制定出了一套方案：先引进一批大品牌的米面油，吸引大部分批发商；又实施了商铺优惠政策，并帮助批发市场内的商户建立并拓宽销售渠道，经过康寿福不懈地努力，他的批发市场渐渐开始热闹红火起来。

在山西商户申旭昌的眼里,康寿福是一个没架子、平易近人的老板,有啥困难就直接给他打电话,他都帮着解决。首届驻京农民工代表关云飞也是康寿福批发市场的一个商户,他说:"老康这人不错,有事俺们都是直接去办公室找他"。

到2005年,康寿福创办的企业已分布全国各地,为更好地谋求发展,康寿福在北京成立了京派集团,为使这些分公司高速运行,康寿福实行了董事长和总经理分设的企业架构,在真正意义上实现了资产所有权和经营权的分离。

"信息化"运筹

对企业的信息化管理,则显示了康寿福的过人之处,彰显了他敏锐的思维和超前的眼光,同时也是他紧跟时代步伐的具体体现。2007年,在黑龙江商会所举办的一次活动上,康寿福找到了著名的企业信息化研究专家刘古权,向他倾诉自己的困惑:由于企业规模越做越大,全国各地的分公司也在不断扩展当中,依然采用传统手段来进行公司运作的康寿福深受管理之累,常常感觉顾此失彼,忙得焦头烂额。

此时,康寿福的京派集团已发展为一个集粮油收购、储存、加工、销售、农特产品、物流配送为一体的综合型企业集团。当时已经在北京、山东、黑龙江、牡丹江、天津、河南拥有6家分公司和8个成员企业,新的业务正扩展到重庆和上海。康寿福常年在这些分公司的城市之间奔波,渐渐感觉疲惫不堪,一直希望能找到一种方法,把这些零散的分公司实现统筹管理,为自己腾出精力来实现新的业务扩展。

同时,由于粮油行业的特殊性,康寿福也一直在寻求更准确、快捷的供求渠道监控方法。从销售链条上来说,粮油行业容易产生存货多、资金占用多的问题,如果能找到一种方法,实现库存实时监控,就能有效节省资金。再者,粮油是每个老百姓餐桌上都要吃的东西,面对的消费者比较广泛。他说:"我非常想从收购源头上开始,到加工、销售,一直监控产品,因为这关系到每个老百姓的健康。"

中小企业信息化一直是业内的一个难题,虽然市场非常大,来自中小企业的需求也非常迫切,软件厂商却很难赚到钱。刘古权认为,对企业来说,信息化的关键应用也许是中小企业信息化的解决之道。他说:"中国企业的诞生就是先有业务再有管理,不是先有管理再有业务的。对很多中小企业来说,对信息化的需求没有像我们想象的复杂,这些老板很现实。"

而他认为,软件公司推出的全程电子商务平台满足了中小企业信息化的关键应用。例如,系统把企业的应用定位角色——系统管理员默认为总经理,然后由总经理分配其他角色和机构及权限,所有功能对中小企业都是关键的信息化应用,如建网站、管钱、管物并且可以支持手机应用,随时随地只要能上网就可以使用该系统进行管理。

鉴于此,刘古权向康寿福推荐了金算盘全程电子商务平台。康寿福决定先在北京总公司试用一段时间,如今,康寿福已经尝到了这个平台给自己企业带来的甜头。

康寿福亮出了自己的手机,上面显示的是自己公司的移动管理系统:上面有金算盘给京派集团建立的单独网站,通过这个全面的信息平台,能够跟企业管理同步。康寿福作为董事长,有自己的最高权限,同时也可以根据公司每位员工的职位分配不同的权限。他说:"前两天,我在天津出差,每天都打开手机看一看,总公司的采购、销售、库存、门店情况,还有财务支出,都一清二楚。而我就可以根据这些作出决定,直接通过手机来处理数据,而不用等我的下属一一来向我报告了。"

"绿色"生产力

在妻子隋会平的眼里,康寿福是一个"拼命三郎"和"工作狂"。丈夫对粮油行业的痴迷让她甚为"不满":"我嫁给了你,而你却嫁给了这个行业。"康寿福饱含深情地说:"是这个行业成就了我,我要回报这个行业。"

2004年11月21日,出于对粮油行业的感恩和回报以及对行业的责任感,同时也为推动本行业的提升、进步和发展,康寿福倡导和发起了全国粮油经营商协会。中国粮油协会理事于俊波评价说,该协会的成立为全国粮油人搭建了交流和洽谈的平台,为产销企业成功地对接创造了良好的契机,同时也节省了产销企业的销售费用和采购费用,最大限度地推动了行业诚信发展,并使一些有潜质的粮油品牌迅速在全国打响了名声。他说:"老康一直在为该协会积极斡旋,功不可没。"

2005年,该协会被吸纳为中国粮油学会下设的国家二级分会,并正式更名为中国粮油学会营销技术分会,大家一致推举康寿福任该分会常务副会长。随着全球金融危机对粮油产销企业带来的冲击以及食品安全和食品添加剂等问题对粮油产销企业造成的负面影响,致使粮油企业面临的形势更加严峻。面临新的形势和挑战,康寿福认为只有大力推广和发展绿色有机食品才是大势所趋。

2008年,康寿福开始在黑龙江筹备并建立绿色有机食品生产基地,经过一年多的努力,到2009年3月1日,他的第一家绿色有机食品专营公司"龙商"正式在北京成立。如今,该公司已在北京形成"东、南、西、北、中"5个配送中心及十几家经营连锁店的销售网络。

康寿福说,为倡导绿色健康生活,他已在上海世博会的展示直销区设置了280平方米的特色展厅,专门用来宣传和展示他的绿色有机食品,并为下一步开拓上海市场作好准备。谈到将来的打算,康寿福信心百倍、干劲十足地说:"再过三五年,我要在北京开上100家这样的绿色有机食品专营店,并在立足北京的基础上辐射全国,为让人们吃上健康、安全的绿色有机食品而不懈努力。"

对 话

京派:让"龙商"走向世界

问:为什么您称"京派"为"阳光下的企业"?

康寿福:"阳光"有两层意思。第一层意思是形容京派透明和公正,在企业内部我们对待员工完全公开透明化,让每个员工都了解京派;第二层意思是进入京派我们就是兄弟姐妹,对于京派的每一次重大决策我们都可以全民参与,这样既可以避免独断决策的失误性,又使京派这个大家庭处处充满温暖的"阳光"。

问:出生在山东聊城,成长在黑龙江牡丹江,发展在北京,这三个城市给您带来了什么?

康寿福:山东聊城素有淳朴之风,孔子之乡使人在浓郁的文化气息里陶冶情操,山东生育了我,给了我一个山东人的"名片";黑龙江,我把自己一生最好的20年给了它,它有全国最丰富的粮食资源,东北人豪放,富有工作激情,这都深深地影响着我,我在这块土地上茁壮成长;我做生意强调速度,在北京和各地企业交流就是一个字——快,北京有一流的技术、一流的人才,行业内的企业相互交流学习、升华壮大,使我们的平台更宽,为我们迅速铺开全国连锁提供了一个"快车道"。

问:请您评价一下中国面粉行业的现状和您对未来的展望。

康寿福:在粮食行业全面开放的这几年里,中国的面粉行业基本处于自由竞争状态。上项目自作主张,打市场各自为战。既无权威的机构去调控沟通、争取政策,又无相应组织去有效地规范扶优治劣,结果是面粉市场鱼龙混杂,制粉企业"游击队"大乱"正规军"。未来应该是大型的面粉企业整合起来,发展成为几个或者几十个大型面粉集团,改良过程加速,面粉厂数量越来越少,品牌越来越少,大型企业品种增多、产量加大。企业大了才会有更多的社会责任感,这样有利于保障食品安全。

问:您将绿色有机食品连锁店的商标注册为"龙商",这有什么意义吗?

康寿福:"龙商"小点说是代表黑龙江,大了说是代表中国。我们未来的目标就是以"龙商"绿色有机食品专营店为高端品牌铺开全国连锁,让中国人了解"龙商",让"龙商"走向世界。

周明照：
半路起家的"米业航母"掌舵人

·徐文正·

人物简史

周明照，1962年出生于湖北省安陆市，本科学历，现任湖北禾丰集团有限公司董事长、安陆市第六届人大常委会委员、安陆市粮食行业协会会长、湖北省农业产业化信用担保有限公司常务理事、中国农学会农业产业化分会理事等职。

18年前，他是一所中学的英语教师；现如今，他是一家集团公司的董事长。18年前，他的公司是一家只有注册资金50万元、一条50吨生产线的作坊式粮食加工厂；现如今，他的企业是下辖四家全资子公司，总资产3.5亿元，年销售收入13亿元的企业集团。半路起家创业，周明照给我们展现了一种不一样的个性人生。

18年前,他是一所中学的英语教师;现如今,他是一家集团公司的董事长。18载艰辛创业,18年跨越发展。在周明照的带领下,禾丰公司由只有注册资金50万元、一条50吨生产线的作坊式粮食加工厂,发展为现在下辖湖北禾丰米业有限责任公司、湖北德安府糖业有限责任公司、安陆金丰置业有限公司和安陆市裕丰生态农庄有限公司,总资产3.5亿元,年销售收入13亿元的民营企业集团。

"不安分"的教师生涯

"一个有着13年教龄的老师,却有5年扮演着学生的角色。"问起他的教师经历,周明照如此调侃自己。

周明照出生在一个普通的农民家庭。自称成绩不好的他,在1979年中学毕业后,直接报考了当地的一所中专学校——安陆师范。两年的中专生活很快结束,1981年,凭着自己在学校的优秀表现,刚刚毕业的周明照被分配到了一所偏远的中学工作,成了一名普通的数学教师。

英语,是周明照在学校时自学的一门学科,成绩很好。为了发挥自己的专长,1982年,刚刚工作一年的他,就向学校提出了进修的申请。一年后,在安陆教师进修学校完成外语进修的他,回到老岗位,开始了英语教学工作。心怀"鲤鱼跃龙门"、走出偏远山村的梦想,之后不久周明照又有了两次英语进修的经历,而这两次,使他获得了英语本科学历,工作单位也由初中变成了高中。

1992年,拿着英语本科文凭的周明照,如愿以偿地被聘于安陆一中,继续从事自己得心应手的英语教学工作,实现了到县城工作的梦想。"我是个不太安分的人",周明照用了这样一句话总结自己。从乡村初中,到乡村高中,再到安陆一中,正是这种不断追求上进的精神状态促成的"不安分",促使他在后来的创业生涯中步步为营,一步一个脚印,事业蒸蒸日上。

"放弃"与"坚持"的人生艺术

1992年年初,小平同志在南巡讲话中强调,改革开放的胆子要大一些,敢于试验,看准了的就大胆地试,大胆地闯。正是基于南巡讲话的重要思想,1993年我国粮食市场开始双轨制,部分粮食市场得以放开,这一政策很快催生了大批民营粮食加工厂。

1993年是周明照人生中的一个重要"转折年"。也就是这一年,他作出了具有转折意义的决定:放弃待遇丰厚、工作稳定的教师岗位,下海经商。做英语老师的周明照,靠着自己对国家政策的多年关注和敏锐的观察,认定未来粮食市场必然蕴藏着巨大的商机,决定"弃教"从商,但也不想放弃教师稳定的岗位,就递上了停薪留职申请,但杳无音信。不久,校长找到周明照谈话:"周老师,你很年轻,在咱们一中肯定会大有前途,我们希望你能留下来。"下定决心的周明照,谢绝了校领导的极力挽留,利用当地丰富的粮食资源,创办了湖北禾丰米业有限责任公司(以下简称禾丰公司),开始了在粮食加工行业大展拳脚。说到当时坚定放弃的原因,周明照笑谈:"我主要是受到了小平同志南巡讲话的鼓动呀!"

公司成立之初,仅安陆像禾丰公司这样的粮食加工企业就多达200余家。怎么才能在如此多的竞争者中胜出,成了周明照的"心病"。综合自己的考察和他人的建议,1994年他果断决定,与香港地禾投资发展公司(简称香港公司)合资发展。这一措施,很快加强了企业自身的经济实力,使公司发展驶上了快车道。1996年,随着国家粮食政策几经变革,大多数粮食加工企业无所适从,企业发展裹足不前。禾丰公司由于赢利能力没有达到香港公司的预期,就撤出了资本,禾丰公司从此由合资变成了内资,周明照担任公司董事长兼总经理。

香港公司的突然退出,使得禾丰公司的发展一度陷入困境,但这并没有难倒周明照。上任伊始,他要么外出考察先进企业,学习经验;要么就呆在生产现场,苦思变通,寻求突破发展瓶颈之道。通过对国家粮食政策的潜心分析以及别人先进经验的借鉴和创新,在他的带领下,企业不久理顺了发展方向,步入正常运转。

不久,新的危机又不期而遇。1998年,全国粮食丰产,粮价大幅下滑,加之东南亚金融危机的冲击,很多粮食加工企业损失惨重,禾丰也没有逃出金融风暴,不少企业被迫选择了停产转行。"危机也是契机,按照市场规律,明年的粮食行情肯定会有一个大反弹。规模才能产生效益,我们应该继续扩大规模。"周明照在股东大会上提出了自己大胆的设想。在作出决定后,他就积极筹集资金,不久成功收购当时停产的雷公水泥厂,建起了禾丰二米厂,企业规模进一步扩大。

2006年,禾丰公司与安陆市储备库米厂、安陆稻香米业、孝感金禾米业、孝感瑞丰米厂、安陆王义贞教育米厂5家大型米厂联合组建湖北禾丰集团公司(以下简称禾丰集团),进行联营试点,实现了前所未有的跨越式发展。2009年,在完成了对安陆市原国有粮食收储购销公司经营站点的收购后,禾丰集团新增82个收购站点,全面覆盖安陆市所有乡镇,仓储能力达到15万吨,禾丰集团成功跻身湖北省粮食产业化龙头企业前三甲。在禾丰集团的影墙背面有这样一句话:致力打造米业航母。而作为这艘航母掌舵人的周明照总结自己的创业生涯,话语简洁但有深意,即"开始选择放弃,后来认定坚持"。

创新的脚步不停歇

"创新其实是一种冒险,创新有这么几个结果,要么成为先烈,要么成为先驱。"周明照这样阐述着自己对创新的理解。我们看到,在禾丰集团的企业精神中,"创新"被放在了第二的位置,公司对创新的重视可见一斑。"太阳最红、农民最亲、粮价上涨咱俩分、禾丰储粮最放心。"这是禾丰推广自己的创新成果"粮食银行"时的宣传语。"粮食银行"诞生于2007年,禾丰集团根据当时粮价不断上涨的新形势,本着和农民及粮食经纪人价格就涨不就跌的前提,采取平等互利、人性化的粮食收购经营策略,通过"粮食银行存折",为农民及粮食经纪人提供现收、返利、代储粮食的创新成果。

"往上游延伸,拉长产业链,加大基地种植的配套,掌控调节市场的主动权;往下游拓展,大力发展稻谷精深加工,拉宽产业带,形成大市场的格局。"周明照如此描述禾丰的创新举措。 随着生活质量的提高和改善,人们的消费品味会发生潜移默化的变化,绿色产品将成为市场的主导,发展绿色食品将有广阔的市场前景。

"发展绿色产品,走订单种植模式!"周明照提出了在当时尚属前卫的创新理念。由于前期的投资需要巨大资金,加之变幻莫测的市场风险,部分股东产生了疑虑。周明照耐心地给他们分析粮食加工业发展的形势,考评市场的可行性,最终打消了顾虑。

"企业要做大做强,仅仅依靠订单农业是不够的,必须开展稻谷精深加工,提高农产品附加值,提升产业发展层次。"周明照谙熟粮食企业发展之道。2008年3月,禾丰集团投入1.5亿元巨资,创办了湖北德安府糖业有限责任公司,发展大米精深加工项目——年产20万吨淀粉糖项目,主要生产麦芽糖浆、果葡糖浆、啤酒专用糖浆和大米蛋白粉等系列产品。淀粉糖是以碎米为主要原料,用生物质燃烧锅炉,应用生物酶水解技术和化学水解技术对淀粉进行深加工而成的。这样禾丰加工过程中的碎米用作原料,稻壳用来燃烧锅炉,稻壳灰供给公司自有的1000亩林场做钾肥,实现了年销售收入6亿元、利税2000万元,提供就业岗位300个,带来巨大的经济效益和社会效益。

"帮农民就是帮自己"

"作为农民的儿子,应该多为农民做实事,做种粮农民的搬运工。"这是,周明照留给我们记忆深刻的一句话语。从2001年开始,周明照探索的"公司+协会+基地+农户"的订单农业发展新模式,采取订单种植,订单收购,保证了粮农卖粮时的价格,带动农户增收致富。

"当时,农民都是自己拉着车子去卖粮,排很长的队,什么时间能卖掉都不知道。"从小在农村长大的周明照,至今还清晰记得那时农民卖粮时的情景。2006年,公司加大科技投入比重,开始实施优质稻"不落地"工程,真正实现从收割到散粮运输再到烘干入库的全程机械化作业,彻底改变了农户传统的收割晾晒方式,大幅减轻了农民劳动强度,带动了农户增收。一年后,在周明照的推动下,禾丰集团牵头成立了安陆市百花稻米生产专业合作社。到2009年年底,合作社社员已发展到2200多名,公司绿色食品订单种植面积38万亩,带动基地农户增收3000万元。扶贫帮困,是优秀企业公民应尽的职责,周明照也始终不忘回报社会。2005年他无偿出资25万元,修通了黄鹤冲林场公路5公里,改变了那里"晴天一身灰,雨天一身泥"的现状,方便了农产品的外运销售。

最后,周明照描述了禾丰集团未来发展的五年计划,"米业航母"跃然纸上:2010~2011年,建设德安府年产5万吨F55型果糖生产线,实现总销售额15亿元;2011~

2012年建设禾丰一米厂日产300吨大米生产线，实现总销售额20亿元；2013~2014年开展对米糠的综合利用，2014~2015年建设蛋白粉二次提纯项目，实现总销售额30亿元。

对 话

禾丰：让种粮农民丰产增收

问：您之前从事的是教学工作，那么在您看来，做教师和做商人有什么不同？

周明照：教师是我的第一份职业，我感觉二者最大的不同就是做老师更有成就感，尤其是当看到自己教出来的学生成为有用之才，回来探望你时，那种感觉是很美妙的。

问：现在，您希望别人怎么称呼您，是"老师"还是"老板"？

周明照：我现在是半个老师半个商人。当然，我还是更喜欢别人叫我老师，每次我的学生回来看我叫我老师的时候，那种成就感油然而生。

问：请您简要总结一下这段教师经历。

周明照：这段经历很特别，我从中学到很多东西，给后来的创业提供了很大的帮助，是我人生中一笔宝贵的财富。

问：为什么当初给公司起名叫"禾丰"？

周明照："禾"代表庄稼，"丰"就是丰收。我是从农村走出来的，农民的辛苦我深有体会，就是希望他们种粮丰产增收，所以就用了"禾丰"。

问："禾丰"能从大大小小200多家米厂中脱颖而出，发展到现在总资产3.5亿元，年销售收入逾13亿元的规模。这其中有什么秘诀？

周明照：秘诀谈不上，但在这18年的发展过程中，我们始终坚持着这么三点：一是紧随市场而动，把消费者的利益放在第一位。二是心系农民。粮食企业依靠农民，才能更强大，所以我们一直在竭尽全力为种粮农民做实事。三是始终保持我们技术装备的先进性。

问：您从事教育工作13年，那么您是如何看待目前的大学生就业难问题？

周明照：要缓解此问题，一方面需要大学生转变观念，另一方面小城市的政府和企业也应该大力改善条件，"栽好梧桐树"。我们禾丰为了吸引人才，工资待遇标准要比大城市高四五百元。

问：2010年春节过后，很多地方都出现了"民工荒"现象，禾丰有没有受到影响？

周明照："民工荒"主要出现在以生产加工、制造业为主的地区，像沿海省份。安陆目前还没有受此冲击。民工荒对一些企业来说可能是坏事，但是从长远来看，对促进中国的产业升级或许是件好事。

中国粮油 财富解码
DECODING

马云庆：
"民天"的智慧

·胡增民·

人物简史

马云庆，1965年出生于山东省济南市，硕士研究生，中共党员，现任济南民天面粉有限责任公司党委书记兼董事长，中国粮食行业协会小麦分会副会长，山东省粮食行业协会常务理事，当选济南市槐荫区第十五届、第十六届人大代表。

带出了"济南市、山东省名牌"、"山东省著名商标"、"中国名牌"的金字招牌。

带出了国内同行业中研发实力的佼佼者，即"省级认定企业技术中心"和"山东省面粉及制品工程技术研究中心"。

带出了"山东省粮办工业十强"、"省级、国家级农业产业化重点龙头企业"的行业龙头。

在马云庆的人生阅历中，出现了不少"临危受命"的字眼，但也演绎了不少"马到成功"的传奇，他因此也获得了"救火队长"的美称。而他真正的事业是民生，把老百姓的事看得比天还重，通过"民天"这个载体，把营养健康送到千家万户。在汹涌的国有粮食企业改革浪潮中，马云庆是目前中国为数不多的国有独资面粉加工企业的"掌门人"，并摘取不少"国字号"的桂冠。

春种一粒粟，秋收万颗籽。民天公司不仅拥有一条进口面粉生产线，而且依托品牌带动，还在小麦主产区成功合作建成规模生产线7条，日加工能力达2000吨。"民天"的面粉、挂面还漂洋过海，在新加坡、马来西亚、泰国等近10个国家飘逸麦香。

"救火队长"

2000年，时年35岁的马云庆从济南市粮食局历下分局调任济南洛口粮食转运站担任一把手。那天市局的领导把他送来，工人们把着门不让进，呼喊着"带钱来了么？不带钱滚蛋！"当时马云庆觉得很尴尬、很狼狈，但也坚定了他的信念。

就在马云庆在洛口转运站初战告捷，刚要喘口气时，2001年市粮食局又把半停产的成丰食品有限公司放在他的肩上。一个人把两个单位一肩挑，当时开了济南粮食系统的先例。多了一副担子，就多了一份压力。但马云庆没有被困难压倒，他马不停蹄地"踢腾"，很快使企业"绝处逢生"。也就是从那以后，马云庆"救火队长"的名字传开了。

2003年年初，马云庆再度临危受命，担任了市粮办工业的龙头企业——济南民天面粉有限公司的董事长。当时，济南市面粉加工行业跌入发展低谷，市内仅存的三四家国有面粉加工企业纷纷关停并转，而他却带领民天人踏上了"二次创业"的新征程。

马云庆讲了他当"灭火队员"的一个例子：2003年用半年时间刚完成民天的改制，领导又"甩"给他"千疮百孔"的济南第二粮库和鲁星面粉有限公司。他利用半年时间，通过各种办法分流人员，由300多人分流到最后剩40多人，使之成为一个干净利落的现代化仓库。

马云庆还向我们讲述了一个终身难忘的故事：2003年刚到民天，资金非常困难，可以说民天是信誉扫地，银行与其不共事，供应商与其不来往。他说："为什么银行不给贷款呢？主要是信誉不好。于是，我主持召开了由30多人参加的中层以上干部会，人人下集资指标，没想到一下子集上来700多万元。"

"1+1＞2"

"好马不吃回头草"。在民天干过的马云庆，偏偏是被组织上安排来吃"回头草"的。当时济南民天面粉有限公司和第一粮库是两个牌子一套人马。民天为什么会濒临倒闭？他在很短时间内就找出了症结，关键是管理问题。

没有规矩不成方圆。"先从建章立制入手,半年下来形成的文件、制度有一尺多高,当时发现一个问题,就及时研究定规矩下发文件。很快做到了有法可依、有章可循。"马云庆回忆道。"众所周知,面粉是微利行业,当时就提出快速建章立制把这两个企业引入良性循环轨道。"

在营销方式上,他大力倡导、积极运行"1+1"捆绑市场服务模式,把研发和营销捆绑在一起。"民天过去是以专用粉起家的,也是比较有名的企业,但'专用粉'应改为'专供粉',虽是一字之改,但内涵完全变了,就是要变被动为主动,让客户说了算,这样还能帮助企业提高研发能力。"马云庆如此解释。

民天的沉浮发展,使马云庆深刻认识到面粉加工业的最大软肋,就是缺少具有自主知识产权的核心技术产品,不能给消费者带来真正健康、放心的面粉。他上任后不到3年的时间里,在原投入基础上,累计投入1000余万元建起了省内面粉行业唯一一家、国内同行业也为数不多的省级认定企业技术中心和省科技厅命名的"山东省面粉及制品工程技术研究中心"。

民天成功了,喜报纷至沓来。其研发的"黑小麦"、"全麦粉"、"家用面包粉"获"全国食品工业科技进步奖优秀新产品奖";以绿色基地小麦为原料生产的特一粉、水饺粉、馒头粉3个产品获"中国绿色食品"称号;自主研发的富硒小麦粉荣获"全国食品工业科技进步奖优秀项目奖"和"山东省技术进步一等奖";研发的黑小麦面粉、富硒小麦粉、高白度7+1营养强化面粉、家用面包粉和脱臭麦胚5项新产品通过了省级鉴定,其中3项达到了国内先进水平,两项填补了省内空白。

"小馒头做成大文章"。我们在2010年10月中旬南京举办的建国60周年粮食行业成就展上,亲眼目睹了民天面制品的"芳姿"。品种有二龙戏珠、年年有余、鸳鸯戏水、群挑贺寿、龙凤呈祥等五颜六色、栩栩如生,被现场的观众围了个水泄不通。他们带去的1500多公斤手工馒头,不到两个小时就销售一空。

走向"世界"

2010年3月9日上午,我们来到济南民天面粉责任有限公司,一进公司大门就听见面粉机组在引吭高歌,办公楼内那"世界在变,创新不变"金光闪闪的8个大字,和不远处制粉车间楼上"市场的需求,民天的追求"的红色大字,显示出其"气冲霄汉"的凌云壮志。自2003年到民天后,马云庆就提出来要两条腿走路,既要做国内市场,也要盯着国际市场,当年就投资4万元,利用阿里巴巴平台,捕捉国外市场信息,寻找合作伙伴。到2008年,民天的面粉出口量每个月达到1000多吨,主要是东南亚地区,特别是在新加坡、马来西亚小有名气。

"山不转水转"。自2009年以来,国家对面粉实行配额限制出口后,民天人一方面及时到商务部申请配额,另一方面利用网络平台,做设备贸易,同时在原有日产15吨老挂面线基础上,再投资200多万元,新上一条日产30吨的挂面出口生产线,并已获国家出入境检验检疫局出口食品生产企业备案证书,这在国内很少见。

新加坡某集团的刘副总,从2004年就与马云庆及分管营销的李军强相识,因故生意一直没有做成。但马云庆说,即使做不成,我们也是朋友。对方感动地说,就冲你这句话,我们一定能成为合作伙伴的。随着时间的推移,双方的感情在不断加深,合作的机会也终于到来。2008年,民天在新加坡出口的面粉份额,该集团就占了50%;如今,他们每月还接收民天100多吨挂面。

2009年10月下旬,北京举办东盟华商联谊会,马云庆知道后,觉得是一个开发东盟市场的好机会,决定慕名前去。可到了以后,人家是小范围的"一对一"对接,不接待"不速之客"。马云庆想办法找到联谊会的秘书长,用很虔诚、谦虚的态度打动了对方。他们利用有限的时间"对号入座",寻觅重点客户,后来找到了泰国的一家食品厂商。这位泰国华侨也被民天的真诚所感动,时隔两个月,对方专门到济南来考察,并成为合作伙伴。

"情商"

说马云庆是民天的智慧,来源于他的好学。在飞机上,他还不舍得休息,看书、看杂志,发现一个好的企业文化理念马上记下来,提炼升华后在民天发扬光大。在和马云庆对话中,他使用较多的字眼是"情商"。"对内就是要理解,上级关心、理解下级,我碰到眉头紧锁的人就要问个为什么?然后开导梳理,直到对方脸上烟消云散;作为下级要理解、尊重上级,形成和谐的氛围,这是用金钱所买不到的。"他这样诠释。

在民天,大家觉得干活累却很舒心,真是"工作着,快乐着"。马云庆讲究领导方法和艺术,干工作从来不埋怨人,即便是出现了偏差他也不用批评的口吻。用他自己的话说,干工作谁都想做好,出发点都是好的,出现偏差很正常,校正过来不就得了嘛!他经常会对下属说,"只要是为了工作,你就大胆前行,我给你保驾护航,出现问题,责任是我的"。马云庆对同事常说要换位思考,不要一味指责别人,当你用一个手指指着对方时,要知道还有三个手指在正对着自己,说明自己至少还有三个缺点。

"细节决定成败"。民天家大业大,但却从小处着眼,马云庆总结的"买得贱,卖得贵,中间环节不浪费",成了民天人的口头禅和自觉行动。我们无意中发现,副总经理丁继贵手中拿的"记事本",竟是把用过的生产报表反过来用。

"老马识途"。马云庆创新性地推行了"二次督查"制度,由开始以安全保卫、劳动纪律、环境卫生为重点的"二次督查",延伸为生产现场、质量、市场销售、财务等二次督查的五大督查体系。基于此,2003年民天在行业内率先通过了ISO9001、ISO14001、HACCP三项国际体系认证,2007年获"国家级标准化良好行为"证书。

对 话

离餐桌越近　利润越高

问：民以食为天，面粉是中国人餐桌上不可或缺的主要食品，您怎样看待目前国内的面粉产业？

马云庆：当前大的龙头企业可以说"咄咄逼人"，如中粮、中储粮，还有外资以益海嘉里为代表的面粉加工企业，这些企业的特点是资金非常雄厚，市场化管理经验丰富，市场营销网络健全。另外，还有一些小而专、时开时停的小面粉厂，综合加工成本很低，水电、人工都很低。而作为"地方军"的中小型加工企业，要实力没实力，要仓容没仓容，还没有网络优势，处在夹缝中生存。我认为，未来几年这些企业可能是"牺牲品"。

问：即便如此也不能"坐以待毙"，您认为中小型面粉企业该如何"闻鸡起舞"？

马云庆：主要是要拉长产业链条。源头要有仓储，有足够的原粮，不能等米下锅；产品一定要有特色，要加工工艺高、附加值高的专供产品，到客户那里要订单；逐步拓宽下游产品，逐步向餐桌接近，你离餐桌越近，你的利润越高，相反则越低。

问：您提出了"双线运行"，从理论上说，产品抗风险能力更强，在运行中效果好么？

马云庆："双线运行"在民天无处不在，包括生产、管理和营销。譬如公司单线运行时，原料采购办信息量可能会有盲区，采购的价格没有可比性。后来营销公司也可以采购原料，看看谁的采购成本低。这样内部形成了良好的竞争机制，最终还是公司得利。

问：民天目前作为国内鲜见的国有独资面粉加工企业，请问同其他同类型企业有什么不同点？

马云庆：一是生产方式不同，他们大部分是专一生产面粉，而民天是"双线运行"，支撑了新的利润点；二是体制不同，民天是国有独资企业，得到了政府的支持、社会的认可，我们把国有看成是金字招牌；三是管理理念也不尽相同，民天从上到下都有一种危机感，我们提出来昨天的事情你做好了么？今天的事情你完成了么？明天的事情你打算了么？没有危机就没有创新，创新是永恒的主题。

问：您这么多年取得了一定成就，哪些方面是您感到最引以自豪的？

马云庆：最自豪的是能"临危受命"，能在短时间内把"火"扑灭，完成领导交给的任务，这是用心血换来的。再就是不断为上级党组织输送干部，这7年间输送出正职6人，平均每年一个。起码说明三点：一是上级党委对我和民天是认可的，二是我们班子是团结的，三是我们工作有业绩。所有这些，可以说比任何奖赏都珍贵。

李 广：
新型农民的现代农业"舞步"

•徐文正•

人物简史

李广，1976年出生于湖南省溆浦县双井镇花口村，中共党员，现任花口村村委会主任、溆浦县绿之然农业发展有限责任公司总经理，曾获得"2009年度全国粮食生产大户"、"2009年溆浦县粮食机械生产先进个人"等殊荣。

"现在我的种植规模是800亩油菜、400亩小麦，总共1200亩，我对未来充满信心！"一见面，李广就对我们这样说。身着橘红色T恤、黑色夹克衫，加上满脸自信的笑容，对面的李广和他基地里的油菜花一样神采奕奕。

2010年2月初，一条新闻在湖南省溆浦县双井镇掀起不小的波澜：花口村的李广，被评为2009年度全国粮食生产大户。获此荣誉的，湖南省仅有22人，怀化市更是唯独其一人。对于2010年1月份刚刚当选村主任的李广来说，这一份荣誉来得很及时，也更使他激动和兴奋，用他自己的话说就是："我的干劲更大了，底气更足了。"

刚过而立之年，刚刚进行农业规模化、机械化种粮一年，就获得如此荣誉，作为现代新型农民的代表，殊荣背后的主角李广，到底有着怎样的故事呢？3月28日，我们来到了飘满油菜花香的双井镇花口村，和李广面对面。"现在我的种植规模是800亩油菜、400亩小麦，总共1200亩，我对未来充满信心！"一见面，李广就对我们这样说。

能文能武："舞"出精彩

双井镇花口村村边的景色格外引人注目：村西边是望不到边的麦田，绿油油的矮秆麦子在阳光下抽着穗子，一片生机勃勃的景象；村南边是大片大片的油菜田，金灿灿的油菜花在春光里盛开，浓郁的芬芳引来无数"嗡嗡"飞舞的蜜蜂，一曲曲动人的春歌唱响整个田野。

你可能怎么也想不到：这些孕育着收获、生机益然的千亩田野，2008年冬天还曾是抛荒的土地，一片荒芜的景象。而给这大片大片土地带来舞动的音符的人，就是被当地媒体誉为"开着轿车去种田"的现代新型农民带头人——李广。聊起种田，李广变得激动而兴奋。

"我干规模化种田，做现在的事情，其实也是一念之差。"谈到当初为什么选择回乡创业搞农业，李广这样笑答。2009年年初，一直在贵州、湖南等地从事林地开发工作并已小有成就的李广回乡过春节，但是家乡道路两边的情形让他感到很惊讶：透过车窗，看到的是大片大片的抛荒土，而以前这个季节，那些土地应该是到处长满绿油油小麦的良田。农民对土地有着外人难以想象的"感情"，在农村长大的李广也不例外。

带着疑问，他走进了村委会办公室，答案也不令他意外。当地地处山区到丘陵的过渡地带，土地有限，平均每人不到一亩地，一家人靠种这几亩地获得的收入微薄，加上农闲时节的无所事事，为了改善生活，很多农民另谋出路。而这其中，农村大量的青年男女选择了外出务工挣钱，留守在家的老人和孩子便无力完成繁重的冬种，所以种植一季后，田地就没有了"绿色生命"的舞动。

看到了困境，也看到了潜在的商机。一个大胆的计划在李广脑海里萌发：是不是可以响应国家政策，通过土地流转，进行机械化种田、规模化经营的现代化农业生产，重新开发被抛荒闲置的田地，走出一条科学种田致富的"黄金之路"来？李广的想法得到了家人以及村镇领导的支持。带着鼓励，借着自己多年从事林地开发的经验与积累的资金，李广信心满怀地上路，开始跳起了他在家乡千亩田野上发展现代农业的"舞步"。

说干就干。李广筹集了80多万元，走村串户，寻找自愿出租土地的农户。2009年3月，通过签订土地流转合同的方式，一次性从本村农户手中租赁到土地447亩。流转合同上清晰地写着:每亩土地返给农户150公斤稻谷,涉农及其他的政策补贴也全归农户所有,租期18年。"有了土地,就有了舞台。"谈到当时的情景,李广仍然一脸的幸福。但是没过几天,一个亲戚的疑问却让他伤透脑筋:"这么多土地,到时间我们怎么种植和收割?"作为一个在农村长大的农民来说,对付家里面几亩土地人工种植收割没有问题,而400多亩土地需要进行大规模的机械化种植、收割,需要筹备哪些具体实用的机械设备,其型号、功率大小、具体操作及维护等一系列新知识都摆在了李广面前。

李广深深认识到,要想实现现代农业的规模化经营和机械化种植,必须拥有一支专业化的农机、农技员队伍。找到了症结所在,他就积极行动,高薪聘请有农机、农技基础知识的8名人才,还与村里27位农民签订了长期用工合同,并进行全面系统的培训。为了进一步积累经验,他还亲自到靖州县的一位机械耕作种粮户那里拜师学艺、请教取经。通过培训和不断学习,李广投入40余万元,配齐了机械化作业所需要的旋耕机、插秧机、播种机、收割机、拖拉机、烘干机等22台件机械设备,正式下田耕作。为了更好地经营,李广成立了溆浦县绿之然农业发展有限责任公司,实施公司化经营管理。承租来的447亩土地,全部用来种植水稻,其中327亩双季稻、120亩超级稻,开始了真正的尝试。为了让自己的生产基地更加现代化,他花了40多万元对农田进行了整改,建立了规范的机耕道、灌溉渠。

从此,人们在花口村经常看到两面的李广——在乡间公路上,开着别克轿车跑公务,他是总经理;在田间地头,驾着拖拉机做农活,他是位农民。上马路能驾小轿车,下田地能开农业机械车,知业务、懂技术、会操作,李广俨然一个"多栖"农民。能文能武,李广在充满生机的田野上舞出了自己的精彩。

勇于尝试:"舞"出多彩

1992年,高中毕业的李广,没有选择高考,回想起农民每年面朝黄土背朝天的艰辛和得到的微薄收入,他选择了加入南下打工的队伍。在福建的一家工厂里,李广开始了做皮鞋的打工生涯。平时爱学习、爱琢磨的李广,接受能力极强,半年后,他就完全掌握了做出一双皮鞋的全部技术。面对着和自己劳动不对应的工资,17岁的他意识到给别人打工是没什么出息的,于是他带着"偷来"的做皮鞋技术,回到了家乡。不久后,在家人的帮助下,在镇上开了一家皮鞋店,开始了自己的第一次创业尝试。

"当时专门给人家定做皮鞋,一年下来也能赚到五六万元。"问到第一次尝试的成果,他难掩兴奋。"但是,做皮鞋的那个气味有毒性,对人体不好,所以几年后,我就不干了。"他补充了一句。不做皮鞋很多年,李广又尝试了小百货经营,但都是小打小闹。2004年,看到水果的销售一片大好,而当地正好盛产柑橘,他就开始尝试水果批发买卖。他从果农手中购买柑橘,之后拉到远在东北的市场销售,本想大赚一把,却因对价位和市场变化估算不足而血本无归。面对逆境,李广没有气馁,更没有放弃。值得一提的是,李广的每次尝试,并不是盲目的出击,这与他敏锐的市场眼光和对国家相关政策的谙熟不无关系。2005年，国家提出要完善退耕还林政策，并给予资金上的补助。看准时机，李广利用自己10多年摸爬滚打练就的业务能力，从农业银行贷款20万元，租赁山地1000亩，成功跻身退耕还林项目中，同时在贵州和湖南新晃也搞起了林木贸易。

回想当年，李广讲了这样一个有趣的小插曲：舅舅搞林木经营多年，经验丰富。有一次李广去帮忙，舅舅就给他出了道难题，让他目测一下自己4000多亩山地林木的木材体积，李广看树高，目测树径，花了整整一天时间，顺着林场转了一圈，最后的答案是不超过1300万立方米。而舅舅派出的专业调查队，用了一周时间得出的结论是1280万立方米。看到了外甥的努力和水平，舅舅欣然同意了他自立门户作林木的决定。

"要做就做最好"，这是李广做事的原则。为了做好，他不辞劳苦，串乡走户，奔走在贵州和湖南新晃等山区林地，通过3年多的经营，林木生意赢利近200万元。正是这次尝试，使李广赢得了人生真正意义上的"第一桶金"；也正是这次尝试，给他带来了那辆为人所熟知的别克轿车和多彩的人生。

精打细算："舞"出新意

"第一次流转土地447亩，为什么第二次就一下子流转了近800亩，使土地总量达到1200多亩？"面对我们的疑问，李广乐出了声："因为有利润，我从中尝到了甜头呀！"他还扳起手指头，给我们算起了心中的那本如意账："第一次流转的447亩土地，我全种植了水稻。327亩种双季稻，收了200吨粮食；120亩种超级稻，收了80吨粮食。毛收入共有56万元，除去成本和开支，净赚了8万多元。"说到自己种粮的第一季收获，李广愈显兴奋："这样的收益，对于一个农民来说，不继续干才叫傻呢。所以我就二次流转，扩大了规模。"现在，冬种期，李广有油菜800亩、小麦400亩。熟知国家惠农政策的他，又算了这样一笔账：2009年，光买农机他就有17万元补贴，良种补贴也有5万多元，两项加在一起就超过了20万元。

李广当初决定回乡种粮，一方面是希望自己能富起来，另一方面也希望通过自己的带头作用使村里的农户致富。"我希望和农户一起富起来"，他毫不掩饰自己的初衷。事实上，李广给村民带来的帮助是双重的。可以清晰看到的就是每户得到流转费，现在流转土地1200亩，按每亩租金400元计算，流转的农户光租金收入就有48万多元；2009年，李广还与村里27个农民签订了长期用工合同，安排他们接受农业部门技术培训，一年干7个月农活，每人月工资1200元，这笔工资收入又有22万多元；此外，通过流转土地，还可以使1000多个农村劳动力安心外出务工赚钱，这部分也是不少的一笔收入。李广不但自己致富，也给村民带来了实实在在的实惠，并且相关费用都在规定时间内交到农户手中。在村民看来，这个人是值得信赖的，他的示范作用，赢得了广大村民的真诚拥护。2010年1月，李广被村民选为村委会主任，开始了又一重身份的忙碌。

思路决定出路。李广又开始打起了如意算盘：仅仅依靠规模种植，不会实现种粮效益的最大化。如果将溆浦的水稻、小麦、油菜籽就地加工成大米、面粉、菜籽油，不仅可以省去卖谷子时的装卸费、运输费，还可以派生出大米规模化加工厂、面粉加工厂，进而解决农民就业，形成良性循环，提高经济效益，走出一条种植、加工、营销一体化的产业链经营道路。李广透露，在政府的帮助下，他已经订购了榨油设备，厂房建设也正在设计中。计划2010年春耕时节，通过第三次流转，争取将基地扩大到2000亩，范围涵盖两个乡镇的5个自然村，并购买设备，建立大米和面粉加工生产线。 面对未来自己集种、产、加、销于一体的现代农业产业化道路，李广信心十足。就在这条道路上，李广开始了新的"舞步"。

对话

土地流转使农民的生活更美好

问：在农村，您认为农民致富的途径是什么？

李广：现在农民获取信息有了质的飞跃，有了信息，开阔了视野，农民致富的途径随之拓宽，但最根本的一条永不改变，那就是依靠土地。

问：在您看来，土地的价值在哪里？

李广：好好利用，土地会给你长出"金子"。

问：能走到这一步，做出现在的成绩，您最想感谢谁？

李广：当然是国家的土地流转政策。

问：在土地流转过程中，您遇到了怎样的困难？

李广：资金不是大问题，因为有政府的支持，自己也有一些流动资金。最担心的是流转不到土地。再一个困难就是很多农民外出务工，造成用工不足。

问：您现在创办有公司，同时也下地干农活，那么您怎么定位自己的身份？

李广：有公司那就叫经理呗，干农活那就是农民了，当然我现在还是个村干部，我是"三重"身份，因此也就有了三份不同的责任。

问：那么对于这三种身份，您最喜欢哪一种？

李广：农民。

问：作为新型农民，您对自己的将来有什么规划？

李广：今后的规划就是走一条种植、加工、销售于一体化的产业链经营道路。该产业链项目建成后，公司可生产大米2000吨(含收购粮食)、面粉600吨，直接增效780万元。同时，大米和小麦加工项目可带动邻近村及周边其他乡镇农民走规模发展、产业化经营之路，预计可间接增加粮食几百万吨甚至上千万吨，辐射带动增加经济效益数亿元。

李东顺：运筹豫北农贸大物流

· 姜华山 ·

人物简史

李东顺，1968年生于河南省林州市，中共党员，工程师，国家二级建造师，现任河南省四季青集团董事长、鹤壁市青年企业家协会副会长、世界杰出华商协会副理事长，曾先后荣获"2008年中国农村十大致富带头人特殊贡献奖"、"中国骄傲·第八届中国时代十大新闻人物"、"中国农产品流通领域十大魅力领军人物"、"全国十大经济风云人物"、"全国农贸物流行业贡献人物"等荣誉。

从普通的乡村教师到闻名一方的企业家，李东顺华丽的转身靠的是他骨子里常人难以企及的坚毅和韧性。

如今，李东顺麾下的鹤壁市四季青集团已成为集农业投资、农产品物流、农业开发、农产品批发市场、教育培训、房地产开发、建筑施工等为一体的"企业航母"。

认识李东顺很偶然。

驱车行驶在田园般的豫北小城鹤壁,道路两旁的广告位几乎被"垄断"了,"四季青集团"一行字从未离开过视野。这让我们感到很好奇,虽然此行的目的并非是冲着它而来。

结束了既定的工作之后,受好奇心的驱使,我们还是走进了这个"神秘"的企业。

个子不高,面容坚毅,眼镜后面透出明亮的目光,面前的李东顺给人的感觉是智慧而充满力量。他就是四季青集团的董事长。

从乡村教师到企业家

2010年1月13日,李东顺和他掌舵的四季青集团一度成为媒体和各界关注的焦点。这一天,由鹤壁市淇滨区、农业局主办,四季青集团承办的"鹤壁市首届农产品交易会"在四季青农产品物流园开幕。作为鹤壁市规格最高、最具权威和影响力的农贸物流展会,这次展会共吸引500多家商户参展,除380多家本地商户外,还吸引了莲花味精、三全食品等知名企业,交易品种达1000多种。据统计,短短的10天时间,交易额就达到了1.5亿元。

对于李东顺来说,农交会的成功举办,无疑是四季青集团从房地产业到农贸物流业战略转型的一次闪亮登场。1968年10月,李东顺出生在太行山深处——河南省林州市的一个贫穷农民家庭。

1993年,他舍弃了乡村教师的工作,走出了大山开始闯荡自己的世界,他的足迹踏遍了大半个中国。他在建筑队打工,从一名小工干起,由钢筋工到组长,由组长到工长,由工长到项目经理。这个具有传奇色彩的农家子弟,硬是凭着一股子韧劲儿于2005年组建了自己的建筑公司,并进军房地产市场,而且只用了两年时间就完成了上亿资金的积累。"穷孩子"出身的企业家有了资本往往更愿意关注"三农",这几乎是中国企业家的一个特色。李东顺也不例外。2007年,李东顺开始投资兴建鹤壁市四季青农产品批发市场。

对此,李东顺同样有着非常理性而又极富战略眼光的分析。2007年,面对全球金融风暴,政府加大房地产市场调控力度,房地产市场开始降温,特别是我国关于扩大内需、转变经济发展模式,加强农业基础地位,促进农业产业化发展的政策,使李东顺看到中国农贸物流业巨大的发展潜力和空间以及农贸物流企业在此进程中的使命。

他认为,农产品批发市场是建设现代农业和农业产业化经营的核心环节和重要载体,是在我国农业进入发展新阶段以后快速成长起来的产业。连接城乡的农产品批发市场,是建立健全农产品流通体系的关键,对发展农业产业化经营、健全农村市场服务体系起着至关重要的作用。而鹤壁农产品品种丰富,畜牧业也具有相当规模,人均畜牧业产值及肉、蛋、奶产量四项指标连续13年位居河南省18个省辖市前位,为发展农产品批发市场奠定了基础。作为晋冀鲁豫14城市经济协作区的中心,鹤壁市辐射人口2500万,市场潜力巨大。

建设农产品批发市场,对于大批货物批发吞吐,以及本地和外地农产品的调拨十分有利,必将促进当地经济的健康快速发展。于是,在金融危机的大背景下,李东顺决心化危机为机遇,实施企业战略转型,进军农贸物流业。

理想与现实

如果说实现企业战略转型的果断决策更多需要的是企业家的胆识与魄力,那么,如何成功实现这一转型则需要稳健务实的领导艺术与不懈进取的开拓精神。

从2005年组建自己的建筑企业,李东顺就以特有的领导气质与价值诉求,为企业确定了这样的战略定位,即从建筑承包型企业转为责任导向型企业。正是这份使命感和责任意识,使李东顺在全球金融危机与中国经济的跌宕起伏中找到新的战略支点,并使四季青迈出一个又一个坚实脚步:2009年5月四季青农产品批发市场竣工运营,10月四季青物流港奠基,2010年1月农交会隆重揭幕……李东顺打造豫北领先的农贸物流航母的理想正变为现实。李东顺的胆识与眼光也赢得了各级政府的肯定与支持。四季青农产品物流园被列为国家发改委国债资金支持项目、河南省服务业综合改革试点项目和鹤壁市重点建设项目。

按照规划,四季青农贸物流园总占地面积为800亩,总投资4.2亿元,按"一园、一港、一广场、一市场"坐西面东、南北呼应、三足鼎立、四方争艳的格局,分三期兴建。"一园",即鹤壁市四季青农业生态观光园,面积500亩,投资1.5亿元,是四季青农产品物流园的三期工程项目,重点发展生态观光农业。"一港",即鹤壁市四季青农产品物流港,面积126亩,投资1.2亿元,是四季青农贸物流园的二期工程项目,重点发展农贸物流配送业务。为晋、冀、鲁、豫乃至全国的农产品物流客商提供方便快捷的优质服务,为四季青农贸物流园的市场外延创造良好环境。"一广场",即鹤壁市四季青美食广场,与二期工程项目同时进行,展示鹤壁特色名吃,汇集中原饮食文化,涵盖全国南辣、北咸、东甜、西酸各种风味,提升鹤壁的饮食品位,引领区域饮食文化健康发展。"一市场",即2010年1月投入运营的鹤壁市四季青农产品批发市场,是四季青农贸物流园的一期工程项目,也是整个物流园的发展基础,重点是农产品交易平台及市场基础配套设施的完善。

通过以上"三步走"的战略,"四季青农贸物流园"将最终实现"立足豫北,辐射中原,面向全国,打造一流农产品物流信息港"的目标。伴随上述目标的稳步实施,李东顺又开始了探索企业的常青之道——四季青农贸物流产业链战略、渠道战略、创新战略、品牌战略及差异化经营战略的"五大战略",并逐渐浮出水面,成为四季青市场逐鹿、创新辉煌的"核心实力"。比如,产业链战略,就是通过四季青已经拥有的农产品批发市场及正在建设的物流园和正在谋划的农业生态园,实现种植、养殖基地、加工基地的产业一体化,为企业留足发展空间,对上游种养殖、农产品加工和下游商贸物流、商品流通起到关键性作用。

引领现代物流

2009年11月,对四季青人来说,是值得特别记忆的日子。集团掌舵人李东顺作为亚太经合组织(APEC)中国代表团成员,随团访问新加坡,并出席"2009APEC工商领导人峰会"。李东顺立足四季青改革创业实践,发表了《论电子商务在农产品流通中的应用与实践》的演讲,并以其精辟的观点与睿智的见解博得阵阵掌声。

从普通的乡村教师到闻名一方的企业家,李东顺华丽的转身靠的是他骨子里常人难以企及的坚毅和韧性以及在漫长贫穷岁月里积蓄于心的出人头地的愿望。如今,李东顺麾下的鹤壁市四季青集团拥有子公司及下属企业、学校等7家单位,已成为集房地产开发、建筑施工、农业投资、农产品物流、农业开发、农产品批发市场、教育培训等为一体的"企业航母",资产总额达2亿多元。

从1998年创业至今,李东顺"十年磨一剑",实现了从"丑小鸭"到"白天鹅"的蜕变。他以自己的智慧与业绩,当之无愧地荣膺了不少荣誉,近年来先后被授予"2008年中国农村十大致富带头人特殊贡献奖"、"中国骄傲·第八届中国时代十大新闻人物"、"中国农产品流通领域十大魅力领军人物"、"全国十大经济风云人物"、"全国农贸物流行业贡献人物"等殊荣。他所带领的四季青集团也被定为"全国农贸物流行业信誉服务质量AAA级企业"、"共青团中央青年就业创业见习基地"。

伴随着四季青农产品批发市场的正式运营,李东顺计划1年内全面引导区域农产品批发市场,并占据主导地位,3年内形成"晋冀鲁豫经济协作区"主流客户和消费效应,10年内保持农产品批发市场及行业的繁荣业态,争创国内著名市场品牌及商标。

对 话

给企业安装一颗感恩的心

问:鹤壁有着良好的农产品种植养殖环境,发展农贸物流可谓天时地利,目前四季青农产品批发市场在全国处于一个什么位置?

李东顺:现在四季青农产品批发市场在全国的地位、规模上虽然不算是最大的,但是在功能配套上却是最完善的一个。目前,市场已被纳入了商务部的"双百市场"、发改委国债资金支持项目、农业厅的定点市场、财政部的服务业资金引导项目。

问:获得这么多的肯定是不是也让您的规划更为长远?

李东顺:是。在2010年年初,我们又谋划了产业链的发展,上至生产、加工,下至终端的消费,我们谋划了"3+5"工程,具体来讲,分这几个项目:一期是农产品交易平台;二期是农产品物流港,重点是仓储、加工、冷藏、配送;三期是现代农业生态观光园,示范、引领种植业和养殖业的发展,然后围绕三个大项目,我们又具体完善了产业链的延伸。为了扩大终端消费,我们又谋划了美食广场,包括小吃一条街和啤酒广场,今年都要实施。围绕美食广场,我们还承担了国家商务部的早餐工程示范项目。另外,四季青便利店也是扩大终端消费的一个举措。

问:2009年12月,四季青承办了鹤壁市首届农产品交易会,这次交易会的收获有哪些?

李东顺:这次收获太大了。首先我很自豪,鹤壁建市以来,还没人组织过农交会,这是我市首次农产品交易方面的盛会。其他地方的农产品交易会都是政府举办的,而鹤壁这次农交会,由政府指导,企业来筹划组织,包括招商等各项工作都是企业来做,这是创新。举办交易会,和我们四季青市场开业也融合到一块,效果很好。500多家企业参展,参会人数突破10万人次,总交易额达1.5亿元,参与之众、成果之高、影响之大,都是前所未有的。

问:作为行业的先行者和引领者,您认为发展农贸物流有哪些作用?

李东顺:现在最新的经济观点是流通决定生产。如今,生产不是问题,包括商户、购货都不是问题,关键是市场销售。物流起来了,对市场消费都能起到作用。我前不久去台湾,发现那里的水果并不贵,而到了内地为什么这样贵呢?关键在于中间的流通环节,都是中间商把它抬高了。

问:四季青物流对调节鹤壁农产品供求关系和市场价格作用明显吗?

李东顺:四季青现在解决的是农产品的流通问题,对市场和价格调节作用非常明显。现在,鹤壁市民吃到的香蕉是豫北地区价格最低的了,稳定在每市斤一块多,但是过去都在两块多。为什么会这么便宜呢?因为,香蕉是我们从广东、海南等原产地现场收购,经过物流大批量配送到我市。最关键的是,我们有总容量达3万吨的恒温保鲜冷藏库,既减少了中间环节,又可以调节市场余缺,所以市场平稳,价格自然就降下来了。

问:据说您还要搞生产基地?

李东顺:我们这个企业是种植户、养殖户、合作组织交易流通的一个平台。现在有些种植户、养殖户都已经和我联系了,把他们的农产品拿到我们这儿销售。我们还要搞一部分示范性的大棚,教农户怎么种,形成一个农产品生产、冷藏仓储、物流、销售体系,这样就形成了"四季青集团+合作组织+农户"的产业链条,四季青的引领和示范作用就发挥出来了。

问:您怎么看企业的社会责任?

李东顺:我们要感恩社会,要时刻不忘社会各界给予企业的帮助与支持,以强烈的社会责任感、公益心回报社会。2007年,我作出抉择向农产品市场进军,建大型农产品物流园,当时公司里很多人反对。但每当我看到农民种的菜卖不出去烂在地里,心里就不是滋味,我认为制约农业发展的最大瓶颈就是流通不畅,我建农产品物流园就是为了搞活农产品流通,就是要为农民兄弟做点事,也让市民得到便利。

刘宗利：
打造"功能糖王国"的第一股

·闫 巍·

> **人物简史**
>
> 刘宗利，1966年出生，研究生学历，中共党员，现任山东保龄宝生物工程有限公司董事长兼党委书记。
>
> 曾获中国青年科技奖、中国青年创新杰出奖，被评为全国食品行业质量管理杰出领导者、山东省有突出贡献中青年专家，并享受国务院政府特殊津贴。
>
> 兼任中国食品添加剂和配料协会副理事长、中国发酵工业协会副理事长、中国淀粉糖协会副理事长、国家标准委员会委员、山东省青年联合会常委，当选山东省第十届、第十一届人大代表。2009年5月入选山东省高层次人才库。

也许很多人对"保龄宝"这个名字感到陌生，但作为可口可乐公司中国地区的果葡糖浆供应商，这个公司被业内人士称为中国饮料行业的"功能性配料专家"。而其掌舵人刘宗利，更是充满了传奇色彩，他不仅善于造糖，更善于造福。

山东禹城,历史悠久,曾是大禹治水之域。千古传承、沉淀了斯的大禹精神,成就了禹城近年来跨越发展的文化底蕴。时过境迁,现在的禹城拥有了一张新的名片——"中国功能糖城"。

"中国功能糖城"的金字招牌,让人联想到很多:占据国内75%市场份额、世界25%市场份额的禹城"功能糖企业";国内品种最全、质量最好、规模最大的功能糖生产基地,世界功能糖生产基地;可口可乐、雀巢、娃哈哈、伊利、蒙牛等200多家知名企业的合作伙伴。

如果说禹城的功能糖产业已成为当地经济发展的助推器,那么,不断向助推器提供燃料的就是中国功能糖产业第一家上市企业——保龄宝生物股份有限公司。也许很多人对"保龄宝"这个名字感到陌生,但作为可口可乐公司中国地区的果葡糖浆供应商,这个公司被业内人士称为中国饮料行业的"功能性配料专家"。而其掌舵人刘宗利,更是在充满了传奇色彩,他不仅善于造糖,更善于造福。

思路决定出路

在很多人眼里,刘宗利从事的是一项"甜蜜的事业",他的企业以"糖"为主。但大多数人恐怕不知道,刘宗利刚开始走上"甜蜜道路"的时候却并不甜蜜。

1997年,刘宗利创建了保龄宝生物有限公司。在公司创立的初期,选择公司经营方向,是摆在刘宗利眼前的第一个难题。他说:"只有选准了方向,才能有更好的出路。"但是,选择企业发展方向的过程并不轻松。为此,刘宗利南下北上,四处寻找发展项目。同年,中科院微生物所承担的国家"九五"重点攻关课题——"低聚糖的研制与开发"取得突破性进展。通过中科院在禹城试验站的工作人员,刘宗利结识了该课题负责人——张树政院士,并揭开了低聚糖神秘的面纱。

低聚糖是以玉米等谷物淀粉为原料,经生物技术转化而成的新型糖源,既能提供营养,又能促进和改善人体机能。欧、美、日、韩等发达国家和地区平均寿命的增长,与低聚糖等功能性配料的普及与应用有着极大关系。刘宗利被低聚糖巨大的潜力深深地吸引,尽管他心中充满了渴望,但专家们却不相信,处于鲁西北县城的一个小企业,能够承担国家重点课题的研发生产工作。面对专家的怀疑,他坚持不懈,并通过其他渠道找到了时任中科院院长的李振声院士,用自己的真诚赢得了支持,终于获得了项目的全部基础资料。但是当刘宗利在实验室中看着那纤细的试管里晶莹的结晶体时,他的心里也没有谱。毕竟这是一种高新生物制品,毕竟那还仅仅是一个实验室样品。他知道,从实验室到生产出高科技产品,成功率只有20%。然而,刘宗利铁了心认定这是一个好项目,无论如何都要把它做下去。

随着合同的签订,刘宗利又面临着第二个难题,如何将低聚糖从实验室带入车间生产。为此,他下长春、赴西安、进天津、闯北京,先后考查了保健品厂、酶制剂厂、淀粉糖厂等类似厂家,看设备、问数据、求经验。只要是和项目接近的企业,他就跑;

只要是和项目相关的科研院所,他就进。几个月时间,行程数万公里,等他回来的时候,包里装了6大本厚厚的笔记,脑子里全部是低聚糖的生产问题。

接下来就是工艺设备的改造。150个日日夜夜,刘宗利和工人们通宵达旦地奋战在施工现场。从试车的那一刻开始,他一个工序一个工序地盯,根据工艺原理逐项逐项地改。1998年上半年,第一袋合格的低聚糖产品下线,两个月后通过国家级鉴定,实现了低聚糖国内工业化生产零的突破。从此,保龄宝公司走上了新兴高科技发展之路。

与巨人同行　与世界同步

作为一种新生事物,社会公众对低聚糖的诞生异常冷漠。因为从来没有听说过,更不了解其功效特性。产品销售一时陷入僵局。面对巨大的市场压力,刘宗利几十次带上产品参加国内经贸洽谈会,不厌其烦地讲解低聚糖的功能特性。

除了不断参加洽谈会外,刘宗利还深知"强强联合"的道理,在选择客户方面必须谨慎。于是,在1998年低聚糖成功下线时,刘宗利首先锁定的客户便是当时食品行业的第一品牌——乐百氏。

对于刚刚成立的保龄宝公司,大多数人觉得这个决定有点好高骛远。但刘宗利针对含乳饮料的特点,从配方设计到功能测试都进行了细致的研究,用准确的研究数据和大胆的失败损失承诺赢得了乐百氏公司的信赖,并最终达成一致,成功推出以低聚糖作为食品添加剂的"健康快车",并一炮而红。

保龄宝公司的产品营销走出了漂亮的一步,一石激起了千层浪。乐百氏公司的成功起到了轰动效应,使低聚糖完成了从产品到商品的转化,一批在国内具有相当名气的公司开始认识保龄宝公司,应用低聚糖。1999年,保龄宝公司与健特公司缔结友好合作关系,随着"脑白金"风靡全球,产品畅销大江南北。

刘宗利自此尝到了与大企业合作的甜头,但是大企业对糖类添加品的要求非常高,只有不断发展、提升企业的技术服务水平,才能满足这些大客户的需要。因此,极为敏感的刘宗利对保龄宝公司的经营战略再次作出调整,由生产经营型逐渐转向了市场导向型,并利用已有的市场优势来发掘新的需求。

接着,保龄宝公司与伊利、蒙牛等众多的品牌企业实现了合作。同时,把目标客户锁定为跨国公司在中国的独资及合资企业,先后与雀巢、统一等知名企业建立了稳固的合作关系,为"加入国际供应链,融入全球一体化"战略构想的实现迈出了坚实的一步。

2003年,保龄宝公司以其优秀的表现进入了可口可乐公司的视野,在原料本土化中,他们需要的是一个长期稳定的合作伙伴。刚开始,双方的合作之旅并不顺利。可口可乐(北京)公司的总裁宋泰山先生第一次来到保龄宝公司时,就对公司落后的生产装备提出异议:如果要成为可口可乐供应商,必须另选新址,建造一条高标准的生产线。刘宗利带领技术人员认真分析了现状,决定要在公司原有基础上进行大规模改造,并且引进世界最先进的自控设备。6个月后,宋泰山先生再次来到保龄宝,对发生的变化赞叹不已,并如实向总部作出了报告。在总部的授意下,大中华区品质总监多次来到禹城这个偏远的小城,对保龄宝进行实地考察和品质认证。保龄宝的持续改进和提升能力,让他们的信心油然而生。

从2003年开始接触,到2006年正式签订供货协议,可口可乐公司对保龄宝的高果糖项目的考察持续了3年多时间。可口可乐公司对保龄宝提出了许多"苛刻"考察内容,仅检测指标就达35项之多,整套认证材料多达300多页。在经历了严格的认证程序之后,美国亚特兰大的可口可乐公司总部对保龄宝的品质保证能力和供货能力给予高度评价,正式确认了供应商资格。可口可乐旗下的众多装瓶厂纷纷要求供货,保龄宝印有"可口可乐专用"字样的配送车辆穿梭于各个大中城市,并成为一道独特的风景线。

保龄宝公司业务中心总经理刘峰笑着说:"取得了可口可乐的供货商资格,就相当于在跨国公司中获得了免检证书。"据了解,在保龄宝公司的工业园区内,有一个年产10万吨F55高果糖生产线,这条生产线几乎就是为可口可乐公司的中国市场量身订制的。站在巨人的肩膀上,保龄宝公司拥有了与世界500强对话的能力。以可口可乐、百事可乐、美国强生、德国拜尔等为代表的跨国公司已成为保龄宝公司的核心客户。

成功上市　创造辉煌

今天,刘宗利掌舵的保龄宝,已是一家资产数十亿的上市公司,成为我国功能糖产业的龙头企业。辉煌固然耀眼,走向辉煌的道路却十分坎坷。2008年8月11日,保龄宝IPO申请通过了证监会发审委审核,拟发行2000万股,为年产1万吨低聚果糖和年产3万吨高纯度水溶性膳食纤维两个项目募集资金,计划总投资2.72亿元。但是随着金融危机的到来,证券市场由牛转熊,股指一泻千里,自2008年9月25日华昌化工上市以后,证监会批准新股上市的脚步戛然而止。2008年9月,在保龄宝公司IPO申请通过一个月后,"三聚氰胺"奶粉事件在国内爆发,公司的下游客户,如蒙牛、伊利、光明等国内大型乳制品企业受到了巨大冲击,保龄宝公司作为这些企业的中间产品生产商,更是受到了影响。

刘宗利说,当年企业的确遇到一些挑战,尤其是出口业务,但从整体看,金融危机和公司关联不大,因为出口业务在公司总体业务中所占比重并不大。近年来,保龄宝公司的客户,如可口可乐、百事可乐等跨国公司纷纷在国内设厂,现在公司的国内业务所占比重越来越大。另外,整个食品行业属于生活必需品,受金融危机冲击较小,所以在2009年市场恢复得很快,形势就大为好转。

在金融危机退去的同时,2009年IPO大幕也开始重启,众多企业迎来了上市的春风。2009年8月28日,保龄宝生物股份有限公司在深圳证券交易所正式挂牌上市,并成为我国功能糖行业发行的第一支股票。与此同时,刘宗利还要求公司严格控制食品安全,实行清洁生产,保证生产的产品无残留、无公害、无转基因。

回顾创业走过的路程,刘宗利感慨万千,他认为,保龄宝公司作为禹城第一家上市企业,将始终把"为耕者谋利,让食者健康"这项使命作为自己的追求,为消费者的营养健康事业作出新的贡献。

对　话

为耕者谋利　让食者健康

问:对于食品安全您是怎么看的?能不能结合您的实践,谈一谈食品安全管理的经验?

刘宗利:近年来从国内形势看,食品安全已经上升为重大的政治问题。作为食品产业中的一环,不注重食品安全企业无疑于自取灭亡。作为食品制造企业,抓好品质保证不但是勇担社会责任的体现,更代表了企业和员工的道德和良心。创业至今,我们的合作伙伴都是国内外知名大公司。他们对供应商的要求非常严格,我们也建立了完整的品质保证体系:原料天然化、采购基地化、制造精益化、配送专业化,甚至环境上都达到了较高的标准。

问:目前食品安全是国家关注的重点,2月6日国务院也设立了国务院食品安全委员会,对食品安全工作进行重点监管。对于食品安全监管方面,请谈一下您的看法。

刘宗利:食品安全需要广大从业人员整体素质的提高,这是一个很长的过程。但有时候会有心存侥幸的人铤而走险,所以说,监督管理工作要不断加强。目前,食品安全监管应当借鉴药品生产销售的管理办法,从软、硬两个方面实行源头控制。一是提高准入门槛,二是强化认证。前期发生的"毒奶粉"重生事件又一次证明,食品安全监管不仅要对制造企业,而且对投机型加工、流通企业,也都要用统一的标准进行规范,达不到要求应该关门停业。

问:作为功能糖行业第一家上市公司,去年保龄宝股份的发行受到了社会公众的广泛关注。您认为公司不断发展壮大的精髓和动力是什么?

刘宗利:我们公司秉承"诚信为本,创新共赢"的核心价值观,倡导"融入自然,合于社会"的文化理念,全面履行社会责任,在公众面前树立了一个负责任的企业形象。自主创新是公司可持续发展的源动力,服务创新是发展的支点。企业不仅要为客户提供产品,更要为客户提供解决问题的方案。

中国粮油财富解码 DECODING

贾庆胜：
"多兵种"支撑北麦复兴

· 姜华山 ·

人物简史

贾庆胜，1960年8月出生，中共党员，高级经济师，东北农业大学兼职教授，现任黑龙江省北大荒丰缘麦业有限责任公司董事长兼总经理。

2001年以来，先后荣获农垦九三分局"劳动模范标兵"、农垦总局"十大杰出青年"、"特等劳动模范"、黑龙江省"劳动模范"、团中央"科技星火带头人标兵"、黑龙江省"2004年经济风云人物"等荣誉称号。

作为农业产业化国家级龙头企业和东北最大的面粉加工企业，北大荒丰缘集团及其掌舵者贾庆胜却必须坚守住北麦这一阵地。因为，黑龙江不仅是小麦消费大省，而且从作物轮茬的角度来看，黑龙江的农业离不开小麦。

通过培育新的经济增长点，贾庆胜的多元化战略不仅增加了企业利润，更重要的是减轻了食品生产的负担，推动了本来就是微利和弱势的小麦加工和食品产业的进一步发展。

黑龙江做制粉企业,与在河南、山东相比,北大荒丰缘集团董事长兼总经理贾庆胜注定要走更多的路,动更多的脑。

近年来,随着寒稻种植技术、玉米农膜技术的普及以及大豆需求量的提升,黑龙江的小麦种植面积连年锐减,从高峰期的3500多万亩萎缩到最低时的不足300万亩。可以说,与水稻、玉米、大豆相比,小麦及小麦加工在黑龙江已逐渐成为弱势产业。然而,作为农业产业化国家级龙头企业,北大荒丰缘集团及其掌舵者贾庆胜却必须坚守住这一阵地。因为,黑龙江不仅是小麦消费大省,而且从作物轮茬的角度来看,黑龙江的农业离不开小麦。

这一矛盾让贾庆胜很伤脑筋,但却也使他变得更为睿智,更懂得生存与经营。他没有在困境中盲目挣扎,而是采取迂回战略,通过发展其他优势产业来反哺小麦加工这一弱势产业,运用"多兵种"之间的相互配合、相互补充,来达到自己坚守乃至复兴北麦的目的。

他的成功证明了他的战略是正确的。经过10多年的努力,北大荒丰缘集团已经从一个濒临倒闭的小面粉厂,发展成资产总额达12亿元,跨行业、跨地区,集面粉加工、食品生产、生物科技、贸易经营于一体的现代化企业集团。

开创小麦新格局

有人说喜欢回忆的人说明他老了,坐在面前的贾庆胜虽然一开口就把时间追溯到了改革开放前,但他看起来并不像是已经知天命的人。谈起初始的困顿与现今的发展,他始终充满着激情,一边讲述一边挥舞着手势,在他的眼中,丰缘的每一次发展与突破似乎都是一场充满智慧魅力的战斗。

改革开放之初,黑龙江省仍是我国小麦的主产省之一,春小麦种植面积一度达到3500多万亩,占粮食作物播种面积的近1/3。借助这一资源优势与改革开放的机遇,当地1000多家大大小小的面粉加工企业拔地而起,仅哈尔滨市就有6家大型企业。然而,与此同时,河北、河南、山东等冬小麦传统主产区的小麦产量也强势崛起,并且在小麦出粉率、面粉色泽、面筋、蛋白质含量等方面远远优于黑龙江的春小麦。于是,中原地区开始向东北地区大量地输出面粉,黑龙江的1000多家面粉加工企业逐渐陷入困境。

历史似乎总是喜欢开玩笑。到了1995年的时候,由于中原地区小麦歉收,困窘了多年的黑龙江面粉加工企业表现出了一轮短暂的"复兴"。受利润提升的驱使,黑龙江又有一批面粉加工企业建了起来,九三制粉有限公司(北大荒丰缘麦业集团的前身)就是其中之一。毫无疑问,刚刚建成投产的九三制粉厂次年就陷入了全面亏损。这个投资1.8亿元,设备在当时相对较为先进的企业一度成为一块儿令人无奈的"鸡肋"。

2000年,已经连续亏损4年的企业交到了40岁的贾庆胜手中。临危受命,不成功便成仁,贾庆胜身上的担子可想而知,制定并实施使企业摆脱困境的发展战略是他的首要任务。

贾庆胜首先精心打造了一艘东北麦业航母，他先后将年加工能力分别为6万吨、拥有瑞士布勒设备的本省富锦华盾制粉厂、大庆益康面粉厂以及年加工能力12万吨的内蒙呼伦贝尔雪鹿面粉厂收归旗下，从而年加工能力由6万吨猛增到36万吨，生产车间由原来1个变成5个，实现了跨区域、跨省份的低成本扩张，并成为东北地区最大的现代化面粉加工企业集团。

有一件事让贾庆胜至今引以为豪。2000年，为了打开产品的销路，他率队与康师傅集团进行谈判。从最初的不屑一顾到后来18天的艰苦谈判，贾庆胜终于拿下了康师傅集团这一制高点。随后，丰缘集团顺利地与华龙、华丰、白象、锦丰、鹤生园、吉利等食品厂家建立了长期稳定的合作伙伴关系，并成为康师傅集团在东北地区的A级供应商。

一个篱笆三个桩

企业发展多元化成功与失败的案例都有，至今仍无定论。不过，丰缘集团显然属于前者。从困境中走出的贾庆胜对待这一问题显得更为实际和富于算计。在谈到丰缘集团由单一面粉生产向多元化经营的战略转型的必要性时，他挺直了身体说："市场如战场，要想克敌制胜，必须多兵种作战。如果怕风险而故步自封，企业就没有了发展空间和余地，也就没有了活力。"

其实，贾庆胜实施的丰缘集团多元化发展战略是被"逼"出来的。2004年之前，受粮源、销售半径、销售价格的限制，丰缘集团的面粉产量一直徘徊在20万吨左右，同时随着专用粉技术的普及，企业自身的技术优势也逐步减弱。就在这时，小麦价格突然呈现出了上涨趋势，而面粉等产成品价格受国家宏观控制，成本倒挂现象严重，丰缘集团又遇到了前所未有的困难和压力。

贾庆胜知道，这个时候，对于丰缘集团来说，要不断调整，不断创新，胆子再大一些，闯出一条出路。此时再用传统的方法去解决现在的问题，已经不行了。一番动脑之后，他提出了盘活"三资"的策略——盘活资源，通过增加企业布点，延长产业链条，充分利用东北地区丰富的农业资源；盘活资产，利用国家级龙头企业的优势，积极争取银行贷款；盘活资金，利用多方筹集的资金做贸易，增加收入来源。

至此，贾庆胜"一业为主，多业并举"的企业经营发展战略清晰地显露出来，丰缘集团也逐步地朝以小麦加工食品生产为基础、贸易经营为支撑、生物科技为新的经济增长点的多元化、立体化经营新格局方向发展。

战略已定，丰缘集团下面的一系列动作就显得顺理成章。2006年丰缘集团投资2亿元，在哈尔滨经济开发区兴建了集方便面、挂面、面粉加工为一体的综合性食品公司——丰威食品公司。2007年丰威食品公司被黑龙江省科技厅认定为省级高新技术企业，目前生产的"丰缘"、"北大荒"两个品牌的系列产品种类达60余个，其中富硒非油炸食品和富硒自发面粉获得国家专利。

除了丰威食品公司外,2007年丰缘集团又出资500万元,在五常市拉林镇成立了专门生产玉米食品的深加工企业——丰玉公司,年加工玉米5万吨。丰威食品公司和丰玉子公司的成立,标志着丰缘集团实行"一业为主,多业并举"的经营格局迈出了坚实的一步,企业进入了新的历史发展阶段。

不过,在面粉加工不景气,食品生产正处在初期的特殊时期,丰缘集团还必须继续实行多元化。从2008年起,贾庆胜又开始了贸易经营。从熟悉的水稻、玉米、大豆、杂粮入手,学会了"做生意"的他还涉足了煤炭等贸易,这对于会计出身的贾庆胜而言似乎是小菜一碟。2008年,丰缘集团贸易经营实现销售收入2亿元、利润1000万元,占企业总利润的50%。

进军生物科技领域

除了进入食品生产、贸易经营外,贾庆胜还果敢地进入了发展广阔前景、成长速度快、利润率高的生物科技领域。

肠衣肝素生物科项目是农业产业化项目之一,也是国家及省倡导发展的产业领域之一。用贾庆胜自己的话说,选择发展肠衣肝素项目是企业集团化、多元化发展的需要,是集团实施"一业为主,多业并举"发展战略的新举措,不是丢东拣西,更不是不务正业。因为残酷的现实告诉他,仅靠单一的小麦加工产业,难以支撑和实现企业长久发展壮大,路子也会越走越窄。

看准了生物科技领域的高成长性、高利润率的优势,和肝素产品50年内还无法人工合成的特点,2009年,丰缘集团与美国一公司(SPL)签订了肝素钠合作项目,成立了北大荒丰润生物科技有限公司。同时,收购了黑龙江远光肠衣公司34%的股权。当年委托加工粗品肝素钠1500亿单位,实现销售收入6174万元,利润912万元。

贾庆胜把丰润生物科技公司看得很重,称这是丰缘集团今后发展的重中之重,并将其打造成为在集团跨越式发展中异军突起的强势板块,成为企业的重要经济支撑点以及集团今后发展的重要利润增长点。不过,在贾庆胜的内心深处,无论是发展食品加工、贸易经营,还是进军生物科技领域,丰缘集团的多元化发展最终还是都归于一个心结——复兴北麦。他一直这样坚持,小麦加工是丰缘的基础产业,是集团发展的基石,任何时候、任何情况下都不能丢。而没有食品生产,小麦加工产业链条就无法进一步延伸。贸易与生物科技有稳定的获利能力,不仅增加了企业利润,更重要的是减轻了食品生产的负担,并推动小麦加工、食品加工板块进一步发展,它们的作用对扶强扶壮本来就是微利和弱势的小麦加工和食品产业,有着极其重要的意义。

而且,以上四大经济板块相互依存、相互支撑、相互协调、共同发展,形成了丰缘集团发展的整体合力,不仅扩大了企业发展空间,也进一步增强了丰缘自身造血功能和抵御市场风险的能力,为丰缘进一步打造产值百亿元企业打下了坚实的基础。

对 话

"三步走"跻身中国500强

问：2009年，在金融危机的影响下丰缘集团却取得了骄人的成绩，您是如何做到的？

贾庆胜：2009年是丰缘集团在复杂而艰难的经济发展环境下，探索创新、抢抓机遇、谋求长远发展的一年。这一年，我们以小麦加工、食品生产为基础，贸易经营为支撑，生物科技为新的经济增长点，"一业为主，多业并举"，多元化、立体化经营，集团四大经济板块呈现出互为支撑、相得益彰、共同发展的良好态势。

问：也就是说这些成绩的取得主要得益于多元化战略，是吗？

贾庆胜：是的。多年以前我就说过，市场如战场，要想克敌制胜，必须多兵种作战。

问：在中国的企业发展案例中，有的企业因多元化而生，但也有企业因多元化而亡，您是如何理解多元化的？

贾庆胜：我认为还是应该根据企业的发展需要来看待，不能盲目地多元化。拿丰缘集团来说，小麦加工是我们当家的基础产业，是集团发展的基石，任何时候、任何情况下都不能丢。但是你也知道，小麦产业是微利产业，所以，我们才提出了"一业为主，多业并举"的企业经营发展战略。因为其他产业赢利了，必将会有力地反哺小麦加工、食品加工板块，减轻小麦加工、食品加工板块的负担，并推动小麦加工、食品加工板块进一步发展。

问：丰缘集团下一步的发展目标是什么？

贾庆胜：未来的二三十年，我们确立了"三步走"总体发展战略思路。第一步，超常规发展，实现"超越翻番"。争取到2012年，销售收入比2009年翻两番，达到35亿元，利润达到2亿元。第二步，大力度跨越，实现"跨越翻番"。目标是到2020年实现销售收入100亿元，利润5亿元。为实现这一目标，一是通过强强联合、南北联合继续扩大做强小麦食品基础产业，使小麦加工产业产值达到15亿元；二是把生物科技产业升级为高科技尖端产业，产值达到66亿元；三是确立贸易板块为集团发展主体支撑和新经济增长点的有力保障地位，产值达到10亿元；四是其他产业达到10亿元。同时，加大融资理财能力，争取集团优质资产上市，实现资产证券化、资本市场化。第三步，追求卓越，实现"卓越翻番"。我们的既定目标是，到2037年，在2020年基础上再翻一番，实现销售收入200亿元，利润15亿元，跻身国家500强行列。这样一来，企业参与国际竞争及抵御经济风险的能力将会变得更强，跨行业、跨地域经济实体的社会影响力与品牌影响力将更大。

邢仲芳：
打造"航母"的西部"面王"

·徐文正 赵 倩·

人物简史

邢仲芳，1956年3月出生于陕西省富平县，大专学历，经济师，当选陕西省第十一届人大代表，曾任陕西省粮食行业协会副会长、渭南市工商联副会长，现任陕西陕富面业有限责任公司董事长兼总经理。

邢仲芳很低调。在互换名片之后，我们发现在他的名片上印的是这样几个字："经理邢仲芳"，而"董事长、总经理"的头衔完全不见踪影。然而他又是高调的，刚进入厂区他就指着厂房上的几个大字"争创中国名牌，打造面业航母"说，其实这个标语现在该换成"争创世界名牌，打造面业航母"。问起大家对他的评价，他用了一句话："低调做人，高调做事。"

日处理小麦2050吨、年加工面粉45万吨、年产值10亿元,陕富面业目前已经成为西部最大的面粉加工企业,跻身全国知名面粉企业前列。然而,这家西部最大的面粉企业的掌舵人邢仲芳,留给我们最深刻的印象却是低调。在互换名片之后,我们发现他的名片上印的是这样几个字:"经理邢仲芳",而"董事长、总经理"的头衔完全不见了踪影。如果不是事先知道,看到名片绝对不会把他和公司的"一家之主"对上号。

然而他又是高调的,刚进入厂区他就指着厂房上的几个大字"争创中国名牌,打造面业航母"说,其实这个标语现在该换成"争创世界名牌,打造面业航母",因为陕富现在已经是中国名牌,企业现在正朝着打造"面业航母"的方向前进。问起大家对他的评价,他用了一句话表示,即低调做人,高调做事。其实在邢仲芳身上,除了低调,还有执著、诚信、前瞻性⋯⋯

执著:三次创业成"正果"

邢仲芳出生在陕西省富平县农村,由于种种原因,读完高中课程就回到老家,成为了一个普通的农民。但他是村上出了名的"不安分"分子,为了让生活过得更好,他承包了果园"小试牛刀"。1981年,为了找份稳定的工作,邢仲芳通过选拔,进入了当地的庄里粮食收购站工作。靠着出色的工作业绩,两年后他就被提拔为保管组组长。很多人看到一个刚来不久、年龄不大的年轻人成了自己的顶头上司,心中充满了不服,这给邢仲芳的工作带来很多不便。

由于富平县是粮食生产大县,很多外地人到这里建厂搞面粉加工。当时在邢仲芳工作的庄里粮食收购站就有这么一家外地人开办的小型面粉厂,由于经营不善,刚建成不久就停工歇业了。"当时知道了这个厂子后,我就想能不能租下来自己搞加工。"邢仲芳回忆说,"刚开始我还有点犹豫,但回到粮店看到一些员工的态度,我下定决心'停薪留职',去接手那个停产的厂子。"

1984年,邢仲芳通过亲朋好友借了3000元钱,加上自己的一些积蓄,租下了那个小面粉厂,起名叫做庄里粮站面粉厂。没想到就是这次创业,成为了邢仲芳人生的转折点。在面粉行业,他一干就是20多年。凭借着自己的眼光和经营能力,小面粉厂在他的管理下井井有条,利润每年都在增加,规模也逐年扩大。5年后,他把厂里的资产买了下来,自己成了真正的所有者。

1992年,他的面粉厂日加工能力达到了60吨,产品供不应求。看到了厂子的发展前景,粮站免费给他提供厂房、仓库、土地和50万公斤小麦,但每年要交给粮站18万元资金。在粮站的帮助下,邢仲芳把面粉厂更名为富平县人民面粉厂,开始了第二次创业。1994年面粉厂迁入新址,也就是现在的公司所在地。有了新的场地,企业发展的步伐也不断加快。1996年,日加工小麦120吨,比两年前翻一番。1998年日加工量已经攀升到200吨。为了更大的发展,2000年3月,邢仲芳更名成立陕西富民面粉厂,开始第三次创业。当年实现产值7200万元、利润230万元,上交税金20万元。

随着企业规模的不断扩大和资金的充裕，邢仲芳也开始了一系列的扩张之路。2001年4月，他兼并经营不善的咸阳市人民面粉厂，将其更名为陕富面业咸阳分公司，并投入巨资进行扩大和改建。目前，该分公司占地42亩，资产总额达4500万元，拥有国际一流的面粉生产线两条，日处理小麦600吨，年加工面粉14万吨。2004年1月7日在原陕西富民面粉厂的基础上，邢仲芳组建成立了陕西陕富面业有限责任公司，开始了新时期的新创业。

2005年3月，公司为满足生产和销售需要，在渭南高新区征地60亩成立了陕富面业渭南分公司。同年7月，渭南分公司正式动工，经过两年多的建设，于2008年1月竣工，两个月后即正式投入生产。渭南分公司占地面积60余亩，资产达8000多万元，日处理小麦600吨，年生产各种专用等级面粉14万吨。

经过25年发展，尤其是近10年的三次创业，陕西陕富面业有限责任公司下辖富平总公司、咸阳分公司、渭南分公司、陕富农机有限公司，拥有7条国内最先进的面粉生产线和4条先进的低温全封闭挂面生产线，固定资产总额达2.9亿元，日处理小麦2050吨，年加工面粉50万吨，年产值可达10亿元。陕富面业一跃成为我国西部最大的面粉加工企业，跻身全国知名面粉企业行列。靠着执著，通过三次创业，邢仲芳终于在面粉行业修成正果，成为西部"面王"。

前瞻：创新铸品牌

创新是企业发展的永恒主题，也是企业品牌创建的原动力。

2006年12月，陕富面业收到了一个好消息，他们开发生产的新产品——糖尿病专用面粉，被陕西省工业交通办公室授予"陕西省新产品"称号。糖尿病专用面粉，这只是公司产学研相结合、加速科技成果转化、通过创新开发新产品的代表。其实在这之前，公司根据地域、民族、生活习惯和面食制作特点的不同，及时调整产品结构和内在品质，通过创新，已经开发出了多种高科技含量的新产品。

通过选用优质小麦进行合理搭配，攻克技术难关，研制的湿鲜面条粉因其长时间放置不变色，深得用户好评；研制的馒头粉因其个大、表面光洁度好，受到行业客户的欢迎；开发的"羊肉泡馍"面粉，因其久煮不烂，深受客户欢迎；研发的"陕北羊肉烩面片"面粉，因其耐煮、不糊汤而饮誉革命圣地延安。公司还先后开发了高筋粉、饺子粉专用面粉、高级雪花粉和高级家庭专用粉等。

在营销策略上，邢仲芳主张实行"省内直销，外省总经销"的战略。省内实行每县、区设定一名销售员推销，不设周转库，送货车直送门店，减少了周转资金，保证面袋的完整和面粉的新鲜，不造成中途积压，直达客户，贴近消费者，客户意见逆向而行，快速直接反馈公司，市场占有率和控制力稳步提高。在销售渠道上，公司与华商报数码信息股份有限公司合作，开通了网上销售(www.huash.com)和黄马甲服务热线（96128）订购业务，在全国开创面粉网上和电话订货送货上门的先河。通过不断的创新和投入,公司及产品品牌的知名度逐步提高。2006年公司被评为陕西省农业产业化经营重点龙头企业,2007年荣获全国"放心粮油进农村进社区"先进单位称号。"陕富"牌面粉2004年被陕西省人民政府授予"陕西省名牌产品"称号,2007年9月被中国名牌战略推进委员会评为"中国名牌"。

诚信：用行动赢市场

"朴实做人,诚信做事。"这是陕西陕富面业董事长邢仲芳的座右铭,也是他几十年如一日默默无闻、脚踏实地的真实写照。当事业如日中天之时,摄像机前没他的踪影,主席台上没他的身影,招待宴会鲜有他的出现。而此时此刻,在车间生产线上,他正在检查生产;在化验室里,他正和科技人员一起研究面粉配方;在市场上,他正和客户交流获取反馈意见。

"诚信,无论对于个人还是企业,都是最基本的素质,也是人和企业的立身之本。"邢仲芳如此表述自己对诚信的认识,而在他日常的工作中也处处闪现着诚信的影子。

产品质量是市场竞争的核心,是企业生存的根本,而质量的保障来自员工。但是,面粉加工是劳动密集型企业,员工大部分来自农村,缺乏专业的制度培训。为了保证质量,公司高层达成共识:用一套既定的制度,规范我们员工的行为;用一块标准的模板,塑造企业的形象。因此,在邢仲芳的带领下,公司制定了一整套培训制度,每年对高层、中层、管理人员进行集中脱产培训。

当公司开发的新产品"糖尿病专用面粉"刚上市之时,由于只此一家,并且解决了困扰糖尿病患者吃饭的问题,所以一开始市场需求巨大。一位东北的客商一次就订购了500吨,并且签订了合同。知道市场分布的邢仲芳,最终只给他发了50吨。由于那位客商只看到了利润,而没有分析当地的市场,这50吨货到了之后并没有出现想象中的销售盛况,使得价格不菲的产品滞销仓库,加上企业规模小,客商面临严重的资金困境。

了解情况后,邢仲芳主动和他取得联系,更换成了适合当地销售的面粉品种,那个客户也转危为安,最终成了陕富忠实的客商。他通过自己的诚信经营,"俘获"了一个又一个的客商;通过生意场上的交往,每个客商也与他成了忠诚的朋友。正是通过诚信,靠着自己的实际行动,邢仲芳不仅赢得人心,而且赢得了市场。

"2010~2014年,陕富面业将分别在河南、安徽收购或兴建一座日处理小麦超过500吨的面粉加工厂,成立陕富面业河南分公司和陕富面业安徽分公司。到2014年,陕富面业将成为在中国拥有5个面粉加工生产基地,日处理小麦超过3000吨,年加工面粉70万吨、挂面5万吨,生产总值超过20亿元,利税达8000万元的中国最大的小麦加工产业集团之一,'陕富'商标品牌也将成为中国面粉业的著名品牌之一。"谈到公司未来的发展方向,邢仲芳如此描述着他的"面业航母"梦想。从他的眼神中,我们看到了他对实现梦想的那份自信。

对 话

人才：企业发展催化剂

问：在您的理想中，您想打造一种怎样的企业文化？在那种文化氛围中，每个人扮演着什么样的角色？

邢仲芳：就是一种自由自在的、轻松的、不压抑的文化氛围。在这种文化中，每个人都能畅所欲言，感受工作的快乐，我们正在用心去做。

问：您认为具备什么样素质的人才能称为人才？公司在用人上是如何做的？

邢仲芳：其实要我说，每个人都是人才，因为他们各有特点。一个人不适合某一种工作，并不能否定这个人的其他才能。我平时不会随便开除任何一个人，而是经常调动换岗，找到适合他们发挥的岗位，除非犯了重大的错误。

问：人才对于企业发展至关重要，那么，企业怎么样才能留住人才，保证企业发展的稳定性？

邢仲芳：当然，首要的一条就是使他们得到和付出同等的报酬，只有这样他们才会安心工作，也有利于营造一种竞争的氛围。另外就是形成一种刚才说的那种自由的文化氛围，让员工把企业看成是自己的家一样。再者，对于企业的领导者来说，就是要敢于放权，在某些方面给他们决定权，使他们在企业发展中能独当一面。

问：您刚才提到了领导者要敢于放权给公司的管理人员，这种放权除了能留住人才，还有什么好处？

邢仲芳：就从我自身而言，感觉另一个好处就是可以给你减轻很多负担和压力，让你有更多的时间和更好的精力去做好其他的事情。现在公司生产上的事情我已经交给了郭总经理，我只负责生产之外的一些事情，如公司的发展方向等。

问：管理对于一个公司的正常运行很重要，您怎么看待管理？

邢仲芳：首先要形成管理制度和管理体系，之后将这些制度和管理思想、标准融入全体员工的思想中，并变成自觉行动，养成良好的工作习惯。现代企业管理认为应把80%的命令变成培训，所以管理中应该少一点命令，多一点温情。

问：您认为咱们陕富最有特色的管理措施是什么？

邢仲芳：一是为小麦建立档案。公司先后建立了60多种小麦和600多种面粉的技术分析档案，为小麦搭配做了大量的基础工作。二是实行具有"陕富"特色的采购、库管、质检三权独立的原粮收购控制管理办法，严把原料进厂关。

中国粮油财富解码 DECODING

高天增：
无为而治的饲料"先锋"

· 魏俊浩 ·

人物简史

高天增，1960年6月5日出生于河南省项城县，现任河南省工商联副主席、中国人民大学农村与农业发展学院兼职教授、河南广安生物科技股份有限公司董事长兼总裁，当选河南省第十届政协委员，曾被评为改革开放30年推动饲料工业发展十大新锐人物之一，获河南省农业产业化优秀企业家、河南省劳动模范等殊荣。

"红得发紫"的年轻后备干部毅然辞职下海，从一名落聘业务员到拥有10多个子公司的企业总裁，高天增做出了人生惊险一跳后，又完美地实现了华丽转身。

在高天增的蓝图上，他要通过无为而治实现自己的产业化、集团化梦想。

常人惯性认为,无为而治这种带着道家符号的思想和现今处处充满竞争的商海大潮格格不入。但河南广安生物科技股份有限公司董事长兼总裁高天增不这样认为,他用自己的实践提供另外一种认识的范本。

坐在位于郑州高新技术开发区宽敞的办公室内,高天增聊起往事时显得温文尔雅,不过平淡的语气却难以掩饰其施展抱负的激情。

后备干部自砸"铁饭碗"

1978年恢复高考后,高天增次年就考上大学,继而读研。毕业后,他顺利进入河南省农科院畜牧兽医研究所,成为所里第一名研究生。凭借着自己的才华,高天增进入了人生的"春天",研究室副主任、科技室主任、养鸡试验场厂长……"红得发紫"的他理所当然地成为了年轻的后备干部,但有些事情似乎是命中注定。1992年的春天,改革开放总设计师邓小平在南海边画了一个圈,神州大地随之沸腾。这一现象也触动了高天增敏锐的嗅觉。他利用出差的机会多次到广州、上海等地考察,虽然澎湃的市场经济大潮时刻激荡着他的心,但性格谨慎的他还是选择了观望,直到一名北京的同学打来电话。

这一个电话让他发现了自己的"差距",那时,北京公司中的一名技术人员就可以拿到2000多元的月薪,而他自己一个月才230元钱。巨大的落差让高天增坐不住了,经过深思熟虑,他提出了停薪留职的申请。但现实让他有些难堪:领导不放,同事怀疑,"你一个书生,别说创办企业,离开单位你能养活自己就不错了!"但是,认定了目标的他在5分钟之内立即作出回应:辞职,放弃原有的一切待遇。

现实总是很残酷的,第一次"试水"的高天增就"呛水"了,初次应聘康地业务员落选。不过,赤脚不怕穿鞋的,孤注一掷的他分析了原因后,再次出击。这一次,他跳跃成功。从对市场、营销等一无所知,到成为执掌江西、安徽、河南和湖北4省大区经理,高天增花费了两年时间。两年时间,高天增收获的不仅是"市场之大,要有所为,有所不为"的忠告,更是创业资本的积累,对饲料行业的了解,对市场特性的熟悉,以及对自身的历练。

有了这些资本,高天增再次蓄力起跳,跳向了创业的轨道。1996年6月,高天增和另外两个伙伴每人投资十几万元,创立了郑州广安饲料技术有限公司,开始生产高科技饲料。三名创业者,一名是博士,另两名是硕士,对于初入市场的新公司来说,在进入市场之初就已经高于其他的竞争对手。那时的饲料行业环境也为他们提供了一个很好的借势机会。20世纪80年代,泰国的正大集团和我国的新希望集团早已以中国饲料行业领导者的姿态,带领整个行业蓬勃发展。而到了1996年,中国的饲料行业已经历了早期的洗牌,国有企业数量逐渐减少,民营企业数量开始大幅度增加。

"我们进入饲料行业时赶上了一个好时机。1997年、1998年行业开始下滑,直到1999年、2000年才逐渐恢复。若迟进入这个行业一年,我们遇到的情况可能就是另一副样子了。"高天增分析说。5年后,郑州广安饲料技术有限公司被河南省人民政府批准设立为河南广安生物科技股份有限公司(以下简称广安公司),成为河南省畜牧行业第一家股份制企业,同时被河南省科学技术厅认定为高新技术企业,资产由创业时的40万元,发展到1600万元。

博士入股募集"智囊团"

饲料行业与人们日常所食蛋肉联系紧密,但同时又是个高科技产业,不仅充满了潜力和希望,也存在着巨大的风险,因为影响饲料市场变化的因素错综复杂。

无为而治,道法自然。面对现实,高天增选择了"低成本扩张"策略,采取各种办法规避风险。比如,为了平衡饲料原料的价格波动影响,高天增于1998年成立了贸易公司,原料存货是否需要做买入、卖出套期保值,什么时候做、做多少,都基于采购经理对市场价格和价格走势的综合判断;采取企业托管模式,派出技术管理人员进入被托管方,实施技术、生产管理和被托管企业形成风险共担、利益共享的利益共同体;为打破资金瓶颈,高天增发起了"博士、教授入股计划",遍邀高科技人才入股,不但解决了企业的发展难题,还无形中募集到了一个"智囊团",对于有高科技属性的饲料企业来说,无疑是如虎添翼。

2001年,高天增开始发动"百县大战",亲自带队跑市场,使之后的4年成为广安公司的快速发展期。快速扩张的同时,高天增也没放松对成本的控制,他选择进攻市场时有自己的标准,一个是足够的市场容量,一个是没有超强大的竞争对手。这种选择扬长避短,有效避免了价格战的正面交锋机会,降低了营销成本。

广安公司低成本扩张的战略有效地解决了企业发展过程中的一系列难题。如今,广安公司已稳健发展成为旗下拥有十几家公司的大企业,发展领域扩展到生猪养殖、原料贸易、信息技术等。稳健发展也给予高天增更多的机会和精力建设企业文化,制定企业发展战略。开展高级培训班,组织管理人员外出考察,派技术骨干攻读硕士、博士学位,高天增继续用知识武装这个企业。"文化是企业发展的灵魂,是一个企业长期发展、持续经营的核心动力。未来企业的竞争,归根结底都是企业文化、管理的竞争。"高天增说。

"快乐养猪"打造产业链

稳健不等于保守。在高天增和广安公司的历史中,不少举动颇具前瞻性,这看上去似乎和"无为"的思想有点背道而驰。1999年,高天增创办中国牧业网,如今雄踞全国畜牧行业商务信息网站之首,为全国的畜牧产业信息化建设作出了很大的贡献。为节省人力成本,提高效率,高天增着手市场网络建设,提出了"重点市场"和"根据地市场"思路,在市场中沉下心来精耕细作。

根据饲料行业对流动资金要求较高、企业大多租赁经营的"轻资产"发展方式，高天增将其扩大到产业链的下游——养猪，使得广安公司的猪场能够以较低的成本，实现快速发展，并由此带动饲料市场份额的扩大。"现在已经从竞争走向竞合，在这个过程中，肯定要考虑适者生存。不是你价格便宜就能卖出去，也不是说你产品最好就市场占有率最高，市场不是这样的。"高天增对变幻莫测的市场感受良多。深谙市场之道的他更清楚地看到，饲料行业目前小而散乱的状态终将改变，市场将会通过洗牌，重新组合出大企业集团。现在，行业整合的步伐已经启动，他需要为自己和广安公司再次起跳。

这一次，他的目标指向了为广安打造一个上下衔接的产业链条，实现集团化、规模化、品牌化。"下一步，我们计划再往下游走，走产业化养猪之路，自己养猪、自己加工，做广安的品牌猪肉。"虽然高天增自己也知道，广安公司要在300家企业集团内生存下去还有很大的压力，但畅想未来，高天增运筹帷幄，骨子里透着洒脱。

这种洒脱似乎告诉我们，他与自己所认定的"企业经营最高境界——无为而治"已经不远了。"从企业、管理者的角度看是无为，从执行层、员工、企业经营来看则是有为。"高天增道出了自己的"无为而治"蓝图：把员工的学习、成长与企业的发展联系在一起，学习、创新和进化周而复始地发展，每一名员工、每一个部门都这样，公司的领导者只需要制定目标和指明方向，剩下的就靠企业自身良性循环，这样企业和员工就都可以快乐、健康地发展了。

对　话

广安：快乐工作　健康生活

问：现在国内饲料业发展现状如何？未来又会呈现什么样的格局呢？

高天增：随着未来中国养殖模式的变化，饲料行业也会发生变化：一是规模化，二是集团化，三是现代化。全国饲料协会的会长称，中国饲料企业合理应该在5000家左右，同时有300个企业集团，控制着5000家市场份额的80%，我们也想在300家之内发展下去。

问：您觉得饲料行业现在要想做大品牌，应该怎么做？

高天增：第一要有心态、心理的突破。第二要技术创新。河南总体饲料行业规模在全国排到第三，但大型企业不多，其中主要原因就是河南产品的雷同性太强，创新不足。第三要在管理模式上创新。目前，很多企业在管理上没有形成体制、机制，这也是河南饲料企业长不大的一个重要原因。

问：广安在做猪产品加工方面拥有哪些优势呢？

高天增：最大的优势就在人才和技术，比如，我们的技术总监有着40多年的养殖经验，同时我们的产品尽量做到优质优价。在养猪方面，我们提出的口号就是快乐养猪,"猪快乐,人快乐;人快乐,猪快乐",我们要打响广安猪肉的品牌,做品牌肉。其实,这就是我们的宗旨:直接或间接地为人类提供安全健康的食品和服务。

问:为什么在企业高速发展的时期选择去读博士?是否是为了"镀金"?

高天增:坦诚地讲,选择去读博士有两个目的:一是想在技术方面有所突破,当时有两个选择,一个是读博士,一个是读MBA这一类的,最后定下来是走专业路。二是想到中国农大结交一些人脉,这样对以后有帮助。现在看看这个路子是对的。

问:很多人说您性格很谨慎,那么您的管理风格是什么?

高天增:确实是这样。性格谨慎对管理有利有弊,不好把握授权与集权的度。集权多了企业发展慢,授权、分权多了可能会造成企业的风险。因此,我在管理上采取民主集中制,先民主后集中,也可以说是"民主下的独裁"。

问:您不仅创办网络,还开博客、出文集,目的是什么呢?

高天增:最开始创办中国牧业网的时候,主要是想着信息交流及宣传公司形象,我们确实实现了这一目的。而开博客和写文集也是交流和互相学习的一种方式。"未来的世界就是一个精神世界,企业管理就应'无为而治'。我也希望通过自己的学习,让中国博大精深的文化潜移默化地影响着公司的每一名员工,使大家都能快乐地工作,健康地生活。"

问:外界说您是实干家、思想家、创新专家、营销专家、管理专家等,您更喜欢哪一个"家"呢?

高天增:我更喜欢我自己的家,一个成功的企业家,不仅要做好企业,更要照顾好家庭。作为我个人,我更想做一名:营销型技术专家,历史型哲学家,实践型理论家,战略型实业家以及最具有人情味和爱心的慈善家。

卢新宪：
引领中米科技 演绎"大米传奇"

• 彭明霞 •

人物简史

卢新宪，汉族，1964年9月出生，中共党员，现任哈尔滨中米科技集团董事长、中粮协大米分会副秘书长、中国互联网协会常务理事、黑龙江省大米协会副会长，当选哈尔滨市香坊区政协委员。

1997年创办中米包装有限公司，2004年创立中国大米网，2006年创办《米商》杂志，2008年成立中米网联全国配送中心，2009年组建哈尔滨中米科技集团。

从单一产业拓展到集中米包装、中国大米网、《米商》杂志、中米传媒、中米网联配送中心、中米网店等大米行业多个项目于一体的集团公司，从传统的大米包装到现代网络电子商务及广告策划再延伸到影视传媒，卢新宪实现了以"米"为核心的一次次令人惊喜而又振奋的成功跨越，使中米科技集团美轮美奂地演绎了大米行业的传奇与经典。

他说他最大的遗憾就是没有念大学,然而我们却得知他通过自学拿下了MBA学位;他说他不精通互联网,但他却创建了中国第一家大米门户网站;他不是文化创意产业的人,但他目前正在积极筹备关于粮食动漫——《粮娃传奇》。

因为骨子里不断求新的意识与个性,因为心中那份对员工、对客户、对社会沉甸甸的责任感,从单一产业拓展到集中米包装、中国大米网、《米商》杂志、中米传媒、中米网联配送中心、中米网店等大米行业多个项目于一体的集团公司,从传统的大米包装到现代网络电子商务及广告策划再延伸到影视传媒,卢新宪实现了以"米"为核心的一次又一次令人惊喜而又振奋的成功跨越,使中米科技集团美轮美奂地演绎了大米行业的传奇与经典。

与米邂逅全情做"嫁衣"

高中毕业后,卢新宪进入了黑龙江省的一家乡镇企业工作,凭着出色的工作表现,他被提拔为厂长。但当时年轻气盛的他总想去做一番自己的事业,创业的念头常常萌动于心。后来,他毅然辞去了厂长的职务,下海去了温州。在温州朋友的引荐下,卢新宪进入到当地一家知名的大型包装企业工作。之前那些年的经验积累,再加之他的勤奋、踏实与刻苦钻研,卢新宪很快掌握了该企业先进的工艺技术和管理模式。于是,他又回到东北,在这片熟悉的土地上,开始了他漫长的创业之旅。

在经过几次认真细致的实地考察之后,他决定将厂址设立在黑龙江省哈尔滨市,专门从事大米包装生产。但"巧妇难为无米之炊",资金问题得不到解决,创业也只是纸上谈兵。最终,早年经商,事业小有成就的弟弟卢伟解决了他的燃眉之急。从那以后,以大米包装袋生产为中心业务的哈尔滨中米包装有限公司诞生了,卢新宪因此和米结下"不解之缘"。"那时,弟弟不仅给予了我经济上的支持,还帮我出谋划策,我才能真正地实现我的创业梦想。当然,还有很多朋友对我的帮助。"卢新宪深情地说。

哈尔滨中米包装有限公司目前成为中米科技集团公司子公司之一。从1997年成立至今的十几个年头里,中米包装有限公司就像田野里一株株幼小的秧苗,在阳光雨露的恩泽和中米人的精心呵护下,已茁壮成长为一望无垠、千里飘香的颗颗珍珠稻米。

心系米商巧扮网络"红娘"

鲲鹏水击三千,云搏九万。2004年,当卢新宪的大米包装事业蒸蒸日上的时候,他却大胆尝试,实现了一次高难度的全新跨越。由于多年以来从事大米包装经营,卢新宪看到了大米行业的一种"怪圈"现象:东北大米虽高产质优早已名扬在外,但由于大米加工企业良莠不齐、经营分散,缺乏有影响力的品牌大米加工企业;东北大米在国内深受老百姓的欢迎和喜爱,一直以来供不应求,但由于信息的不对称,大米加工商和经销商缺乏有效的联系与合作,在某种程度上使东北大米的销售与推广受到一定的制约。卢新宪看在眼里,急在心里,强烈的责任心使他迫切希望改变这种现状。

他想,如果能搭建一个买卖双方互动交流的贸易平台,能够及时传递供需信息,保证大米交易快速便捷进行的媒介,并将所有优秀大米加工企业和大米销售企业汇聚在一起,实现资源共享、优势互补,那岂不是能有力地推动大米产业的良性发展?互联网不正具备这种功能吗?那为何不注册一个有关大米的门户网站?卢新宪顿时豁然开朗。

当时,他的这一想法却遭来了周围许多人的非议。"你一门心思做你的包装不挺好嘛,干嘛投入这么大去建一个跟大米包装没多少关系的网站呢?你这不冒险吗?"朋友们对一向做事谨慎、稳重的卢新宪表示不理解。但是,卢新宪认为,大米包装和大米网站有着千丝万缕的联系,他预测到了网站背后蕴藏的无限商机。2004年5月,在一片质疑声与呼吁声交织并存中,一个"以粮食为依托,以网络为舞台,服务全国米商"的首家国内大米网站——中国大米网应运而生。

网站成立以来,受到了社会各界的广泛关注。我国杂交水稻之父、中国工程院院士袁隆平为中国大米网亲笔题词,并寄予厚望:该网站的建立填补了我国大米行业网站的空白,为我国大米与世贸接轨提供了展示、了解和交易的平台。原科技部副部长韩德乾勉励中米网:自主创新,勇攀高峰。2005年9月,中国粮食行业协会会长白美清来到中米网络科技公司进行视察。截至目前,中米网注册用户达到12万家,加盟会员近万家,其中东北地区2200家,日点击流量达到2.7万个IP。

中米网CEO田儒东介绍说:"我们对所有注册会员都进行了市场调查与摸底分析,以确保信息展示的真实性和准确性,并与中国农业银行合作,构建了专门的网络营销第三方担保系统,从而有力地保证了中国大米网网上平台交易的可靠度和信任度。"中米网连续5年被中国农业信息中心、中国互联网协会、中国电子商务协会授予"中国农业网站百强"称号,2008年被评为最具影响力粮食行业网站,董事长卢新宪被称为"2007中国农业商业网站领军人物"。

在中米网上获益颇丰的黑龙江人和米业公司的负责人称:"真没想到,加入中米网,成为会员以后,一个多月便成功获得订单。一年下来,通过中国大米网平台成交的订单金额比2009年增加了2000万元,很多客户通过中米网主动找到我们,成为我们的长期合作伙伴。"据了解,同样为大米加工企业的黑龙江省五常市福兴米业有限公司,从几年前的一个小型米作坊在很短的时间内一跃成为五常市加工企业前五强,在全国范围内建立了29个营销点。这期间,中国大米网可谓功不可没。此外,在中米网体验超值享受与贴心服务的还有黑龙江泰丰粮油食品有限公司、方正县绿宝石米业有限公司等多家大米企业。

网刊互动纵横服务到底

中国近70%的人口食用大米,全国米商不计其数,中米网虽注册用户已达到12万家，加盟会员近万家，但大米行业由于受年龄差异、个性差异、受教育程度不同等诸多因素的影响，这其中有一部分米商朋友不会、不接受或不习惯使用互联网，他们更趋向于在电视、报纸、杂志等传统媒介获取信息。因此，中国大米网对于这些人来说可能还只是一个陌生的符号，但他们同时又十分渴望了解更丰富、更全面、更真实、更直观的行业信息。遗憾的是中国大米网所具备的这一切，他们却未能触及。

为了弥补这一缺憾，为了满足这些米商朋友的诉求，服务米商的中国大米产业唯一DM杂志《米商》新鲜出炉。该杂志主要以直投形式发放到全国302个城市、5800多家大米经销商、2680家大米加工企业。如果说大米网是一次横向跨越，那么《米商》杂志则是纵向深入。一网一刊，交相辉映，为米商打造了全方位、立体式的服务。

在中米集团这两天的日子里，我们听到频率最高的一句话就是：把感情放在第一位，把利益放在第二位。卢新宪说："《米商》杂志在前期投放市场的时候，我专门派公司业务员兵分几路奔赴全国多家粮食机构和企业亲自发送，并倾听他们的想法、建议，以便更好地满足客户的需求。这其中人力、物力、财力的能耗是相当大的。我认为，我们必须站在客户的立场上为他们着想，对他们的发展更好地负责，而不应该只考虑自己的利益。这样的付出很值得，因为我收获了一大笔无形资产——客户对于我们的认同感和归属感，这比经济利益更珍贵。"

不断创新"我们一直在路上"

"人有我优，人优我新，人新我转"，这是卢新宪坚持奉行的经营策略。他说："如果一个企业没有创新，就没有出路，在大米行业已处于白热化竞争的今天，我的任务不是在当下，而是在未来。我始终认为，我们一直在路上。"在继中米包装、中国大米网、《米商》杂志之后，作为中米科技集团的又一个子项目——中米传媒的成功运作，对中米集团的发展及大米企业的形象推广与品牌提升起到了推波助澜、锦上添花的作用，这不能不说也是一种创新。

当卢新宪发现市场上有些大米加工商为了谋取高额利润，以次充好、以假乱真的现象时有发生，处于一种无序的竞争状态，严重影响了东北大米的美誉度时，他于2008年建立了中米网联配送中心，以名优产品为主导产品、以专用运输线为物流渠道、以精品经销点为销售渠道、以社区配送上门服务为服务方式，将保真大米输送到全国。2010年，中米科技集团又开办了中米网店，是国内首家米业网上交易平台，全面实现了网上购销、在线支付、物流配送、信用评价等电子商务综合服务。未来2~3年，力争使1000家大米企业实现网上交易，实现网络营销，构建米业大商圈。这同样是一种创新。

目前，中米集团正在倾力打造一部关于粮食与动漫相结合、寓教于乐的粮食科普动漫大片——《粮娃传奇》。这对于影视行业来说，是一个全新的题材，对于粮食行业来说，更是一次重大的挑战与突破。"关于添加剂、农药残留等粮食问题已成为社会普遍关注的焦点,但是孩子们对于这方面还缺乏很多了解。孩子是希望和未来,粮食科普需从娃娃抓起。如果《粮娃传奇》能够达到预期影响力,我将会把动漫当做一个产业来做,当然,是与粮食紧密相结合。"卢新宪满怀期待地说。

对 话

服务:中米永恒的主题

问:据我们了解,当时您的大米包装厂效益非常好,为什么冒险去涉足一个全新的行业———中国大米网?

卢新宪:我是一个很有忧患意识的人,我常常居安思危。当时,大米包装企业太多了,竞争也比较激烈,虽然我的企业在那几年发展不错,但是并不能保证下一步还能很顺利。所以,我需要不断求新。当看到国内大米行业的资源急需要进行整合、大米加工企业与大米经销商对供求信息的需求不断增加而互联网正好具备这一强大优势时,我想到了成立中国大米网。

问:2008年,中米网被评为年度最具影响力粮食行业网站。您认为,中米网的影响力体现在哪些方面?

卢新宪:中米网最大的特点就是把会员的利益和需求放在第一位,对他们负责,将服务做到深入人心、细致入微。正因为这样,我们才赢得了信誉,树立了品牌,才具有了影响力。

问:您怎么看待人才管理创新?

卢新宪:我认为,人才管理方面的创新非常关键,最重要的一点是管理思想要与时俱进。现代企业制度都倡导人性化管理,所以我们要营造一个和谐、愉快的工作氛围,把员工当做伙伴,让他们不仅有平衡的收入,还要有事业,让他们有安全感和归属感。尤其是我们管理者需要多变换和更新思维,要用感情留人。

问:您对中米集团下一步的走势有什么样的规划?

卢新宪:我是靠大米包装起家的,中米包装是中米集团发展的基础和前提,我们准备在哈尔滨开发区建设新的标准化现代包装生产基地。未来几年,我会将重心放在中米包装上,仍然会不断开发新产品,更好地满足客户的需求。目前,我们已投入2500多万元进行新厂房建设。同时,我将会兼顾中国大米网、《米商》杂志、中米网联配送、中米广告、粮食动漫项目的运作,一如既往地为广大米商提供优质的服务。

冉德成：
临危受命的粮海弄潮儿

● 徐文正 ●

人物简史

冉德成，1963年10月出生于山东省肥城市，中共党员，曾荣获山东省粮食系统先进个人、山东省粮油企业家等殊荣，现任泰安市粮食行业协会副会长、泰安市面粉行业协会会长、肥城市餐饮行业协会会长、山东富世康工贸有限公司董事长兼总经理。

"受任于败军之际，奉命于危难之间。"用《出师表》中的这句话来概括冉德成的从业之路，再恰当不过。当问起"制粉、餐饮、商品零售"三者之间的关系时，冉德成表示：三者单独看是三个不同的行业，是三个点，但整体看餐饮和零售都和公司生产的面粉相关联，三者的关系是"三点一线"，共同拉长了面粉产业链。

在山东富世康工贸有限公司的会议室里,坐在我们面前的冉德成,亲切、和蔼、平易近人。然而,就是这个温文尔雅、安分守己的公司"当家人",在当年却做出了许多"不安分"的大动作。

是他,当年在肥城筹建经营起了当时第一家规模大、档次高的酒店——龙山酒家,而且经营的异常红火。是他,在计划经济向市场经济过渡的初期,打破传统的经营模式,在粮所里建起了酿造加工车间,成为同行争相学习的榜样。

1999年,也是他,接过了一个由多家即将倒闭的粮食企业组建的小公司,通过转变思路,经过多年发展,形成了以"小麦制粉、餐饮经营、商品零售"等为主要经营项目的大企业。2009年,公司实现销售收入4.4亿元,利税650万元。从计划经济一路走来,冉德成与粮为伴,商海弄潮竞风流。

奉命于危难之间

"受任于败军之际,奉命于危难之间。"用《出师表》中的这句话来概括冉德成的从业之路,再恰当不过。

1999年,时任肥城市过村粮所所长的冉德成,突然接到市粮食局的一纸调令,调他到新组建的肥城惠中商贸有限公司任经理。"太突然了,真没有想到会调动我,更没想到调我去那个地方。"冉德成笑称当时一脸的不知所措。其实,在这次调动之前,冉德成就经历过不少这样的"突然袭击"。

1981年5月,冉德成高中毕业。11月,他进入了当时的肥城县石横粮站,开始了自己的第一份工作。从普通员工、保管员、出纳员等基层工作干起,他一步一个脚印,逐步赢得了同事的认可和领导的赏识。1986年,23岁的冉德成被提拔为粮站站长。正当他准备扎根粮站大干一场时,1989年的一天,组织上鉴于他的优异表现,调他到肥城市粮油连锁供应公司做副经理。之后,在新的工作岗位上,他一干又是8年。8年后的1997年,取得不小成绩的冉德成再接调令,而这次报到的地方是肥城市过村粮所,职务是所长。

有了这么几次的更迭,冉德成虽然对于1999年的这次调动刚开始还是一脸茫然,但也很快适应。只是这次,一向干脆果断的他第一次有了犹豫:新组建的肥城惠中商贸有限公司是由肥城市原粮油供应公司、惠中粮油实业公司、亨达食品厂和龙祥贸易公司合并而成的。但是,这4家以经营粮油为主的粮食企业,几经市场经济的风吹雨打,早已被折腾得遍体鳞伤、摇摇欲坠,处于停业半停业状态,已经是资不抵债的特困企业。

时年,冉德成35岁,风华正茂,年富力强。永不服输的性格,加上领导的信任,他最终说服了自己,说服了亲人,坐上了新公司"当家人"的交椅。

"三轮驱动"走向复兴

随着粮油供应市场的全面放开,市场竞争越来越激烈。冉德成在考察中发现,伴随经济的发展,越来越多的居民习惯到餐馆吃饭。在深思熟虑中,"改造现有粮店,发展快餐经营"的发展思路在冉德成心中萌生。

发展餐饮业,这一战略得到了公司上下的认可,但是新组建的公司除了几个破旧的粮店和一处食品加工厂外,还有几百万元的外债,投资建店难度可想而知。没有资金,凑!没有技术,学!没有经验,积累!功夫不负有心人,在冉德成和员工的共同努力下,2000年7月,公司的第一家快餐店作为试点开张营业,受到了消费者的一致好评,经济效益十分可观。

第一家快餐店的成功,坚定了他发展快餐连锁的信心,随后,第二家、第三家……一家家快餐连锁店如雨后春笋般蓬勃兴起。"在计划经济中待惯了的员工,转行卖包子、当服务员,有的人搁不下面子,不乐意做。我就亲自扎上围裙到厨房帮厨,穿上工装到大厅当服务员。"回想到快餐店创业初期的故事,冉德成一脸轻松快乐地说。

作为企业家,冉德成善于抢抓机遇。2000年前后,肥城市开始清理商户占道经营问题,看到商机的冉德成,果断决定将闲置的食品厂改建成小商品市场,吸纳那些被清理的商户入驻,昔日的闲置场地变成了产金生银的风水宝地。当年,企业扭亏为盈,步入健康发展轨道。2003年8月,冉德成再出大手笔,与肥城富世康制粉公司合并改制,组建肥城富世康工贸有限公司,进军粮食加工业。至此,冉德成打造的制粉、餐饮、商品零售"三轮驱动"的企业初现规模。

合并改制后的新公司,轻装上阵,发展迅速。看准时机,冉德成提出了"做强制粉业,做专餐饮业,做活零售业"的发展思路,努力增强"三轮驱动"的马力。为打响"富世康"品牌,公司拿出300多万元对原有面粉生产线进行技术改造,同时投资600多万元新上一条日加工原粮200吨的面粉生产线,使制粉公司年加工能力达到了10万吨,占肥城市小麦总产量的近1/3,成为泰安市小麦加工业的龙头老大。产品除占领当地市场外,还远销山东、北京、黑龙江、吉林、辽宁等20多个省市和地区。

在餐饮发展上,冉德成提出了"把自己没有的餐饮特色引进来,把自己研制的餐饮特色打出去"的口号。公司先后引进了特色名吃"蒙古王火锅"和"富世康骨头火锅"。同时,把公司研制开发的"富世康快餐"、"富世康骨头火锅"、"富世康大馅水饺"等5大特色推介出去,在全国范围内发展加盟连锁。现在,已先后在泰城、济宁、莱芜、肥城等发展餐饮连锁店28家,并且形成了开一家红火一家的良性循环。

在商品零售上,冉德成从小商品市场的改造开始。2004年,公司与外商合作投资6000多万元,将其改造成经营面积2.1万平方米的大型购物广场,成为目前肥城规模最大、档次最高的商城。公司粮站在对农村供应上,改变过去主要以面粉、大米为主,增加了富世康馒头、面条、挂面、大米、食用油、调味品和生活用品共20多个品种,使其成为规模较大、档次较高,以经营粮油、副食品和生活日用品为主的便民超市。

制粉业是个微利行业,产业链条很短,如果没有可靠的深加工业做辅助,将很难生存。为此,冉德成不断在面粉的深加工上动脑筋、做文章。通过考察,公司投资220多万元,建起了占地2000平方米的馒头加工车间,新上5条国内最先进的馒头生产线,所用面粉全部采用富世康特精面粉。通过贴牌形式,委托大厂家使用富世康面粉生产富世康系列挂面,也成为冉德成的得意之作。但最让他感到自豪的是公司研制开发的小麦胚芽产品受到消费者的青睐,成为馈赠亲朋的上等礼品,大大提高了面粉附加值。

当我们问起"制粉、餐饮、商品零售"三者之间的关系时,冉德成表示:三者单独看是三个不同的行业,是三个点,但整体看餐饮和零售都和公司生产的面粉相关联,三者的关系是"三点一线",共同拉长了面粉产业链。正是靠着这"三点一线"的三轮驱动,富世康一步步走向复兴。

"三赢"永保前进动力

"其实,作为粮食企业,只要处理好粮农、员工和企业这三方利益相关者的关系,实现三方共赢,企业就能做大做强。"问起富世康不断壮大的原因,冉德成这样解答。

为了最大限度地保护粮农的利益,确保企业有充足的、高质量的原粮来源,公司按照"龙头带基地,基地连农户"的发展模式,大力培植"无公害"优质小麦种植基地,实施订单农业。先后培植优质"无公害"小麦生产基地35万亩,形成了"种植、生产、销售、服务"一条龙的产业化发展模式。基地建立后,为了解决丰收后粮农的小麦储存难题,公司又成立了"粮食银行"。除按合同全部收储订单小麦外,还面向市内外开展代存、代收业务,在原有8000吨原粮储存能力的基础上,又投资1000多万元建起了储量1万吨的两座大仓。

员工是企业最大的财富。为了创建名牌,公司通过积极组织员工观看电视录像、办黑板报等形式向全体员工灌输创建名牌产品的重要性,让员工真正意识到创建名牌产品对促进企业发展的重要意义。同时,不断加大资金投入,多渠道、多形式对员工进行培训,提高大家的业务素质和整体水平。近年来,公司举办各种类型的培训班过百期,聘请专家教授讲课近百人次。

通过不同形式的培训,全体员工的整体素质和业务水平有了很大提高,为创建名牌产品提供了有力的技术保障和人才保障,企业壮大了,员工的待遇也水涨船高。订单农业的实施,"粮食银行"的运行,不但保证了广大粮农的利益,也为企业提供了优质、充足的原粮来源,实现了企业与农户的双赢。粮农、员工和企业的"三赢"模式,使富世康永保前进动力,向着更高的目标腾飞。

对　话

给消费者最真实的产品

问：公司当初为什么会选用富世康这个名字作为企业名称呢？

冉德成：富世康就是世世富强、代代健康，因为是粮油企业，和农民打交道最多，所以这其中蕴含着我们的一种梦想，希望农民朋友世代都过上好生活。

问：面对1000多名员工，您是如何让他们在企业这个大家庭中快乐地生活和工作呢？

冉德成：企业发展到一定规模，员工的管理是个难题。这么多的人聚集到企业里面，企业其实就成了一个"小社会"，而在一个社会里，人们之间最重要的就是彼此的交流。所以，我们精心安排一些活动，尽量给他们提供交流的平台。比如公司每个月都要举行一个主题活动，全员参加。另外，我们公司的员工都有两个纪念日。一个是进厂纪念日，再一个就是生日纪念日。这两个节日，我们都会给员工买一些礼品，通过这些活动，拉近企业与员工的关系。

问：公司在保证产品质量方面都采取了哪些措施？

冉德成：首先，在设备上公司采用了国内最先进的布勒磨粉设备，为提高产品质量奠定了基础。其次，严把原料入厂、生产加工、成品入库、产品出库等各质量关口。从原粮入厂一直到面粉出厂都制定了严格的管理规定，做到了不合格的原粮不进厂，不合格的面粉不流入成品库，不合格的成品不出厂。再次，在采购的质量管理上，公司规定所采购的商品必须一律从正规厂家进货，并严格做到"四个不进"，即无卫生许可证的商品不进，无生产许可证的商品不进，无营业执照企业的商品不进，无税务登记证企业的商品不进。

问：这是制粉上的管理，那么餐饮呢？

冉德成：公司成立了食品中心，下设肉馅、烤制品、蒸制品、馒头和面条5个加工车间，对各餐饮店所需产品实行统一加工配送。为保证加工质量，各加工车间使用的面粉全部采用富世康绿色无公害面粉，肉类、食用油等材料全部由采购中心统一从放心生产厂家购买，就连调味品也都从厂家直接进货，并严格按照食品安全标准进行加工制作，并经质检中心检验合格后才能向餐饮单位和社会供应。

问：您怎么看待添加剂问题？

冉德成：在面粉中加添加剂，其实只是为了让面粉看起来更白，色泽更好看，没有其他作用。加少了效果不明显，加多了就会对人体产生危害。所以，我们是严格要求不加任何添加剂的，以保证面粉质量，给消费者最真实的产品。

孙扬久：
"人面合一"缔造"面王"传奇

·闫 巍·

人物简史

孙扬久，1952年出生，现任湖北三杰麦面公司董事长、湖北省粮食行风监督员、枣阳市粮食加工行业商会会长，曾当选襄樊市第十一届、第十二届、第十三届、第十四届人大代表，获得湖北省"优秀共产党员"、枣阳市"十大公仆"等称号。

在他的带领下，两家濒临倒闭的国有企业分别发展成为农业产业化国家级重点龙头企业和省级重点龙头企业。退休后，他白手起家创办企业，使一个停产多年的小面粉厂最终发展成为拥有近亿元资产、跨鄂豫两省、拥有20万亩基地、带动4万农户的面业巨头。他，就是人称"面王"的湖北三杰麦面公司董事长孙扬久。

湖北省枣阳市位于鄂豫两省交界之地。这里气候适宜、物产丰富，是中国著名的优质棉基地、优质商品粮基地，被国家农业部授予"全国十大粮食生产先进县（市）"称号。

孙扬久，就出生在这样的一片热土。他中等个头、衣着朴素、面庞略显黝黑，虽不善言辞，但是犀利的眼神中时时透出一种睿智。

他是一个普通的农民，经过几十年摔打，历练成面粉加工行业的"顶尖高手"。10年间，在他的带领下，两家濒临倒闭的国有企业分别发展成为农业产业化国家级重点龙头企业和省级重点龙头企业。

他白手起家创办企业，历经9年拼搏，使最初总资产300多万元面粉小企业最终发展成为拥有近亿元资产、跨鄂豫两省、拥有20万亩基地、带动4万农户的面业巨头。

他，就是人称"面王"的湖北三杰麦面公司董事长孙扬久。

"人面合一"起死回生

1952年，孙扬久出生于一个农民家庭，以种地为生，生活艰辛。青年时期的孙扬久在农闲时会赶马车给别人拉货来维持生计。

1971年，一个偶然的机会，孙扬久听说枣阳市杨当粮管所的面粉厂招工，便赶去探听消息，招工的负责人一眼就相中了这个朴实的孩子。于是，19岁的孙扬久就成为了杨当面粉厂的一名临时工，这一干就是9年。

9年的时间，孙扬久全身心融入工作，他说："到了面粉厂工作后，发现我喜欢上了这个工厂，爱上了面粉这个行业。"因此，只要有闲暇，他就钻研面粉加工的各种知识。

一次，面粉厂引进了一批新设备，但是上上下下没一个人能"摆平"这玩意儿。这时候，孙扬久出马了，他绕着这批设备仅仅忙活了一个月，就让机器乖乖地发出了正常运行的"嗡嗡"的轰鸣声。孙扬久一下子就在当地出名了。但是他并不满足，继续钻研，到后来孙扬久只要听见机器运行的响声，就可以判断机器的状况和出面量的多少，并能将出面量精确到几斤，他的这手绝活在面粉加工行业再次引起了轰动。

凭借自己的勤奋好学、艰苦奋斗，孙扬久终于从临时工的身份"转了正"，1982年，当上了杨当面粉厂的厂长，成为厂里的一把手。在他的带领下，杨当面粉厂在规模和效益上实现了大翻身，为日后这家企业发展成为省级农业产业化龙头企业打下了基础。

孙扬久在杨当面粉厂的成绩有目共睹，枣阳市粮食局又把他调往当时举步维艰的另一个国营企业枣阳市面粉厂。

上任之后，他硬是把这个濒临倒闭的小厂打造成了产值过亿元的金华麦面集团，使之成为了国家级农业产业化龙头企业，生产的产品连续8年国家免检，并拿到了全省粮食企业产、销、利、税四项第一的卓越成绩，一时间"面王"的名号不胫而走。而此时的孙扬久却因为年龄问题不得不退下来，那一年是2000年。

机会总是青睐有准备的人。随着民营经济的快速发展，退休后的"面王"孙扬久在朋友的鼓励下开始了创业之旅。

2001年，经过考察论证，孙扬久相中了河南正阳县一个停产多年的面粉加工厂，经过他的"修复"，这个面粉加工厂的机器又轰鸣起来了。他这一起死回生的硬功夫，让正阳的上上下下惊叹不已，同时正阳三杰面粉公司也渐渐成长为正阳县的骨干企业和农业产业化龙头企业。

在河南正阳三杰面粉公司正常运转之时，湖北枣阳三杰麦面公司也在孕育之中。从征地到建厂，从买设备到调试成功，在正常情况下需要一年左右建成的工厂，"面王"与他的股东们仅用半年的时间就让机器转起来了。两年建立两个厂，年加工能力达到10万吨，年产值超过亿元。

10余年间，在孙扬久的带领下，4个面粉加工厂发展成为年产值过亿元的粮食加工龙头企业。枣阳市三杰麦面公司的办公室主任赵永久敬佩地说："'面王'称号，孙老板当之无愧。"

"粮食银行"反哺农民

三杰面业发展壮大，孙扬久也富了起来，但他思想中的"农民情结"却始终没有放下。孙扬久动情地说："俺来自农民，愿意服务农民。现在好些农民生活还很苦，在我们有能力的时候一定要帮一把。"2006年，孙扬久在收购粮食过程中，听到不少农民议论说农村里面出现了很多作坊式面粉加工厂，生产出来的米面品质很差，有时候还往米面中掺假，在村里想吃好米好面还要跑到城里去买。

听到这里，孙扬久心中很难过，种好粮的农民却吃不上好米好面，怎样才能让农民种好粮吃好面，这个问题困扰着孙扬久。

孙扬久上银行办理业务时，一个念头浮现在他的脑海：借鉴20世纪80年代"两代一换"的做法，引入金融银行的经营管理模式，兴办"粮食银行"。

2006年，他投资200万元，扩建5000吨仓容，在全市18个镇、办事处、开发区、农场开设"粮食银行"，为粮农开办"代农加工、代农储存、兑换米面"业务。粮农将家中余粮存放在"粮食银行"后，领取由企业统一制作的"粮食存折"，凭"粮食存折"在全市任何一家三杰"粮食银行"兑换点都可以按照比例进行米、面、杂粮等10多个粮食品种的兑换。

"粮食银行"的开办，颇受当地农民的欢迎。枣阳市农民赵德江说："我们在'粮食银行'能直接换出来米、面、杂粮，有时还能兑换现金，我们能吃上好米好面了。另外，有了'粮食银行'，我们自家粮食的储藏费用也节省了，同时解决了自家粮食在储藏中遇到的霉变、鼠害、虫蛀等问题，非常方便。""粮食银行"的开办，不仅仅让农民获得实惠。通过"粮食银行"收购来的粮食同时也是三杰面业的粮源，有了充足粮源，企业设备的利用率得到了提高，同时减少了企业资金的占用，可谓一举两得，农户、公司双收益。三杰面业还将粮食储户列为"订单农户",为其提供品质好、产量高、抗病强的小麦良种及系列技术服务。这一做法得到了广大农户的热烈欢迎,"粮食银行"开办没多久,储户就达2000户,存储粮食1200吨。

3年来,三杰"粮食银行"和便民服务网点已发展到400多家,存粮户达4万多户,年代存粮达2万多吨,兑换面粉、面条、大米等共计1万多吨,极大地方便了枣阳的农民和居民。2009年7月,三杰麦面公司被中国粮食行业协会授予"放心粮油进农村进社区"先进单位称号。

订单保障企业"口粮"

好面来自好麦,好麦来自好种。近年来,孙扬久先后从河南引进"豫麦47"、"内乡188"、"郑麦9023"等优质小麦品种,从2003年秋播开始在枣阳市环城办事处、杨当镇、太平镇建立核心基地。2004年扩大优质小麦基地2万亩以上,2005年建立优质小麦基地2.67万亩以上,同镇、办事处、村、农户签订了小麦种植回收合同。2006年夏收时,孙扬久以高于常规小麦市场价每百公斤8元的价格收购,基地农户每亩增收156元以上,使本地的小麦优质率由40%提高到了90%以上。

"面王"同时在顺向思维中建基地,与农户签订大批的订单,以高价钱进行原粮收购,优质原粮源源不断地流进了企业。同时,孙扬久还与农民签订了配套的优惠办法,凡是与三杰麦面签订订单的农户,公司实行"四包",即包小麦供种、包技术服务、包小麦收购、包保护价(每公斤小麦高于市场价8分钱),大大地调动了农户的种植积极性。这一项可为基地农户增加收入50多万元。

2004年金秋时节,三杰麦面又制作了精美的小麦订单1万多份,一方面承诺,负责收购品种为"郑麦9023"、质量达国家三级以上的小麦,价格在市场价格的基础上比其他品种每公斤高8分钱,并承诺现金支付,另一方面介绍"郑麦9023"系列和"内乡288"系列小麦新品系的特点及栽培技术。为方便农户销售,三杰麦面除在公司院内收购外,还在基地设立优质小麦收购点80多个,方便农民售麦。

在这种情况下,农民的积极性被迅速地调动起来,2005年公司订单农户激增到1万户。2006年,三杰麦面公司进一步扩大优质小麦订单规模,签订订单40.8万亩,范围扩大到唐河、泌阳、襄阳等地,带动农户32780户,基地农民增收3000万元以上。

对于未来,孙扬久有自己的设想,企业要向育种、种植、收购和精深加工两端延伸,到"十二五"期间,公司将发展成年加工小麦100万吨、挂面15万吨的生产能力,年产值达30亿元,年生物发电5000万度,把湖北三杰麦面有限公司打造成为荆楚粮食加工的"航母"。

对　话

三杰：建设农民自己的"银行"

问：您"来自农民、服务农民","粮食银行"的推广为农民带来怎样的实惠呢？

孙扬久：我公司结合订单农业，积极开办"粮食银行"，开展代储业务。当新粮上市时粮价低，此时售粮不合算，农民把粮食存入三杰公司，由三杰公司代储代管，减少农民产后粮食霉变、虫蛀等损失；当粮价上涨时，可以按市场价卖给三杰；当粮价下跌时，农民代储的粮食，可以作为口粮。这样做，农民粮食只增值、不贬值，风险由三杰承担。

问：订单农业的发展为公司解决了原粮收购的问题，但是对农民的技术服务、以高出市场的价格收购农民手中的粮食都需要大量资金来支持，怎样保证赢利呢？

孙扬久：公司为了实现赢利，一是对内挖潜，强化管理，降本增效；二是对公司高于市场价收购的单一品种原粮，我们实行单存、单放、单加工，生产高附加值的专用粉。根据市场消费层次的不同，实现产品差异化，生产高端产品实现赢利，同时利用开办"粮食银行"的优势，把代储粮食作为企业的周转粮，减少财务费用的开支，实现赢利。

问：粮食加工行业是一个微利的行业，只有精深加工才能最大化地提高产品的附加值，三杰是怎样精深加工更好地提高产品的附加值呢？

孙扬久：针对粮食加工行业的特殊性，我们选择走食品精深加工道路。一是从小麦制粉过程中，利用特殊工艺提取小麦胚芽，开发麦胚系列产品；二是在面制品加工上，以加工精制挂面为基础，开发出高附加值的产品；三是利用稻谷加工过程中产生的谷壳，进行生物质发电，满足公司生产经营的用电需求，把生产活性炭作为钢水覆盖剂，同时对产生的余热进行综合利用，把加工过程中产生的废物吃干榨净。

问：作为董事长，平时工作比较繁忙，您是怎么来缓解工作劳累的，有什么爱好吗？

孙扬久：我在工作之余会抽时间阅读各类专业书籍，特别是粮食加工、营销方面的书籍，调节自己的业余生活，平时对各种机械设备也很感兴趣，喜欢琢磨其工艺和优点。

问：公司现在的发展已经形成相当规模，对于今后您有什么样的打算或者规划？

孙扬久：我们计划通过5~10年的努力，打造成一个从田间地头到消费者餐桌的全产业链，把三杰公司建成在全国有影响的粮食物流集团。

问：请用一两句话简单概括一下三杰公司成功的关键。

孙扬久：三杰成功的关键是：熟知国家政策，适应市场发展，老实做人、踏实做事。

中国粮油 财富解码
DECODING

马　鹰：
芝麻油王国的"正道"守护者

· 魏俊浩 ·

人物简史

马鹰，1971年出生于河南省驻马店市，曾当选河南省第十届、第十一届人大代表、驻马店市第二届人大优秀代表，先后荣获"再就业功臣"、"光彩事业先进个人"等荣誉称号，现任正道油业有限公司董事长。

工艺不难求，难的是在纷繁复杂的市场中面对种种诱惑能不背离梦想、坚守道德底线。

马鹰意在长远，志在经营品牌。而经营品牌原本就是一个漫长、枯燥甚至是痛苦的过程，需要经营人心，搞思想运动。

四层白色办公楼,5700平方米的厂房,掩映在绿树和民房中,看上去很不显眼,不过这里生产的产品却香飘万里。闻香追源,便来到了位于河南省驻马店市王楼经济开发区的正道油业有限公司。电动石磨、人工搅拌、自动灌装……整个生产车间就像扩大版的豪华家庭作坊。虽然外表不起眼,但公司生产的产品及产品外观包装却在市场上处于主导地位,并且获得全国唯一芝麻油原产地标记保护,不仅畅销海内外,而且备受消费者的喜爱。

作为企业的创始人和掌舵者,正道油业有限公司董事长马鹰说起话来很朴素:"我们骨子里认为,小磨香油就应该是用石磨磨出来的,正道就要坚持这样做。"马鹰坚守的动力,源自那份难以割舍的情怀和独特认识。

一往情深点燃梦想

驻马店人对芝麻和香油的感情仿佛与生俱来,"天中芝麻王"、"芝麻王国"、"中州油库"等城市名片成为他们骄傲的资本。数千年来,他们形成了提着油瓶走天下的习惯,将香油作为珍贵礼品馈赠亲友。

小的时候,马鹰的父亲马军政开办了玻璃厂。为感谢厂里的上海技术工,马军政每次在工人们回家时都要送上一瓶小磨香油。对于这些礼品,上海人视若珍品,拌凉菜时用大拇指捂着瓶口往外滴,唯恐倒得多了。他们多次对马军政说:"你们驻马店的小磨香油真好,要是能在上海办个厂大规模生产,肯定赚钱。"在上海办厂也许不太可能,但办个规模大一点的榨油厂的想法却在马军政心中酝酿。然而,由于1999年去逝,这成了马军政永远也无法实现的梦。

但是,父亲未了的心愿却像导火索一样点燃了马鹰多年对父亲、对家乡的感情积淀,他迅速作出决定:倾注全部心血和智慧,打造油脂精品,让驻马店小磨香油香遍世界,让芝麻香油品牌之梦变成现实。2000年,带着马军政痕迹的"正道"商标注册成功。

万事开头难。学习企业管理出身的马鹰深知,再好的产品也需要市场的检验,走不进市场一切都是空谈。于是,马鹰和弟弟马磊亲自上阵,开始带着"正道"牌小磨香油走南闯北开拓市场。那时的"正道"在香油行业属于无名小辈,再加上传统工艺造成的高价位,使马鹰弟兄俩四处碰壁。驻马店各商超、郑州大小超市、食品城、批发城……每一个地方,他们都是满怀激情而去,失望而归。那时的超市运营机制也不成熟,给小品牌产品上架设置壁垒的现象普遍存在。马鹰花费了一年的心血去打市场,却换回了亏损上百万元的结果。

与他们的艰难境况相比,调和油市场那几年可以说异常火暴。一边是弯腰就可能捡到的钞票,一边是奋力拼搏却血本无归,备受打击的马鹰一度动了放弃"正道"改做调和油的念头。但思索再三,他还是选择了坚持。"香油一直没有一个全国叫得响的品牌,而正道小磨香油的质量又好,消费者不是傻子,只要耐心做下去,一定会成功的。"马鹰分析道,即便是拾遗补缺,市场上也会有他的一块儿"面包"。马鹰坚定信心,决心继续为"正道"而奋斗。

一方石磨扬名天下

功夫不负有心人。正道终于等到了证明自己的机会,虽然这个机会来得有点戏剧。2004年4月,中国北方地区食品交易博览会在河南郑州举行,在这次食品行业的盛大聚会上,正道小磨香油应邀参展。一个月后,"正道"牌小磨香油获得了全国唯一芝麻油地理标志保护产品称号。这个标志,既是产地标志、质量标准,也是一种知识产权,更是推动土特产走向世界的重要工具,成为了正道油业公司一张无可替代的名片。

随后,众多食用油因质量不合格而被曝光,但正道小磨香油逆势而上,成为全国仅有的8种抽检合格产品之一,使得正道小磨香油更加扬眉吐气。2007年3月,时任河南省省委书记的徐光春将正道小磨香油作为河南特色产品介绍给国人,更是将正道小磨香油推向了更广阔的市场。

河南省优质产品、全国农产品加工业博览会优质产品、中国国际农产品交易会金奖……一系列荣誉纷至沓来;郑州食用油销售排行榜之首,北京最畅销食用油,上海、大连、厦门等大城市代理商纷纷上门代理……眼见正道小磨香油咄咄逼人的市场攻势,一些知名品牌食用油纷纷打出降价牌,试图阻截正道。但正道小磨油只用成倍上升的销售量予以回击。真金不怕火炼,面对白热化的竞争,马鹰泰然处之,因为他手中握着打败对手的"致命武器"。

这个"武器"就是传统工艺,它既包括原料选取,也包括石磨研磨方法。洗麻、调麻、石磨研磨、水代法分离香油、沉淀、冷冻……延续了几千年的加工工艺,再次在正道油业公司传承并开花结果。马鹰对我们也毫不隐瞒地说出了核心机密:原料100%选取驻马店优质芝麻;石磨选用驻马店本地特有的乐山石材,含有丰富的铁、碘、硒、铜等多种矿物质,且硬度适中;一线工人均为老作坊主,有着多年丰富的磨油经验,火候掌握得恰到好处。这种传统的工艺虽然存在着产油率低、生产成本高的极大缺陷,但磨出来的油枣红透明、清澈莹亮、香味浓郁、油质醇正,既保证了芝麻的营养成分和天然芳香,又确保油中不含任何添加剂和其他溶剂残留物,食用安全。

当然,传统不代表着守旧,也不是不创新的理由。在正道油业各个传统的生产工艺中,处处透露着创新和发明。大到洗麻机,小到搅拌器,每一项小小的发明不仅加快了规模化生产,而且节省了生产成本,提高了产品的竞争力。这些看似很小的发明却是正道油业历史的积淀和发展。马鹰说:"大的公司不用去想这些发明,小的作坊也不会去想,只有我们在实践中摸索。"全国只有两家企业现在完全采用这种传统工艺。"其实,这些工艺都不难求,难的是在纷繁复杂的市场中面对种种诱惑能不背离梦想、坚守道德底线。

孤独坚守待有时

坚守的过程是孤独的、痛苦的。在马鹰看来,这种痛苦来于自身和大环境。对于自身来说,马鹰意在长远,志在经营品牌。而经营品牌原本就是一个漫长、枯燥甚至痛苦的过程,需要经营人心,搞"思想运动"。"很多消费者本身就缺乏判断力,如果受了企业的误导,很容易作出错误的选择。"作为一家负责任的企业领头人,马鹰自认为有必要从自身做起,通过长期提供高质量的产品,打造自己的品牌,并借此提高消费者的识别能力。

改变一种固定消费心理的难度可想而知。不过马鹰很有信心,他判断香油的消费量会越来越大,选择目标也会越来越向品牌集中,驻马店的芝麻也会创造出一个走向全国的香油品牌。这种对未来美好的设想,也只是暂时抚慰了马鹰坚守中的痛苦,现实却是残酷的。驻马店上千家的香油厂和作坊的产品鱼龙混杂,质量参差不齐。驻马店如此,全国香油市场也好不到哪里去。

这种现状让马鹰真正痛苦。外出吃饭,不用动筷品尝,只需鼻子一闻,他就知道桌上凉菜中的香油是纯正香油,还是用香精勾兑。如果是香精勾兑的,马鹰就不再动这个菜,"吃了假香油拌的菜很难受"。假香油的不公平竞争不是无情地将不少香油企业淘汰,就是无耻地将其拖下了水,并导致恶性循环。为此,马鹰于2006年发起并成立了驻马店香油协会,希望能遏制香油掺假售假,规范香油市场。

不稳定的芝麻市场也时刻考验着马鹰的神经。属于小物种的芝麻很容易被市场上的游资操控,从而扼住正道油业的"咽喉"。届时,正道油业不是亏本守市场,就是涨价失顾客,不管怎样,损失的都是正道油业。两幢占地800平方米的仓库还不足以让其稳坐钓鱼台。马鹰也曾想实行订单农业,但限于芝麻种植户目前的市场信誉意识不强,这条路也行不通。在这种痛苦的坚守中,马鹰仍然选择了坚持再坚持。在他看来,或许有一些事情不是自己所能决定的,但企业一定要坚守正道,生存下去。

其实,从正道油业推出的各式礼品装小磨香油以及开发芝麻叶、芝麻酱等系列产品的举动中也不难看出,马鹰并非简单地坚守,其意在坚守中稳健出击,寻找时机谋求更大的发展。也许就在不远的将来,蓄积了力量的正道将跨步向前作出最后的冲刺,届时,驻马店那个走向全国的强势品牌就是他的企业和产品。

对　话

正道:坚守传统也是营销

问:香油在我国历史悠久,据说可以追溯到三国时期,当前国内外香油市场的前景如何?

马鹰:《本草纲目》记载:"八谷之中,惟此最良。"说明芝麻是非常好的东西。然而,截至目前,国内香油市场没有一个全国性知名品牌,存在着单体规模小、品牌基础弱、产业化程度低和质量参差不齐的问题。如果让消费者说出几个食用油的品牌,大都能做到,而要问到对哪个香油品牌最有印象,恐怕都要迟疑半天。

问:造成目前香油产业现状的原因及制约其发展的因素有哪些呢?

马鹰:除了香油本身的消费需求特点外,我个人认为是市场不公平竞争造成的。现在的香油市场存在"劣币驱逐良币"现象,大量掺假兑假香油挤占了香油市场的空间。由于消费者不是专家,很容易被骗,比如香油标签上写明"100%石磨工艺",可小字又打上"芝麻葵花油",一般的消费者根本辨别不出来。从深层次上看,国家对米面粮油都进行了QS认证,香油却未列其中,这在一定程度上造成了香油行业进入无门槛可言的状况。真正的好产品由于价格高不被认可,诚信经营得不到很好的回报,制约了具有品牌意识和战略目标企业的发展速度。

问:在这样的新形势下,香油企业如何做大做强呢?

马鹰:要相信品牌的力量。对企业而言,香油行业是个长线,做品牌需要较长的时间和较大的资金投入,不能急功近利。对于正道小磨香油来说,驻马店香油这个品牌才是根本,我们只能算是枝叶,根深才能叶茂。要做大做强驻马店香油,需要多方的努力,如申请驻马店小磨香油证明商标、政府组织中央和省级媒体进行宣传等。我个人有一个梦想:山东的花生创造了一个鲁花,驻马店的芝麻要创造一个走向全国的驻马店香油品牌。

问:您曾公开说过,市场上的香油80%都是假的,作出这样的判定有什么依据?

马鹰:"油兑油,神仙也发愁",也许很多消费者看不出来,但对于我们来说识别并不困难。我们花费上百万购置了核磁共振含油量测量仪等专业仪器,对我们生产的油进行质量把关,也对其他厂家的油进行分析。其实,很多造假企业是被目前这种不公平竞争拖下水的,他们为了赢得市场,只好通过降低质量来降价。对于他们来说,为了生存,只好兑假。

问:作为全国唯一的芝麻油地理标志保护产品,正道如何应对这种局面?

马鹰:我公司的香油坚决不兑假,在坚持用传统工艺制作的同时,通过创新降低生产成本。

问:机器榨的油虽然口感和营养稍差,但生产成本很低,正道为何坚守生产成本较高的传统工艺呢?

马鹰:第一,正道小磨香油作为具有乡土情结的土特产,就要做到正宗地道。第二,我们认定,做事就应"正道",小磨香油就应该是用石磨磨出来的。如果兑假,既和正道的品牌文化不相符,也不利于企业长远的发展。

黄金龙：
稻尖上跳舞的"牛司令"

·魏俊浩·

人物简史

黄金龙，1963年6月出生，福建省莆田市涵江区国欢镇黄霞村人，当选福建省第十一届人大代表，现任莆田市东南香米业发展有限公司董事长兼总经理，曾获福建省优秀青年企业家、福建省劳动模范、福建省突出贡献企业家等殊荣。

性格决定命运，正是由于"大胆"，他把小时候放牛的地方，变成了当今位居中国米业公司前列的"东南香"；也正是由于"大胆"，他将自己的全部事业都压在了"稻谷"身上。他，就是莆田市东南香米业发展有限公司总经理黄金龙。

在福建省莆田市涵江区国欢东路269号,一座占地230多亩的现代化企业四周弥漫着大米的清香。这里,便是莆田市东南香米业发展有限公司。公司的"掌舵人"是黄金龙。乍一看上去,板寸发型,简约装扮,性格豪爽,略带军人风格。

其实,黄金龙并没有当过兵,不过这也不妨碍他成为"司令"——"牛司令",小时候他是一名地地道道的放牛娃。但是,今日的"牛司令"与往日相比已不可同日而语了,昔日黄霞坡上的放牛娃已成为米业公司的领航者之一。他除了是东南香米业发展有限公司的"司令"外,还是福建省第十一届人大代表、福建省劳动模范、福建省突出贡献企业家等。在"东南香"这个稳定的"聚宝盆"开始蓄金之后,大胆的黄金龙又将目标锁定在深圳证券交易所中小板块,他希望借此融资扩大产业链,让公司不仅生产大米,还提供米粉、麦芽糖、活性炭、米蛋白、米糠油,甚至维生素,以追赶北大荒、金健等上市米业公司。

在《史记·货殖列传》中,曾有过"无财作力,少有斗智,既饶争时"的精辟言论,这在黄金龙身上得到了很好的印证:"无财作力",是少年时的他;"少有斗智",是成为"东北玉米大王"时的他;而现在,无论是酝酿上市还是延伸产业链,处于稻花香气中的黄金龙,正在悄悄进入"既饶争时"的阶段,他的胆略和眼光又将再次遭遇考验。

"放牛娃"变身"玉米大王"

正如许多民营企业家一样,黄金龙身上蕴藏的最草根的过去,塑造了他胆大的性格。他出生于1963年,父亲是涵江玻璃厂的一名职工,母亲是农民。夫妇俩先后养育了6个子女,家庭经济一度十分困难。为补贴家用,黄金龙的父母养了两只奶牛,放牛的事情自然交给了老小黄金龙。也就是从那时起,黄金龙开始接触到了最原始的商业行为:每天凌晨三四点到邻村收集牛奶,以弥补自家奶牛数量少的不足,然后等天亮后交给母亲到市场去卖,他的胆识和对财富的敏锐嗅觉,在那时便已打下基础。

高中毕业后,黄金龙卖过桂圆,也卖过米粉,每一次的经商失败,都能让他的激情触底反弹。他嗅觉敏锐,总能随时随地挖掘商机,看到市场上的肉鸡销路相当不错,就进山收购;看到山里缺乏海货,就买虾米、小鱼干等货物进山换鸡。渐渐地,他的海货生意做到了邻县永泰,他发现去永泰卖货要比"挑鸡"生意好的。1984年,他干脆"转道改行",在永泰选定了几个卖点,每天发一车海货,返家时带回永泰产的李咸、杏李、笋干等山货。

一年之后,黄金龙的人生履历翻开了决定性的一页。这一年,莆田的养殖业正在高速发展,精明的黄金龙发现,莆田根本无法满足粮食饲料供应,他试着从永泰调运一批粮食回来加工。这一回让他初次尝到了甜头,奠定了他以后人生之路的方向。

黄金龙审时度势之后,一个大胆的计划从他心里冒了出来,他决定到东北采购玉米,那里是中国的大粮仓。很快,黄金龙的足迹便踏遍大连、葫芦岛、秦皇岛、营口等地,在福建秀屿港刚开港不久,他首次把在东北采购的玉米用货船运达秀屿港。紧接着,他与东北三省和安徽、江苏等省的产粮区建立了密切的业务关系,甚至通过中国粮油进出口贸易公司把玉米出口到韩国、日本、科威特等国家,成为响当当的"玉米大王"。

让每一粒稻谷变为"黄金"

在调运玉米发迹之后,黄金龙很快又有了"北粮南调"的新想法。1998年春,一个从东北调稻谷回去加工的念头在黄金龙脑海中闪过。虽然不知道北方粳米能否适应南方人的胃口,但黄金龙还是决定试一试。同年4月,黄金龙从东北调运了1900吨粳稻谷到福建秀屿港口上岸。这批稻谷加工成粳米后,在粮市上试销了一段时间,获得了良好的回馈信息,这也极大地鼓舞了黄金龙,于是,他便一趟一趟地从东北运回稻谷进行加工再销售出去。

随着全国粮食流通体制改革步伐的加快,黄金龙的粮食贸易生意也越做越大,采购、运输、销售的渠道十分顺畅,经营规模在日益扩大,经济效益也明显提高。然而他发现,东北的稻谷已源源不断涌入福建各个粮食加工厂,市场上开始出现了五花八门的东北大米,这使他喜忧参半。他喜的是东北大米价格虽贵些,但其口感绵软清香,已逐渐被福建消费者所接受,同时也使自己的稻谷贸易日渐红火;他忧的是市场上的东北大米难免鱼龙混杂、泥沙俱下,消费者难辨真伪。于是,创办米业公司,让福建消费者吃上真正的东北大米的设想在他脑海里形成了。

2000年11月,黄金龙向区工商部门递交了建立莆田市东南香米业发展有限公司的申请报告。更为特别的是,在众多企业家纷纷在大米产区建厂的时候,大胆的他再次作出惊人举动——在大米的销售地建厂生产。很快,一套以大米加工为主体、价值1000多万元的加工设备开始安装,一支市场调研队伍和一个市场营销网络也同时组建、编织。"我们不打无准备之仗。"黄金龙说。

在作好充分准备,对米业市场行情了如指掌后,2001年4月19日,莆田市东南香米业发展有限公司正式开业。开业典礼上,对军人有着特殊情感的黄金龙请来了武警战士,为公司开业举行升国旗、奏国歌仪式。而这,也成为公司后来每月的例行活动,演变成公司一种独特的企业文化。

"东南香"牌系列精洁米一上市就受到了消费者的欢迎,几年来,东南香米业发展有限公司已发展成为占地面积230亩、日产大米1150吨的现代化粮食加工基地,拥有各类高素质员工600多人,形成了集大米深加工、物流、贸易等科、工、贸为一体的多功能综合型企业。公司先后通过了各项产品质量、卫生等认证,并获得了"省级高新技术企业"、"放心米"、"中国名牌"、"商务部最具市场竞争力品牌"、"绿色产品"、"国家级农业产业化龙头企业"等多项荣誉称号。

今年,公司投资1.1亿元新建的项目即将投产,该项目包括年产大米8万吨加工生产线1条、年产5万吨淀粉糖浆生产线1条、年产1.5万吨米粉生产线1条、年产1万吨米糠油生产线1条、4万吨稻谷储备仓库及米粉、淀粉糖等产品配套仓库、办公楼、综合楼等设施。"建设这些项目的初衷,就是把每一颗稻谷都完全利用起来,除了加工大米外,还要用加工大米产生的碎米、米糠等副产品,生产米粉、淀粉糖浆、蛋白粉、米糠油等产品,将剩余谷壳废料作为燃料能源,并从燃尽的谷壳灰中提取二氧化硅,实现资源循环利用。"黄金龙说。经他之手,一粒稻谷实现了由普通谷子到"黄金"的蜕变。

摒弃家族式管理弊端

黄金龙商海弄潮几十年,经验告诉他,要办现代化企业,必须有先进的经营管理理念,对外要"诚信为本,以质取胜,服务无限",对内必须实施精英人才战略,造就一支高素质的员工队伍。"一切从消费者的口味出发,一切为消费者的健康着想",黄金龙要求员工始终要把广大消费者的生命健康摆在首要位置,提出了"东南香大米每一颗都是健康单元"、"东南香伴您健康生活每一天"的质量承诺。有一次,公司采购了一船近千吨的原粮,到岸后经检查发现该船的原粮水分严重超标。是入库还是不入库?按照常理,这批原粮还可勉强凑合着加工,但为了公司的信誉,为了产品的质量,黄金龙当机立断,立即把这批原粮在码头低价抛售。虽然一下就亏了几十万元,但黄金龙丝毫不觉得心疼,他告诫全体员工:质量是企业的生存之本,丝毫马虎不得,绝不能让质量有问题的产品流入市场,流入消费者手中,绝不能做损人利己的事。

为弥补自己没有上过大学的遗憾,黄金龙在聘请人才上,有着"三顾茅庐"的诚意;在选择人才上,有着"不拘一格"的度量;在使用人才上,有着"赛场选马"的公正。这也使得公司目前拥有高级职称者占到12%,大中专学历以上者占到51%,形成了一支业务精干、素质优良的队伍。特别值得一提的是,东南香米业发展有限公司虽然是民营企业,但黄金龙摒弃了传统的家族式管理弊端,不管远近亲疏,只要你有本领,就能得到重用;不管你是学什么的,只要对企业有用,就能让你发挥。也正是这种超前的人才观,使得公司勃发出了无限的生机活力,蕴藏了雄厚的发展后劲。

并不是每个企业家都有自己特别的管理方式,但拥有自己独特的管理方式是一种成功。黄金龙一直对企业管理有着理性的思考,"弘扬国有管理精髓,创新民营运作机制",这正是黄金龙找到的最实在、最有效的管理精髓。例如,每月一次的升国旗仪式,在黄金龙看来,这不仅仅是一种宣扬爱国主义的表现形式,更是生活中不可或缺的精神支柱。

在这种环境中,"东南香"这个"聚宝盆"已经开始稳定蓄金。然而,黄金龙的动作并没有停止,他继续创新实施"公司+技术+组织(中介)+农户+基地"的"订单农业"模式,继续调配不同口感和品牌的大米……今年,是莆田市东南香米业发展有限公司的"持续进取年",黄金龙也把自己的奋斗方向瞄准了"深圳证券交易所中小板块"。我们相信,在不远的将来,一个实力雄厚的上市公司就会在中国的东南沿海冉冉升起。

> 对 话

东南香：完美利用每颗稻谷

问：为降低成本，很多大米加工企业都选择在大米原产地建厂，为何东南香却选择在销售地建厂？

黄金龙：对于一个企业来说，最重要的是市场，有了市场还怕没有原粮吗？福建是一个粮食需求大省，在这里建厂，更有利于抢占福建的大米市场，满足消费者日益变化的消费需求。

问：如今大米市场出现了很多著名品牌，市场竞争也越来越激烈，东南香依靠什么在激烈竞争中取得成功？

黄金龙："质量"。"以优取胜"是我们的经营管理理念，我们用优质的产品去拉顾客的手，去拴顾客的心，去占领东南沿海的"半壁江山"。"东南香大米，每一颗都是健康单元"是我们的生产经营口号，也是我们对社会的庄严承诺。

问：不少企业为增加抗风险能力，都采取了跨行业多种经营的多元化发展形式，为何东南香却一直围绕稻谷做文章？

黄金龙：一粒稻谷可以做什么？不同的人有不同的看法。有的人说可以做米雕，有的人说可以做爆米花，更多的人想到做米饭，但我认为一粒稻谷的全身都是宝。谷壳燃烧后可以做活性炭，谷糠可以作饲料，而大米，除了解决温饱问题外，还可以提取当下流行的木糖醇。专注才能专业，我们就是要做好稻谷产业链的延伸，走规模化发展之路，以规模化提升企业发展的竞争实力和经营效益。

问：东南香下一步的发展规划是什么？

黄金龙：人无远虑，必有近忧。要把东南香做大做强，必须走深加工发展，必须延伸产业链，必须发展高新技术产业。多年来，我们坚持与科研院校以及专家进行院企联谊，着手新产品研发，为资源的合理利用与新品种的开发提供各项支持。目前，我们正准备对企业进行大规模"充血"，引进高端知识人才，也为下一步上市作准备。

问：现在您的头衔很多，又获得很多荣誉，您怎样定位自己的角色？

黄金龙：说到我的头衔，真是不少，如省人大代表、企业董事长、总经理、市企业家协会理事、省粮食行业协会副会长，等等。但是，我始终认为我是一个农民，只是一个普通的劳动者。

李先国：
"拼"出宿迁粮食新图

· 胡增民 ·

人物简史

李先国，汉族，1953年7月出生于江苏省宿迁市，1974年12月参加工作，1976年10月加入中国共产党，大专学历，经济师职称，2005年12月至今任江苏省宿迁市粮食局党组书记、局长，曾当选第八届、第九届全国人大代表，江苏省第六届政协委员，荣获全军英模、江苏省劳模、全省精神文明标兵、全省优秀共产党员、全省勤政廉政好干部等荣誉称号。

在他的人生历程中，没有什么惊天动地的豪言壮语。他也不会故作姿态地夸夸其谈，有的只是拼命苦干、实干。

他与粮食有不解的缘分，他用"爱拼才会赢"激励自己，在他的带领下，一个"全国知名、江苏领先、淮海经济区一流"功能完善的粮食物流中心正在苏北大地崛起⋯⋯

"我这辈子真的与粮食有缘,16岁开始到泗洪扛粮食卖;20多岁用自行车驮粮食卖,那是为了全家生活;30多岁用汽车拉粮食卖,那是为了筹资办厂,带着乡亲走致富路;50多岁建设宿迁粮食物流中心,用火车、轮船运送粮食,为的是发展宿迁粮食产业化。"江苏宿迁市粮食局党组书记、局长李先国动情地告诉我们。

年近六旬的李先国,浓眉大眼,身材魁梧,颇有将军风度。他给人的第一印象是,说话真诚淳朴,做事激情无限。

至情至善的退伍兵

1980年10月,李先国脱下他穿了6年的绿军装,回到了阔别的家乡。

20世纪80年代初,当地还没有分田到户。至今他还清楚地记得,退伍回来的当天,母亲到隔壁邻居家借了点油和面,给他做煎饼吃。他当时感觉心里很不是滋味。

路在脚下,事在人为。接下来,他几乎倾尽了全部的退伍费,花130元买了辆自行车,来往穿梭在安徽的灵璧、怀远、宿州之间。他用当地的大米换回大豆,用1公斤大米换1.2公斤大豆,出去载的是亮晶晶的大米,回来驮的是黄澄澄的大豆,然后他把大豆卖给豆腐坊,1年的行程是1.5万多公里。

李先国对我们说,那时他的自行车超负荷运载,几天就要换一条内、外胎。后来,因在部队开过车,乡砖瓦厂正好缺司机,乡里就让他开汽车。转眼到了1981年,随着农村大包干的兴起,李先国承包了这部汽车。由于能吃苦,仅用了两年时间,他就成了当时县级宿迁市的第一个"万元户"。乡里为他披红戴花,称其为"致富能手",并在全乡作报告。

1983年10月,他盖起了9间新瓦房,这在当地绝对是"凤毛麟角"。房子落成时,街坊邻居都前来祝贺喝喜酒。当李先国看到来人中有一些残疾人、军烈属等贫困户时,心地善良的他心里像打翻了五味瓶。于是,一个念头在他的脑海里油然而生。在那"车轮一转,县长不换"的年代,他不顾家人亲戚等的阻挠,毅然告别了砖瓦厂,回到村里兴办了一个水泥预制福利厂,以招收村上的"可怜之人"为主。

随着福利厂的业务逐渐红火,李先国很想拥有一部属于自己的汽车。年轻气盛的他怀揣筹集到的3万元钱来到江苏省政府,想找时任省长的顾秀莲给批辆汽车。他在省政府门口徘徊了两天,门卫就是不让他进。回到旅社,心血来潮的李先国给顾省长写了一封"求助信",诉说了自己想买车的愿望。半个多月后,顾省长批示给他解决一辆平价南京跃进卡车,当时李先国兴奋地蹦了起来。

也许是李先国命中和粮食有缘分,在保证福利厂用料的同时,他想了个拿细粮换粗粮的招数,把本地的大米拉到山东潍坊,用1公斤大米换回2公斤玉米,3天跑一趟,一趟能赚千把块钱。

李先国是一个富有爱心的人。当时的福利厂40多名工人中,残疾人占了16个,但水泥预制是个重体力活,残疾人不太适应。于是,1986年,头脑灵活的李先国又改行了,与上海春绿化妆品厂合作,贴牌生产化妆品。这样,残疾人劳动强度大大降低,还没有危险。

李先国帮贫致富的事迹不胫而走,很快成为江苏省委组织部、省军区、省民政厅的典型。1987年,他被评为全军英雄模范,省军区专门派人到宿迁为他授奖。1989年,组织上提拔李先国任三棵树乡党委副书记,他从此走上了从政的道路。临上任前,他把价值66万元的福利厂无偿捐给村里,他的这种壮举,又为他戴上江苏省劳动模范的"桂冠"。

17年后再续粮缘

李先国真的是和粮食有缘分,在他从事了17年的地方党政工作后,2005年12月30日,宿迁市委任命李先国主政市粮食局。当时的宿迁市粮食局,刚经历过一场改革的阵痛,粮食部门社会影响力下降,很多人认为,粮食部门可有可无、无事可做。办公楼建起来后却因无法还债被卖掉了,粮食局只好借用市财政局8间房办公。全市110多个乡镇粮管所破烂不堪,办公环境和经营状态是一个方面,更难以接受的是人们异样的眼光。

2006年年初的一个傍晚,天空飘洒着细碎的雪花。李先国漫步大运河边,那雪地上的脚印清晰而扎实。风雪中,李先国越想劲头越足。很快,宿迁市粮食物流中心规划蓝图精彩亮相:集中全力打造1310工程。"1"是在市区建一个集粮食仓储、粮食加工、港口中转、市场贸易、物流配送、粮食文化博览为一体的综合性的物流园区;"3"是在3个县建3个粮食产业集聚区;"10"是在三县两区建10个粮食中心库。其中,粮食物流中心规划面积2000亩,总投资约15亿元,工程分三期建设。

激情在创业中"燃烧"

一个人创业的激情一旦燃烧,那种旺盛的动力势不可挡。李先国提出的发展框架,许多人持怀疑态度。在一片质疑声中,李先国开始奋力推进这一发展思路。到单位报到后,李先国没有开什么大会,也没有惊天动地的宣言。他和局机关及粮食系统有关企业负责人见面后,就扑下身子跑市场、搞调研、找对策、摸路子。

宿迁市三县两区都是全国商品粮基地,659万亩耕地,每年产粮35亿公斤左右,商品粮在20亿公斤,粮食资源十分丰厚。可本地每年仅有2.5亿至3亿公斤加工规模,另有15亿多公斤粮食流到外地加工增值。

李先国跑了不少国内知名的粮食深加工企业。北京的金田国际食品有限公司,两年内他去了6次;世界500强中粮集团、益海嘉里集团,河北华龙面业集团有限公司、河南莲花味精股份有限公司、上海上好佳(中国)有限公司、郑州思念食品有限公司、五得利面粉集团有限公司等企业,都留下了李先国坚实的脚印。在李先国的主导下，经粮食局党组研究决定，用3~5年时间，建设一个国内知名、省内领先、苏北一流、服务功能强、辐射范围广，在淮海经济区具有一定影响力的综合性粮食物流中心。

定位准确，规划美好，关键的是钱从哪里来？有人说，李先国是头脑发热，物流中心是"水中月镜中花"。2006年初春的一个夜晚，粮食局会议室灯火通明，会议从晚上7点一直开到深夜11点多。烟头塞满了烟灰缸，饿了，每人1袋饼干、1瓶矿泉水。正是在这次被戏称为宿迁市粮食局的"三中全会"上，"市区共建，苏宿联建，企业参建，招商引建，老库置换，政策扶持"的24字物流中心建设思路出炉了。

在"筹钱之旅"中，有个李先国24小时两去北京的故事。2007年9月4日上午，为了争取国家资金扶持，李先国带着方案去北京接受国家发改委评审。初审发现个别项目材料不规范，专家评审的时间是9月6日上午。"原定评审日子不变，我回去补充材料"。李先国连夜赶回1000公里外的宿迁，和同事一直忙到凌晨4点。9月5日上午10点，当李先国准时出现在国家发改委大楼时，一位领导激动地对他说，两天两次跑北京，你的敬业精神太让我们感动了。随后，宿迁成为国家首批粮食物流中心的扶持对象。

建"中国粮食城"并非神话

古老的大运河特别钟情于宿迁，自北向南奔流而下，故意在宿迁拐了个弯。这个美丽的拐弯处七号运河大桥南侧，短短的3年多时间，神话般地"长"出一座令全国瞩目的粮食城，这就是宿迁粮食物流中心。然而，3年多前，这里还是一大片茅草地。

李先国一班人的24字粮食物流中心建设思路，实在、实际、实用，每个思路都伴随着精彩纷呈的步伐。就说市区共建这一条，宿城区委看准了粮食物流中心强大的市场生命力和辐射力，投入4000万元，为一期工程建好基础设施。仅在河滩洼塘就铺垫了40多万立方土，争分夺秒奋战8个月，做到了通水、通电、通信、通宽带、通天然气、通路"六通"标准，为首期进园企业打下了良好的基础。

招商引建的故事，更是激动人心。宿迁市委书记张新实在粮食局建设物流中心报告中批示，没有龙头企业带动的园区是没有希望的。市长缪瑞林多次对粮食物流中心的建设提出要求。李先国铭记于心，眼睛一直盯着全国乃至世界的大企业。五得利面粉集团是全国制造业500强、食品行业100强企业，李先国先后6次去拜访，讲宿迁的粮食资源优势，说宿迁优越的投资环境，谈粮食产业的发展前景，终于使五得利集团在园区投资1.3亿元，其建设的第一条日产1200吨面粉的生产线已投产，第二条生产线正在准备中。

李先国全身心地扑在物流中心建设上，他像一部不知疲倦的马达，高速运转，从不减速。司机周硕岩说，开车20多年，没见过一个单位一辆小车两年跑了19万公里。我们无意中发现，小车中一本中国交通地图册已经卷角发毛，这是李先国经常翻看的结果。

李先国看着物流园区一天天成长，只要不出差，他是每天到工地最早走得最晚的领导，查看工程，解决问题。我们注意到一个细节，他的皮鞋没有一点光亮，还带着泥土。宿迁市宿城区委常委、宿城经济开发区党工委书记张联东对我们说，李局长把物流园当成了自己的孩子，一天不见心里就放不下。

江苏省粮食局局长王元慧曾经告诉我们，宿迁粮食物流园的最大特点是在全省起到了示范作用，是全省第一个产业园，而且建设速度快，仅用一年多一点时间就初具规模。王局长还说，宿迁的艰苦创业精神值得我们学习，要说困难，宿迁比谁都困难，李先国能办到的事，其他地方也能办得到。

对 话

从"江苏领选"向"全国知名"跨越

问：从您身上能看到"团结奋进、敢试敢闯、务实苦干、自立自强"的"宿迁精神"，其动力源自哪里呢？

李先国："宿迁精神"深深地影响了我，这一点毫不夸张地说，多位市领导曾经这样对我讲："老李，你是一头'老黄牛'。"我这个人说话快言快语，做事雷厉风行，走路疾步如风，工作是个"急性子"，这是我的个性，也是宿迁粮食产业发展等不得、慢不得的迫切形势要求，我想这应该也是"宿迁精神"的体现吧！

问：您原来提出的物流园建设目标是"江苏领先"，后来又提出了"全国知名"，请问您的依据是什么？

李先国：第一，政府支持力度加大。园区面积由开始的1000亩扩大到2000多亩，发展空间增大了。第二，通过两三年的苦干实干，已经积累了一定经验，园区前景很好，我们有信心、有能力向更好的方向发展。第三，有国家和省里的大力支持。最近国家、省又支持了我们700万元，同时，省里把我们园区列入了沿海发展战略，将打造成省特色产业园区。

问：您2010年已经58岁，快到退休年龄了，但还这样为粮食事业拼搏，那么支撑您竭尽全力建设宿迁粮食物流园以及市县联动的1310工程建设的信念是什么？

李先国：正因为我工作的时间不长了，我才拼命地干，为党和人民多做些事情，我退了以后也心安理得。如果不干工作，就是失职，退下来以后就有愧，既愧对组织也愧对自己。当年我和华西村的老书记吴仁宝交谈就有共识：一个人来到世上就这么几十年，一定要做点事情，我们是修理地球的，要在地球上留点痕迹。所以，越是我面临退休，我越感到时间的珍贵，只要组织上一天不宣布我退休或退居二线，我就要干好每一天。

丹志民：
"五方得利"领军中国面粉加工

·徐文正·

人物简史

丹志民，回族，1968年4月出生于河北省大名县大名镇，当选河北省第十届政协委员，现任中国粮食行业协会副会长、五得利面粉集团有限公司董事长。

1986年7月至1989年7月，在大名县永红机械厂工作；1989年，参与创办五得利面粉厂；1996年，成立大名县五得利面粉有限公司，任总经理；1999年4月，组建五得利面粉集团有限公司，任集团董事长至今。

历史上，大名人因为鼎鼎大名的大名府而骄傲；如今，大名人因为不断壮大的五得利而自豪。短短21年时间，从一个小小的面粉加工作坊，成长为全国最大的面粉加工集团，五得利飞速的发展，备受世人的瞩目。

1989年，五得利面粉集团的前身——五得利面粉厂成立。当时，它只是一个日加工量15吨的面粉小作坊。2009年，五得利面粉集团恰逢20周岁生日。如今，它已经发展成为日加工量1.35万吨，拥有9家子公司、32条生产线的全国最大的面粉加工集团。

历史上，大名人因为鼎鼎大名的大名府而骄傲；如今，大名人因为不断壮大的五得利而自豪。短短21年时间，从一个小小的面粉加工作坊，成长为全国最大的面粉加工集团，五得利飞速的发展，备受世人的瞩目。

问起五得利迅速做大做强的原因，公司董事长丹志民如此总结："我们一靠走专业化、规模化经营道路。面粉行业是一个微利行业，做大才有竞争力，做大才能做强。二靠原料资源优势、地域优势和先进的制粉工艺和生产设备。三靠一支精干的员工队伍和坚强有力的领导班子。"

"凤凰涅槃"扩规模

当过村办机械厂员工，做过小磨香油生意，还干过铸造工人的丹志民，最终还是在面粉加工行业闯出了一片天。1989年，尝试了多个行业之后，年仅21岁的丹志民在其父亲的带领下，与姐姐、弟弟共同创建了新市场面粉厂，开始与面"结缘"。

当时的面粉厂很小，日加工小麦仅有15吨，是一家名不见经传的家庭式小面粉作坊。厂子建起来了，面粉却卖不出去，而粮食原料又收不上来，怎么办？丹志民苦思冥想之后，找到了一个办法——换面。多少公斤粮食换多少公斤面，只收加工费，并且加工费比其他厂家便宜一半，这样一来面粉厂有了加工原料。

1991年，随着生产规模的扩大，五得利开始把多生产出来的面粉拉到邯郸去卖，从此把以换面为主调整为以卖面为主，并首次正式使用"五得利"商标。质优价廉的面粉、优良周到的服务，使"五得利"牌面粉逐渐占据了当地市场，在当地小有名气。为了打开面粉销路，丹志民亲自到各地粮店去推销，靠着实惠的价格和可靠的质量，公司渐渐步入正轨，销量不断增加，面粉厂也赚取了创业后的第一桶金。

1992年，"五得利"牌面粉正式进入石家庄、天津市场。随着销路的逐步打开，丹志民觉得面粉车间的加工能力已明显不足，于是就投资20万元，兴建了日加工能力40吨的第二车间。1993年，五得利面粉首次进京，开始与众多知名品牌面粉竞争首都市场。过硬的质量、良好的信誉，很快使五得利面粉在北京的销售量直线上升，并远远超过了其他品牌面粉。随着销量的增加，紧接着，酝酿中的五得利面粉一厂在1993年6月破土动工，4个月后开机投产，投产即见效益。

进入1995年后，五得利的发展更是驶上了快车道，首先是年初对一厂的设备进行技术改造，使日加工面粉的能力首次达到100吨，面粉品种也从以前的单一品种发展到4个品种。1996年，随着规模的不断扩大，丹志民申请成立了五得利面粉有限公司，并任总经理，开始了更快的发展步伐。1997年随着市场需求量增大，丹志民又建了第二面粉厂、第三面粉厂，引进两条日加工能力250吨的生产线。

为了适应现代企业的发展需要，1999年，在五得利人的共同努力下，五得利面粉集团有限公司应运而生，丹志民出任公司董事长，负责集团的全面工作，并侧重企业扩建、营销和涉外工作。2000年五得利又建成了四厂、五厂，并改造了生产工艺和设备,使日加工能力首次突破1300吨,产品质量和效益都有了大幅度的提高。在企业的一步步发展壮大中,丹志民在面粉行业开创了一片蓝海。

走出去"织网"

企业规模的不断壮大,对原料提出了更高的新要求,当地的小麦资源已经无法满足需要。民以食为天,面粉产业市场前景广阔。面对原料难题和市场"诱惑",丹志民及其他公司创办人大胆选择了另一条发展之路:继续扩大规模,而这次不是在当地,而是积极实施"走出去"战略,异地办厂,把公司触角延伸到外地去。

异地办厂,是五得利踏入迅猛发展时期、实现全面振兴的关键点。经过多方考察和论证,1999年年底,五得利集团第一个外地子公司——深州面粉公司开始筹建,设计日加工量500吨。经过近一年的建设,于2000年年底建成投产。它的成功创办,更增加了五得利决策层阔步发展的信心。深州面粉公司的成立也使五得利第一次启用"职业经理人"参与企业的经营决策,使得公司的管理更加规范和合理。

2001年,为了寻求更大的发展,公司在山东省东明县成立了公司的第二家外地子公司——东明面粉公司。如果说深州面粉厂是走出大名的话,那么东明的建厂,使得五得利走出了河北,实现了真正意义上的"走出去",将面粉加工规模由点变成了网。2002年又是五得利发展史上的一个里程碑。这一年丹志民以非凡的勇气和过人的胆识为五得利的发展写下了更为精彩的一笔,投资8000万元在东明、深州建第二车间。至此,五得利凭着日加工能力3000吨面粉跻身中国面粉行业的前列。

海阔凭鱼跃,天高任鸟飞。为了做大企业,为了向质量和数量的规模发展,充分利用中原地区原粮的地域优势,丹志民及其他公司领导人以前瞻的眼光审时度势,在2004年到2006年的两年间,分别在河南的小麦主产区新乡和周口两地建成投产日处理小麦都为1000吨的生产线,其中新乡是两个1000吨的车间。2006年整个集团实现销售收入33亿元,生产规模、效益均居全国面粉行业第一名。

丹志民经常说这样一句话,面粉行业是一个微利行业,做大才有竞争力,做大才能做强。所以,为了更大的规模,从2008年到2009年的短短两年间,公司先后进军西北和华东地区,分别在陕西咸阳和江苏宿迁、兴化建成日加工1000吨的面粉厂,在周口公司再上一条1000吨的生产线。2010年5月,又并购了邯郸赵县公司的500吨车间。至此,五得利已成为拥有9个子公司、18个现代化制粉车间、32条生产线、日加工小麦1.35万吨的面粉制粉企业。下辖诸公司分布在全国的五省九地,均是小麦主产区且是国家级优质小麦生产基地,由此形成了一个辐射全国的优质小麦加工网。

现在,即将投产的河北雄县好面缘面粉公司,将是五得利集团的第10个子公司。公司设计两条日加工量为1000吨的生产线。项目建成后,年加工小麦70万吨,年产值13亿元,利税5000多万元。五得利向着更大的规模、更高远的目标飞翔。

"五方得利"跨越发展

从日加工能力15吨发展到今天的1.35万吨,"五方得利"独具特色的经营理念,使一路走来的五得利从一滴水终汇成了一条江,并驶向了更为宽阔的海面。问起"五得利"名字的由来,丹志民向我们讲起了他儿时听过的一个故事:古时一对夫妻开肉饼店,嫌店小二做的肉饼太大怕赔钱就想辞退他。店小二知道后很生气,做的肉饼更大了,这样一来店里生意反而越来越火,肉饼大了不但不赔钱还赚了不少。这个故事给丹志民的父亲很大的启发:只有顾客得利了生意才能发展,只要惠及四方,泽及乡邻,企业就可能做大做强。于是,就给面粉厂起名"五得利"。

正是有了这样的经营理念和宗旨,五得利能不断发展壮大就不难理解。其实这不但是五得利发展壮大的力量和源泉,更是五得利的灵魂和一直以来成功的秘诀所在。丹志民在企业发展过程中,始终秉承"五方得利"的经营宗旨和企业理念,努力学习先进的管理方法和生产技术,积极总结营销经验和扩大生产规模,借助国家鼓励民营企业发展之东风,施行自我滚动式发展。五得利集团先后获得"农业产业化国家重点龙头企业"、"中国食品工业最具成长性民营企业"、"中国食品工业百强企业",五得利面粉被评为"中国名牌产品",五得利商标被国家工商行政管理总局商标局认定为"中国驰名商标"。

"问渠哪得清如许,为有源头活水来。"丹志民经常告诫员工:"创新是一个企业生生不息的源泉。只有创新,企业才能长足发展,只有创新,企业才会长盛不衰;只有创新,企业才能永葆青春。"在丹志民的指导下,五得利开展了全方位的创新,不仅体现在科研和技术上,而且体现在诸如产品创新、制度创新和理念创新上。

制度的创新,使五得利的管理体制成功转型,为公司做大做强奠定了基础。在发展过程中,公司完成了从"家庭式管理"向"现代企业管理"的体制转变,采用了先进的现代企业管理模式——A管理模式,并在借鉴经验和吸取精华的基础上,结合五得利实际,共同建立了一整套富于五得利特色的管理模式——"五得利管理模式"。人是成就事业的根本,通过多年实践,公司建立了一套灵活长效的员工激励机制,给员工施展才华提供了广阔空间和发展平台,形成了"感情留人、事业留人、薪酬留人"的制度,使五得利集团拥有一支高素质的员工和管理队伍,解决了发展中的人才瓶颈问题。

目前,五得利产品畅销北京、天津、哈尔滨、广州、成都、乌鲁木齐、深圳等300多个大中城市。同时,"五得利"牌面粉出口俄罗斯、蒙古、朝鲜、缅甸等国家;美国加州牛肉面、马兰拉面、狗不理包子等知名品牌均采用五得利专用粉加工制作。五得利集团平均每天面粉产量近万吨,产销率达100%,2009年实现销售收入78亿元。

将参与经营的五方组成一个利益共同体,实现"五方得利"。正是这一独特的理念参与到企业经营相关的各方,组织成有机的利益共同体,使企业在"农户愿卖、客户愿买、员工愿干、国家鼓励、企业发展"的良性循环中发展运行,使企业实现了和谐稳定、超常规跨越式的发展。

对　话

钟情制粉打造专业化面粉企业

问：请问"五方得利"的含义是什么？

丹志民："五得利"既是我公司名称、商标，又是经营理念、公司宗旨。"五方得利"意为客户得利、农户得利、员工得利、国家得利、企业得利。

问：您怎么看待企业文化？

丹志民：企业文化是指集合企业全体员工的智慧，共同制定的企业员工的行为准则，是企业员工共同遵守的准则。基于此，五得利集团经过20年自我滚动式发展，全体员工在长期的生产经营活动中培养形成了独具特色的五得利企业文化。

问：这些特色表现在哪些方面？

丹志民：这些特色可以从我们企业的理念上得到体现。五得利目标：做强、做大、做久；五得利精神：创新、务实、团结、奋进；五得利作风：堂堂正正做人，勤勤恳恳做事；五得利经营理念：五方得利，创造共赢；五得利市场观：只有落后的思想，没有饱和的市场；五得利财富观：君子爱财，取之有道，勤是摇钱树，俭是聚宝盆；五得利发展观：物竞天择，优胜劣汰，适者生存。

问：为了更大的利润现在很多企业都在打造产业链，五得利在这方面有何突破？

丹志民：面粉产业是个薄利行业，更应该在面粉产业链上做文章。我们其实在发展中也做了多方面的尝试，比如我们也做了小麦胚芽油，但是当时技术还不太成熟，就退出了。我们现在主要做的是挂面，日产300吨的两个挂面车间已分别于2006年6月和2008年9月投产，产品上市后销售前景很好。

问：目前，五得利已经是中国最大的面粉加工集团，接下来的目标是什么？

丹志民：五得利的近期目标是把企业做大，使企业在稳定、持续、健康发展中迅猛扩张，在现在已经实现日处理1.35万吨的基础上，2015年实现日处理小麦2万吨的目标。

问：那长远目标呢？

丹志民：五得利的长远目标是做强、做大、做久，把企业办成"百年老店"。致力于"世界最大面粉企业"的目标，努力使五得利成为管理科学、技术领先、规模宏大、效益一流，具有较强文化凝聚力和品牌影响力的现代化企业集团。

丹志民："五方得利"领军中国面粉加工

郭道雄：
打通汉产芝麻油的全国路径

· 闫 巍 ·

人物简史

郭道雄，1968年出生于湖北省武汉市蔡甸区，现任武汉福达食用油调料有限公司董事长。在郭道雄的率领下，武汉福达食用油调料有限公司连续被评为"省级重点龙头企业"、"湖北省著名商标"、"湖北省名牌"、"全国芝麻油行业前三强"等称号。

创业之初，举步维艰。没有资金，郭道雄借遍所有亲戚，筹措了5万元；没有厂房，他租下废旧仓库粉刷一新；没有技术，他高薪请来高级技工。

郭道雄的志向是：用最好的芝麻生产出最好的芝麻油，让全世界的人都来分享其美味和营养。

走进武汉福达食用油调料有限公司董事长郭道雄的办公室,有两样饰品吸引了我们的目光:芝麻雕塑和水晶地球仪。

靠芝麻油打天下的郭道雄,最爱的植物是芝麻。全世界最好的芝麻在中国,中国最好的芝麻在湖北,郭道雄的志向是:用最好的芝麻生产出最好的芝麻油,让全世界的人都来分享其美味和营养。为了实现这个理想,郭道雄已风雨兼程地走过15年。

创业不利　连遭打击

大凡成功者都不会屈服于命运,郭道雄也从磨难中练就了自强精神。12岁时,由于父亲不幸去世,家境更加贫寒,念到初中毕业,郭道雄觉得自己应该赚钱养家了。

1984年,郭道雄瞄准家门口那一大片闲置水塘,先花20多元钱买了200只小鸭子在水面上放养,又做了网箱打算在水底养鱼。鸭子渐渐长大,郭道雄高兴极了,幻想着赚钱之后,买一部相机和一辆自行车,去周游全国。可是有一天,鸭子跑到了别人的稻田里,田里洒了专门防鸭子的农药,结果鸭子被毒死了一半。

这给郭道雄的心灵带来极大震撼,他暗自发誓:我一定要走出农村,出人头地,再回来改变农村落后的面貌和意识。一个偶然的机会,郭道雄进入保险公司做起了销售员。这个工作需要营销人员有一定的社会关系,这对17岁的郭道雄来说困难不小。

但是郭道雄一点也不气馁。他跟着一些年龄较长的同事一起跑业务,帮忙拎包、跑腿,目的只有一个:学习待人接物、谈判推销和维护客户关系的技巧。与此同时,他私下里自学了所有高中课程和保险专业知识。也许是努力的结果,也许是因为年少、老实更容易赢得客户的信任,一年之后,郭道雄的业绩居然做到了公司前几名,客户群渐渐稳定下来。

但是,当时蔡甸毕竟是个小县城,买保险的单位有限,郭道雄的销售业绩很难再有突破,他开始思考如何把业余时间利用起来多赚点钱。 1989年,有朋友说煤的利润很大。于是,郭道雄凑了一笔钱,利用节假日到阳新县进了一批煤,运回蔡甸卖。没想到,第一批煤刚卖出去就出了问题:客户反映这煤不好烧,要求退货。郭道雄当即就傻了眼,最终他将这批煤以低价处理给了一个家具厂。

至此的投资让郭道雄得到一个教训:做生意前一定要做好市场调查,决不能道听途说盲目投资。这个教训在他以后开加工厂、办公司、做大企业的过程中起到了关键作用。

找准方向　做大芝麻油

武汉市蔡甸区盛产芝麻,蔡甸芝麻油也是出了名的香。20世纪90年代初,随着市场经济的发展,蔡甸那些生产芝麻油的加工厂,日子却越来越难过。由于没有品牌、生产规模有限,一些芝麻油厂的销售状况非常糟糕。

1993年,郭道雄开始利用业余时间代理一家芝麻油厂的销售工作。多年推销保险的经验在这时起了作用,郭道雄积极和武汉几个食品批发市场联系,几笔订单很顺利地谈了下来。第二年,受产业结构调整影响,武汉市场上的芝麻油价格一度出现上升趋势,蔡甸市场上的芝麻油价格仍处于低位。郭道雄看准机会,当即大量购进一批蔡甸芝麻油,进行独立包装,转手卖到武汉市场,大赚了一笔。此后,郭道雄开始留意食用油市场的发展前景。

经过一年多的观察,郭道雄觉得食用油和调味品市场大有潜力可挖。他认为,中国调味品市场的发展潜力十分巨大,正在进入一个快速的发展阶段。城镇居民食品结构趋向营养、丰富、合理、科学,食用油和调味品已开始成为家庭食品消费中的重要组成部分。

1995年,27岁的郭道雄创办了蔡甸区福达小麻油厂,注册商标"福达坊"。企业成立之初,举步维艰。没有资金,他借遍所有亲戚,筹措了5万元钱;没有厂房,他租下废旧仓库,精心粉刷一新;没有技术,他高薪请来高级技工。为了掌握技术,那段时间郭道雄几乎每天都和师傅泡在一起,学习压榨技术。常常是为了解决一个问题而反复试验、改良,连续几天待在厂里不回家。"要做的事情,一定要做好。别人能办到的,我也一定能办到",每天郭道雄都默默念着这句话给自己打气。凭着一种创业的激情,凭着一股永不服输的韧劲,足足实验了90多天,企业终于生产出自己的产品。郭道雄也由一个门外汉变成了一个能够动手改良设备的技师。为了节约成本,郭道雄带领职工用自行车送货到武汉三镇,目标是竹叶山、小东门、宗关、集家嘴、舵落口等大型调味品批发市场。质优价廉的产品受到认可,很快打开了市场销路。

1998年,郭道雄开始考虑如何进一步扩大市场,也就是说产品要进入大小超市。为了作好准备,他进行了艰苦的市场调查。每天早晨,郭道雄和两名员工分头行动,到武汉各粮油销售点进行摸底调查,看哪一种食用油的销量好,掌握第一手的资料。1999年春,企业率先在武汉市区设立办事处,目标很明确:瞄准全国大中型超市,以武汉为基地向外围扩张。但是推广的过程并不容易。当时因资金有限,郭道雄和员工每天骑着自行车到各超市和便利店上门推销。由于产品的知名度不高,大型超市的门槛很高,进驻超市的计划一再受阻。于是,郭道雄一方面采用低利润策略,让利给商家,另一方面在各大媒体打出广告,最终将芝麻油送上了超市的货架。

随着销量的大幅增长,为了把企业做大做强,福达小麻油厂不断引入新的企业管理理念,制定良好的销售计划,使企业得到快速、健康、持续的发展。"同样的价格我们质量更好,同等的质量我们价格更低",成为企业信奉的营销理念。

与"市"俱进　加紧扩张

企业只有不断发展、不断创新,才有旺盛的生命力。面对良好的经营形势,郭道雄并没有就此满足,而是瞄准了更高的奋斗目标。2000年,福达小麻油厂搬迁到汉阳经济开发区陶家岭,并经武汉市工商行政管理局核准,正式注册为武汉福达食用油调料有限公司。

当时,公司全体员工平均年龄不到30岁,凭着吃苦耐劳的精神、过硬的产品质量和诚实守信的经营理念,通过共同努力,公司建立起较完善的销售网络,市场销售区域迅速扩大,生产经营规模也上了一个新台阶。2000年秋天,郭道雄带着公司研发的"福达坊"系列产品参加了一个食品类博览会。会展期间,由于太拥挤,一名顾客不小心撞倒了"福达坊"展台上的一瓶芝麻油,一时油香四溢。一些逛展会的市民闻香而至,掏钱购买,结果公司不得不临时调货到展会现场。展会过后,国内一些知名食用油生产厂家开始找上门来洽谈合作业务,并将他们的产品委托给福达公司加工。同时,不少经销商也主动找上门来,要求代理产品。由此,公司业务迅速向外省扩展,产品走出武汉,向西销往新疆、甘肃、陕西,向南畅销湖南、海南,向北到达山西、河南、东北三省,向东延展到山东、江苏、浙江、福建等地。

郭道雄没有沾沾自喜,他察觉到行业"洗牌"刚刚开始,市场竞争也将愈发激烈。而中国人口众多,生活习惯区域差异很明显,俗话说"众口难调",再好的美味要把全国市场"通吃"是不可能的。根据调味品这一特点,他率领团队抓住机遇,不断进行成熟产品的工艺改进,加快产品结构的调整以及相关新产品的开发,形成产品鲜明的特点和卖点,使公司食用油系列和调味品系列产品向个性化、方便化、多样化、礼品化方向发展。

对市场调查情有独钟的郭道雄说:"每开发一个产品,每实施一次营销计划,都要事先调查,一切以消费者满意为准。产品上市之后,还要进行市场反馈,反响不是太好的果断淘汰。"随着生产规模的上升和消费者需求加大,郭道雄市场调查的频率也由一个星期升至两三天,以至于每次逛超市他都习惯走向食用油货架,一待就是三四个小时。

芝麻开花节节高

郭道雄把成功之道归结于"实干"。可在外人看来,郭道雄的成功离不开"眼光"。郭道雄早在创业之时,便瞄准全国大中型超市甚至海外市场。全世界最好的芝麻在中国,中国最好的芝麻在湖北,让全球享受湖北芝麻的营养和美味,这不是件十分有意义的事情吗?于是,公司在加强产品研发的同时,以信誉为导向,以产品质量为保证,致力于树立市场品牌,建立了质量检验体系、质量控制体系及质量考核体系,使产品在外观色泽上和口感上达到了国内先进水平。

在市场开发方面,公司立足湖北市场,形成各个区域市场,以点带面,拓展全国市场,在成都、石家庄、重庆、沈阳、南京、福州等地成立了办事处。瞄准餐饮和超市,加大直销力度,同时加大终端服务力度,使得武汉市97%以上的超市都有"福达坊"系列产品,其中芝麻油产品一直稳居市场销量第一。值得一提的是,家乐福连锁超市由于对"福达坊"系列产品的质量及品牌的认可,已签订该连锁超市中西部地区所有卖场的直销合同。产品研制方面,福达公司坚持选用本地颗粒饱满、质地优良的上等芝麻,继承传统工艺,结合现代科技加工制成高质量的产品。公司生产的"福达坊"系列产品通过了权威部门的检验认证,属于纯自然的绿色食品。

　　一系列制度落实之后,郭道雄开始加快扩张步伐。2003年夏,成功收购武汉市生花小麻油加工厂,不仅全面接管该厂销售网络,填补市场空白,扩大市场占有率,而且一举成为武汉市最大的芝麻油生产厂家。接下来,在上海成立销售公司。2004年,"福达坊"产品开始远销欧美、东南亚及港澳地区。

对　话

福达:打造一流芝麻油品牌

　　问:听说您曾经在摸索制油工艺时"梦"得出油方法?

　　郭道雄:这事情发生在1996年我刚开始办厂时。当时,设备齐全,但是上好的芝麻喂进去就是不出油。好不容易挤出来,却只有一点点,简直像露水一样少。各种方法都想遍了,就是找不到解决方法。后来有一天,我睡觉做梦,梦到了芝麻要炒到175℃才能榨出油来。醒来后一试,香油像杯子倒水一样,从榨油机里源源流出。

　　问:做梦解决困扰多日的难题,这听起来多少有点不可思议?

　　郭道雄:日有所思,夜有所梦。那段时间为了榨出油来,我几乎天天守在车间,脑子不停想着解决办法,费尽了心血,思考到一定程度,晚上产生灵感,这也不足为奇。

　　问:管理企业这么多年,您怎么理解企业和人才之间的关系?

　　郭道雄:人才是企业发展的基石和保障,企业要做大做强,必须重视人才,培养人才,还要留住人才。作为企业,一定要会"笼络"人才。我经常说一句话:经营企业就是在经营人才。人才是企业发展的源动力,把优秀的人才留住了,你就会在行业内占领制高点。

　　问:"福达坊"芝麻油在第五届食品博览会上一"摔"成名,您怎么看待这件事情?

　　郭道雄:"福达坊"麻油一"摔"成名并不是偶然的。首先是武汉蔡甸区的芝麻品种优良,其次是公司上下都视质量为生命。所以,在2000年食品博览会上,"福达坊"芝麻油不小心摔碎后,芝麻油香弥漫开来,吸引看客驻足购买,这些都是源于产品的高质量。

　　问:您是怎样推广"福达坊"品牌的?

　　郭道雄:公司每年都投入大量资金,利用各种媒体进行广告宣传;以分公司、办事处、直销、分销等不同形式建立销售网络,健全销售工作流程;针对不同层次的销售人员进行不同的业务培训,以提高员工业务素质。

寇 淮：
成就"方欣"的学院派商人

·徐文正 徐莉君·

> **人物简史**
>
> 寇淮,1968年出生于河南省邓州市,2005年获中央财经大学经济学博士学位,现任河南方欣米业集团股份有限公司董事长、国家粮食局软科学项目专家。1998年以来从事投资银行工作,参与主持30多家企业改制、上市、重组及并购工作。

一边是掌舵河南省名牌米面加工企业的大商人,一边是握有国家粮食局重大研究项目的中央财经大学博士后;一边是高调将集团上市作为目标,一边是低调计划将来某天做个教书匠;一边是如日中天的事业,一边是十年如一日的学习习惯。种种充满矛盾的特质在这个名为"寇淮"的人身上水乳交融,自然得无懈可击。

拥有年加工各类油料作物9万吨的全自动油脂生产线、10万吨库容的粮食储备库及10万余亩的优质水稻种植基地,年生产能力达到39万吨左右,年销售总额在12亿元以上,方欣集团已经发展成为中原地区米面加工的龙头企业。然而,百度一下"方欣",在9200条链接中,我们只在一本名为《中国国有企业并购趋势与战略研究》的书里面,找到了不足百字的作者简介:寇淮,男,1968年生于河南邓州,现任方欣集团董事长兼总经理……

一边是掌舵河南省名牌米面加工企业的大商人,一边是握有国家粮食局重大研究项目的中央财经大学博士后;一边是高调将集团上市作为目标,一边是低调计划将来某天做个教书匠;一边是如日中天的事业,一边是十年如一日的学习习惯。种种充满矛盾的特质在这个名为"寇淮"的人身上水乳交融,自然得无懈可击。

"学院派商人"是我们在接触方欣集团董事长寇淮后最深刻的感受。从本科到硕士、从博士后到国家相关课题专家,从事了近20年专业理论学习和研究的他,如今不仅致力于国家粮食方面课题的研究,还身兼年产值12亿元的企业老板一角,狠抓企业科研能力为这两个角色的结合找到了落脚点。除了成功地践行"产学研结合"外,在寇淮身上,还有刻苦、执著、冒险、淡定……

"不能输给城里的孩子"

1968年出生在河南邓州的寇淮,在农村度过了快乐、自由的童年。

当讲到儿时与同村伙伴玩耍时,透过寇淮那双专注的眼睛,我们仿佛能够听到远山传来的爽朗笑声。爬高上低,寇淮和伙伴们喜欢种种刺激、新奇的玩法。一次,他们兴冲冲地聚在村头的水井旁,小伙伴眼里这个"胆子特别大的家伙"又将"以身试险"。寇淮顺着井绳,扒着砌井砖头间的那点缝隙一点一点往下爬,而脚下是谁也不知道深浅的一汪水。在父亲闻讯匆匆赶来之时,机灵的寇淮早已麻利地溜走了。乡下毫无拘束的生活,让寇淮拥有了乐于探索、敢于冒险的胆识,这为后来他的奋斗史埋下了伏笔。14岁那年,寇淮进城读书了。城里的热闹繁荣、教室的窗明几净给这个农村娃带来了极大的冲击。以前在村里,常常几个月见不到老师的踪影,遇到麦收等农忙时节,学校就干脆全体放假。一直没有享受过正规教育的寇淮来到城里后,很快就下了决心:一定要刻苦学习,要通过自己的奋斗过上好日子,一定不能输给城里的孩子。

当时,这个有着明确抱负的孩子,日子过得很单一:放学后就立刻赶回城郊亲戚家,饭后就是看书学习,不和同学玩耍,也不看武侠小说。刻苦换来了成绩的优异,每逢考试,寇淮必将同学甩在身后远远的。在高二升高三的头一次考试中,寇淮依旧将所有人甩开很远。没有人知道,当高二大家都在玩耍时,寇淮已经提前将高三的课程学习过一遍了。

提前着手做有明确目标的准备工作,不浪费一分一秒时间去刻苦学习。在讲到当时成绩优异的秘诀时,寇淮显得十分得意和认真。寇淮说:"直到现在,我一直没有停止过学习,学习是一辈子的事情。"

蓄势待发　梦想照进现实

大学毕业后,寇淮被分配到了南阳市地方税务局工作。平日鲜有事情做、提干要排资论辈,这让当了几年学生干部、极有想法的寇淮感到了乏味和失落。寇淮没有选择抱着铁饭碗过安逸的生活,而是通过自学攻读了硕士和博士学位。奋斗再次为这个风华正茂的年轻人打开了一条宽阔的路。

本科是会计学、硕士是财政学、博士是经济学,对数学一直情有独钟的寇淮选择了将其进行到底。当回忆起读书的时光时,寇淮反复在强调很难忘、收获很大:"要有研究能力,掌握辩证的思维方法,这样才能搞好投资,而'本硕博'这个循序渐进的过程恰好为我积累了这些。"进入21世纪,国家越来越提倡经济社会的可持续发展,全国范围的经济结构调整、企业转变发展方式渐渐形成潮流。同时,国内中小企业数量的不断增多与规模的扩张,也引发了产能过剩的隐忧。

还在读书的寇淮认为,在不重新上项目的前提下进行企业的兼并重组应该是整合资源的一种最好方式,《中国国有企业并购趋势与战略研究》便成了他的博士论文题目。其实,这个课题既是寇淮这几年理论研究的成果,也是他工作经历的总结。读书期间,寇淮先后在东北证券、民生证券等多家金融机构从事企业改制和投资银行工作。这份工作,在寇淮看来,犹如一场冒险,丰富且具有挑战性。

寇淮用"医生"来形容自己的工作:准确诊断企业,并对症下药。每天,寇淮都在接触不同类型的企业,需要的知识面很宽。因此,寇淮每天都要学习新东西,法律、政策、管理、金融等多方面的涉猎,让寇淮的知识空白点一点一点地减少。将近10年的时间里,寇淮参与和主持了三全食品、众生制药、中孚实业等企业的上市审计重组、改制辅导、股票发行等工作,这不仅给了寇淮能够深入研究不同类型企业发展状况的机会,也让他有机会接触到经历摸爬滚打最终成功的那些大企业家。

每个企业都是样本,每个人都是一本书。这些或成功或失意的企业和企业家的经历,让怀揣抱负的寇淮沉思良久。"我能帮那么多别人的企业成功上市,为什么我就不能呢?"打造属于自己的上市企业的念头,已经悄然在寇淮的信念里生根发芽了。机会总是给有准备的人。十几年读书和工作的经历,为寇淮积累了足够多的想法、胆识、人脉和资金,而原方欣集团的改制恰在此时让寇淮的梦想照进了现实。

开启"方欣"新时代

"河南是粮食大省,在河南要做就做粮食;方欣当时做的也不错,已经拥有一定的市场,国家政策也支持;我帮别人做企业做了那么久了,对企业收购整合很熟悉,也看到很多成功的管理经验,上亿的企业都参与过,还怕这么大点的企业吗?"在问到为什么会选择方欣时,寇淮这样笑答。很简单的理由,开启了方欣的新时代,也开启了寇淮的新时期。2008年方欣集团突破单做大米、生物制药的局面,开始涉足种业、面业、油脂、物流以及深加工等河南具有优势的行业。以诚信创品牌,用质量求生存,方欣米就是要做到让每一位消费者放心。这是方欣人一直坚持的信念。

好稻出好米,源头是关键。为生产出优质放心大米,方欣集团严把质量关,从源头抓起,十分重视加强原料基地建设。为充分发挥沿黄稻区无公害、无污染优质稻谷生产基地的资源优势,方欣集团在中牟县和原阳县建立了优质水稻种植基地10万亩,并与黑龙江省的香兰、虎林等地签订了绿色稻米种植协议,以订单的形式收购新稻3万多吨,为生产绿色、优质、安全的方欣大米提供了原料保证。同时,方欣米业也重视在工艺设备与企业内部管理上努力提升。2001年方欣米业引进日本佐竹先进的精洁大米生产线,增添了分光度计、黄曲霉素测定仪等精密测定设备。2002年全面引入了ISO9001质量管理体系,在原料采购、加工、销售、售后等各个环节都进行严格把关,注重考核,层层落实。

方欣集团在努力践行着"方欣米,放心吃"的承诺,在老百姓心中树立了坚实的品牌。在郑州,方欣米市场覆盖率已达90%以上。在北京、西安、重庆、武汉4个中心城市,方欣集团设立了方欣米业营销办事处,年销售收入超亿元。方欣还首批获得了国家食品生产许可QS证书,而方欣大米还获得了"中国放心米"的称号。

受过"本硕博"教育的熏陶,做投资银行时看过无数企业转变发展方式后的"狂飙突进",一直从事产业学理论研究的寇淮对"知识创造价值、创新赢得未来"这句话,有着超乎于一般企业家的深刻认识。因此,现在的方欣集团自然而然地带有明显"寇淮式"的"学院派风格"——重视研发。大力引进高技术研究型人才、重视研究中心和实验室建设,这是方欣集团重视研发、铸造核心竞争力的两大举措。方欣集团现拥有美籍科学家及生物科学、经济学博士等大批专业技术人才。

方欣集团研发工作的重点突破口集中在营养食品和生物制药这两大高新领域。其实,寇淮掌舵下的方欣集团早在2007年就开始进行大米营养强化的实验室研究了。经过几年的努力,2010年4月,"方欣营养强化大米"在由国家公众营养与发展中心主办并召开的"营养强化大米新闻发布会"上亮相。这种新型营养强化食品一经推出,就立刻吸引了国家与社会的普遍关注。另外,2009年方欣集团与河南工业大学合作的"中式营养配餐的研制及产业化开发"项目还荣获了"河南省工业和信息化科技成果"一等奖。

目前,方欣集团已经发展成为米面油精深加工和营养食品为一体的集团化企业,下辖方欣集团郑州方欣生物科技有限责任公司、北京方欣科泰贸易有限公司、河南方欣原阳大米交易市场有限公司等6个子公司。对于未来,作为方欣这一品牌的打造者和带头人,寇淮胸有成竹地说:"两三年内,使企业规模和业绩达到全国同行业前五,5年内实现海外上市,把方欣打造成为国内一流的集粮食基地、精深加工、仓储、物流、科研及生物制药和营养食品为一体的高科技集团企业。"

对　话

学习是一辈子的事情

问：您有什么兴趣爱好吗？

寇淮：一有空就看书。看书也不算是兴趣爱好，算是一种习惯吧！像是在车上，我就习惯性地带点报纸、书去看，财经、管理、哲学什么类型的都看，没有刻意去挑。这个时代，不学习是一定会落后的，况且现在我还在做企业，这就更需要学习。

问：您那么看重学习，在用人方面也是这样做的吗？

寇淮：在企业里，我最看重员工两点素质：首先是人品，一定要诚实善良；其次就是学习能力，一个人可以不是特别聪明，但是一定要勤奋，要动脑筋思考，要不断学习。

问：您看重学习和研究，自己现在也还是边做企业边搞研究，那么有没有想过以后不做商人而去做老师呢？

寇淮：想过，我也希望有一天什么都不做，就只是带学生、教课。一直认为，做老师是功德最大的事情，能影响很多人，造福社会。

问：粮食产业是国家的基础行业，当前国内的粮食产业发展状况如何？

寇淮：我国的粮食生产持续丰收，这为粮食产业的发展奠定了很好的基础。另外，国家政策也十分重视这方面的发展，像托市收购、补贴等措施确实让百姓和企业都很受益。但是，粮食行业也存在一个产能过剩的问题。我们现在就是利用方欣的牌子对企业进行整合，既不重建浪费资源，又能使各方企业得到发展，而且我们十分重视企业的研发能力及培养高附加值的领域。

问：为什么选择尝试做营养食品这个领域呢？

寇淮：之所以这样做有两个原因。一是国家政策提倡国内企业来做这块市场，前几年国务院就印发了《中国营养改善行动计划》，将提高居民的营养水平作为国家长期发展战略的一部分。二是目前老百姓十分看重营养健康，因此营养食品是十分有前景的。而且，做营养强化食品也是我们增强核心竞争力的重要突破点。

问：据了解，现在外界对营养强化大米还有很多质疑，您打算下一步做些什么使营养强化食品实现大众消费呢？

寇淮：营养强化食品对人体是十分有益的，但老百姓对这方面的认识还不够。今后方欣也将针对不同的消费群体，开发各种功能性营养大米制品，以满足市场的需求，随着强化食品产量的提高，价格也会达到市民可以接受的水平。

王建华：
宁夏大米的"思想者"

•付嘉鹏•

人物简史

王建华，1975年出生，宁夏回族自治区灵武市崇兴镇华一村人，现任灵武市农民青年创业协会副会长、宁夏昊王米业有限公司总经理，曾获"全国农村青年创业致富带头人"、"宁夏回族自治区十佳杰出青年农民"等荣誉称号。

与王建华交谈，你会被他脑子里不断迸溅出的思想火花所吸引，这是这位青年企业家最迷人之处。在以其独特思维带领下的昊王米业，也逐步跨升为西北规模最大的粮食加工企业之一。

被誉为欧洲雕刻"三大支柱"之一的罗丹,在创作《地狱之门》时,塑造了一个有灵魂的"思想者"。这个强有力的劳动男子,弯着腰、屈着膝,努力把他强壮的身体抽缩弯压成一团。他全身肌肉高度紧张,全神贯注地思考着未来。

今天,在银川平原也生活着一位"思想者"。他带领宁夏昊王米业有限公司(以下简称昊王),一边思考,一边前行。最终,昊王从一个小作坊跨越为西北规模最大的粮食加工企业。

他兼具农民和企业家的双重气质,结实的身材,宽阔的胸廓,炯炯的双目透射出年轻人特有的朝气,棱角分明的唇边总带着一种憨厚、诚挚的微笑;他温文尔雅、话语清淡,言谈举止中,儒商形象扑入你的眼帘。在短暂交流之后,你不禁对这位农民企业家肃然起敬,也忍不住会为他的独特思想鼓掌。这就是昊王总经理王建华。

养兔小子作出大产业

王建华出生在一个普通农村家庭。由于兄妹众多,他从小并没得到家人的格外优待。不过,对经商充满兴趣的小家伙,却利用聪明才智,让自己兜里不缺零花钱。

"上初中那会儿,他从朋友那里抓了两只兔子养着。每天放学回来的第一件事,就是拿着镰刀去田里割草。"很多长辈知道王建华养兔子。然而,他们不知道,这些兔子就是小建华的学费和零花钱。王建华算了一笔账,兔子一个月繁殖一窝,一窝出生七八只。每隔一段时间,王建华便骑着自行车,带上几只兔子去赶集。每趟回来,他都能收获一百多块钱。

这种幸福的小日子并不长久。1994年,高中毕业的王建华,开始了"脸朝黄土背靠天"的生活。扛着锄头"修地球"的日子,一晃就是一年多。这段时光没有扼杀他心中的理想,也没消磨掉他的意志。相反,通过锻炼,他深深感受到农民的艰辛。他暗暗发誓,要干一番事业。凭一腔热血,王建华开始了卖蔬菜的生活。

第一笔生意,他赚了5元钱,这是进入社会后他赚得的第一桶金。王建华觉得,这5元钱的含金量甚至超过了他养兔得来的百元大钞。这代表着社会的承认,为此他彻夜难眠。这5元钱成王建华开启致富之锁的金钥匙。

机会其实每个人都有,但许多人不知道曾经碰到过。1996年,卖粮难让很多农民受困,王建华父子却敏锐地洞察到了商机。抓住机会,说干就干。王建华和父亲用前期积累的资金,在新华桥镇创办了华一村粮食加工厂。20岁刚出头的他,和父亲一起,走上了艰辛的创业之路。

王建华和父亲做的是家庭作坊式的粮食加工和运输生意,在这个陌生的行当里,一切都可能成为他们的拦路虎。做粮食加工,技术是关键,而技术偏偏就是王建华碰到的最大难题。"不会就学,谁天生下来就是办厂子的?"亲戚朋友的支持,加上天生的倔强,成为王建华前进的动力。他潜心钻研,虚心向老师傅请教;他满手油垢粉灰,几天几夜不吃不眠,只到难题破解方才罢休。

技术关被攻破,产品销路也好了起来。王建华初步完成了原始资本积累。不过,"小康"不是他的理想,做粮食加工业中的"火车头",才是他的梦。随后,王建华多方筹措资金,购置设备,扩大再生产,向公司化方向一步步迈进。1998年,兴旺米业公司成立,王建华任经理。

为将兴旺做大做强,2006年,王建华组建了宁夏昊王米业有限公司,注册了"昊王"商标。目前,公司已建成大米生产线2条,设计能力为年加工水稻16万吨,成为宁夏全区最大的大米加工企业之一。

独特思想浇出新举措

35岁的王建华踌躇满志:昊王未来将发展成为以米面油加工生产为主导的集团公司。王建华的诸多创新之举,成为昊王称霸西北的利剑。

王建华推崇用工业化的管理模式经营粮食加工业的理念,坚持要跳出传统家庭作坊式的生产经营模式。他在公司推行一系列的改革,使公司生产的大米质量明显得到提高,日加工水稻由1996年年初的20吨增加到了2005年年初的200吨,增幅达到了10倍。

日后,生产销售分家、与制造商合作研发设备、发展循环经济等绝招,推动昊王市场份额快速增长。

未来几年,昊王要"重点锤炼销售能力,企业也要由生产型向销售型转变"。为此,王建华把昊王的生产基地和销售团队分设两地,其生产基地位于宁夏大米的主产地——灵武,销售团队则位于宁夏的首府——银川。这种方式,在宁夏绝无仅有,即使在全国粮食行业内也较少见。

生产和销售分地设置,优势明显。生产部门可以把好产品质量关、提高生产劳动效率、降低生产耗能;销售部门则可专心研究市场营销、市场策略、促销方案、挖掘客户资源、做好客户关系,提高产品的市场份额和占有率。

不过,更彰显王建华思想独特的事情是,为获得一款新产品,昊王经常与农机研发所或农机制造商合作,投巨资研发生产其有特殊要求的加工机械。昊王胚芽米的研制成功和推出,便是典型。

胚芽米是稻谷加工过程中能保留其胚芽部分的一种精制米。胚芽在一粒米中的重量只占3%,但营养价值却占一粒米的50%,被誉为"天赐营养源"。为此,胚芽米也称"米白金"。

王建华很早就明白,无论小麦、玉米,还是水稻,其胚芽营养价值极高。可惜的是,用现有的精细化加工技术,会把胚芽连同表皮一起去掉。因此,人们通常所吃的大米,都不含胚芽。也就是说,目前的大米,只管填饱肚子,却没多少营养。怎样能把胚芽保留下来,同时还能把表皮去掉,成为必须解决的难题。

最终,王建华想到从机械制造上下工夫。他找到一家机械制造公司,提出由昊王出资,该公司负责研发生产。设备研发成功后,昊王无条件使用,该公司可以批量生产销售。一遍遍反复实践,得出一个个经验。无数经验的积累,诞生王建华想要的设备。随后,"昊王"牌胚芽米隆重上市。目前,胚芽米已成为昊王重要的利润增长点。

在王建华的推动下,昊王相继与多家科研院所和企业进行联合,有机发芽糙米、营养强化米、富硒米等多个新品种随之诞生。如今,这些新品种也成为昊王的重要赢利点。

王建华的思考不仅丰富了产品系列,而且使公司在循环经济方面走的更远。在他的建议下,他们与东北一家锅炉厂开始联合研发稻壳锅炉。稻壳锅炉的使用,不仅解决了公司取暖问题,还消除了用煤取暖所带来的污染,同时降低了生产成本。到2018年,王建华还希望米糠榨油、稻壳发电等低碳节能项目完成投产。

精品店主导粮油销售网络

"销售"两个字,王建华经常挂在嘴边,他深知市场对产品的重要性。抓好销售队伍,则抓住了市场;抓住了市场,也就抓住了昊王发展壮大的主动力。"我们的销售人员已达60多名,这个数字还将不断增加。销售网络的不断完善,将成为我们企业发展的巨大推动源。"王建华说,通常一周时间内,他有4天待在银川。他们先做强销售,然后再做产品。用销售网络带动产品衍生,将成为昊王未来几年发展的最主要模式。

目前,昊王仅涉足大米加工,产品单一。然而,不久的将来,昊王将利用完善成型的销售网络,推动其销售品种的大幅增加。昊王的产品序列将日益丰富。王建华说,短期内,通过和其他粮食企业合作,昊王将贴牌生产大米之外的柴面油盐酱醋茶等厨房全系列产品。经由昊王的销售网络,这些产品将逐渐实现赢利。而产品赢利能力的不断增强,又将推动昊王建设相关产品的加工生产基地。在滚动循环中,昊王的规模将不断扩大。

说到销售,昊王正在发展的形象店不能不提。为了推出公司的高端产品,经过反复斟酌和考察,王建华决定做形象店。2008年,昊王正式推出此种销售渠道。通过或加盟或自建的方式,昊王将诸多粮油店纳入麾下。昊王无偿为这些店统一设计装修店面,并酌情支持经费。这些形象店不仅可以销售昊王品牌的特色米产品,还可以销售别的品牌的面和油。很快,昊王的形象店遍布全国各主要城市。目前,仅银川一市,昊王的形象店已超过70家。

这仅仅是开端。用王建华的话讲,未来,形象店将会演变为连锁加盟店。这种加盟店就是销售米面油的精品店。店内,家庭主妇在厨房内的一切所需,全部可以找到。这些产品,全部产于昊王自有的生产基地,也全部为真正的"昊王"牌。同时,这些连锁加盟店,也将发展成为昊王集团销售网络的主干,又为昊王其他高端产品的推出,搭好平台。

"等销售网络成形以后,我们甚至可以销售礼品券。在遍布全国各地的昊王加盟店内,人们拿着这种礼品券,将可以随时换取相应的产品。"说到这些,王建华变得慷慨激昂。在这一宏伟蓝图的指引下,昊王的销售网络正在一步步铺开。目前,昊王在各地建立了上百家经销商,产品销往全国各地。

对 话

发挥优势昊王　发力高端市场

问: 昊王的产品有何优势,昊王如何发挥这些优势?

王建华: 我们地处银川平原,距黄河东岸仅一公里,物产丰富,气候适宜农作物生长,光照充足,昼夜温差大,农作物病虫危害极轻,加之得天独厚的黄河自流灌溉条件,先进的耕作经验,所以能生产出无任何污染的优质稻谷。经过反复实验,2009年,我们利用宁夏最优质的宁粳43号水稻,研发出了"昊王"牌有机发芽糙米、有机大米、营养强化米、胚芽米、富硒大米等五款新产品,现已投入市场。有机米、蟹田米、胚芽米、富硒米等优质大米在产品中的比重也不断提高,受到国内外消费者的青睐。同时,我们也填补了自治区大米加工行业新技术的空白。

问: 昊王米业产品的未来在哪里?

王建华: 宁夏全区总的水稻种植面积仅有一百万亩,因此东北大米的发展模式在宁夏无法适用,因为宁夏水稻的总产量根本满足不了加工企业的需求。在这种情况下,宁夏的大米加工企业都开始寻求高端市场的发展。宁夏当地种植的水稻,昊王将只用来生产有机发芽糙米、有机大米、营养强化米、胚芽米、富硒大米等经典产品。这些产品,经过特种工艺精制而成,解决了普通大米在加工过程中的营养流失问题,具有极高的食疗养生价值。同时,产品外观高档典雅,极具文化内涵,代表了宁夏大米深精加工的最高水准。

问: 您的父亲是公司的董事长,弟弟是公司分管销售的副总,您觉得家族企业对企业发展会不会有所影响?

王建华: 我们虽是家族企业,但各司其职。我父亲作为公司的董事长,现在只参与董事会的决策。具体到企业的管理、执行、运作、经营等方面,我父亲从不插手。在经营方面,董事会关心的只是企业利润。他们把企业交给我经营,我每年能为董事会创造多少利润,这是董事会唯一关心的事情。

问: 目前,昊王发展的最大瓶颈是什么?将如何解决?

王建华: 现在,最影响我们企业发展的就是人才。为解决人才问题,我们想方设法。第一,我们走出宁夏,参加由政府组织的在各大中城市举行的人才招聘会;第二,我们企业自己也经常组织招聘会,我们招聘的步子已经迈到了西安、兰州、包头等人口较多的区外城市。

高凤国：
做"利于百姓生活的事业"

·赵 倩·

> **人物简史**
>
> 高凤国，1964年出生于山东省济宁市，现任济宁市高新区柳行街道办事处杨桥村党支部书记、山东利生(面业)集团董事长、济宁市粮食行业协会副会长等职。
>
> 曾获济宁市优秀共产党员、第四届全国粮食行业优秀创业企业家、山东省劳动模范等殊荣。

两次创业，数次投资，他对市场的把握总是先知先觉，精准独到。

17年专注如一，17年高歌猛进。凭借着对粮食行业的坚定执著和满腔热情，利生集团在高凤国的带领下蒸蒸日上，一路前行一路歌。

正对着山东利生集团办公大楼的广场前,矗立着一块巨大的景观石,上面雕刻着董事长高凤国写下的10个大字:做利于百姓生活的事业。朴实无华,铿锵有力。

面前的高凤国,举手投足间透露着曾经军旅生涯特有的果断、坚定和雷厉风行的气质。他深谙经商之道,在商海弄潮中激流搏击如鱼得水;他怀揣一个信念不变不移,立志做利于百姓生活的事业。17年来,也正是凭着这样一个信念,高凤国将一个日产20吨的面粉小作坊发展成为占地25万平方米,拥有固定资产2.5亿元,职工1000多人,日处理小麦2500吨,日产挂面260吨,形成集小麦收储、小麦加工和深加工、科研开发、物流运输、彩印包装等于一体的大型现代化食品加工企业集团。

敏锐先觉　两次创业

在某炮兵部队做了5年汽车兵的高凤国,谈起那段军旅生涯的时候,眼神中流露出的是无法掩饰的怀念、自豪还有感激。都说参军后悔几年,不参军后悔一辈子。这话在高凤国看来一点不假。5年部队的锤炼养成了高凤国冷静、果断、坚忍、雷厉风行的气质以及强烈的责任感和永不服输的精神,这对于他以后的创业起到了极为重要的作用。

20世纪80年代,在那个市场经济刚刚起步的时期,下海经商对很多人来说还是一个比较陌生的概念。由于汽车兵兵种的特殊性,平时外出比较多,使得高凤国有机会走南闯北。头脑灵活的他敏锐地感受到了改革开放之后中国经济迸发出的强劲活力和蓬勃朝气,经商的念头在那个时候已经在高凤国脑中生根发芽。

1989年高凤国从部队退伍后,立即开始筹集资金,并经过一番考察和论证,首先将自己的第一次创业瞄准了养殖行业。当时的养殖行业虽然企业众多,但大多数规模小、专业化程度不强、市场化意识不够。然而,高凤国凭借对市场的精准把握和灵活的经营方针,使养殖场的规模迅速发展起来,养鸡数量达到2000多只,当年收回投资并获得6万元收益,同时在技术上也取得了很大突破。这次创业的尝试也使得高凤国掘到了人生中的第一桶金。

到了1993年,随着竞争的加剧和养殖行业整体市场行情的衰退,出现了饲料价高、鸡蛋价低的被动局面。经过慎重思考,高凤国转让了养殖厂,开始考虑转型的问题。在这期间,高凤国以全票通过当选为济宁市任城区柳行镇杨桥村党支部书记。上任之后,高凤国一直在不断探索带领群众脱贫致富的有效途径。

济宁市气候适宜,光照时间充足,粮食生长条件得天独厚。然而,高凤国发现,虽然村里的粮食生产连年丰收,但是粮价的持续走低仍旧使乡亲们处于比较贫困的境地。如何充分利用这一资源,将粮食就地转化升值,成为最关键的问题。经过充分的调研,高凤国将目光瞄准了面粉加工领域。这一干,就是17年,他从此也同粮食行业结下了不解情缘。

计划成熟后,高凤国将投资20万元兴办日产20吨面粉加工厂的报告提交村两委讨论,方案被大家一致通过并决定由他负责筹建。高凤国一边筹集资金、租赁场地,一边马不停蹄到青岛双福面粉设备厂购置加工设备。筹备工作在高凤国的协调执行下有条不紊地进行着,经过6个月的紧张施工和调试,济宁市任城区洸河面粉厂产出了第一批合格面粉。产品投放市场后,消费者反应热烈,同样是当年投资,当年收益。

1995年,国家为盘活不良资产,实行集体企业改制,鼓励支持个人承包或租赁集体村办企业。于是,高凤国通过公开招标的方式,以每年上交8万元的价格租赁经营洸河面粉厂。随后,高凤国开始了对产品质量和生产规模的大刀阔斧的改革。他对周边一些停产的小面粉厂进行承包租赁,并在1999年8月正式注册了利生面粉厂和利生商标,于2000年更名为济宁市利生面业有限公司。

开疆拓土　高速发展

经过5年多的积累、摸索、学习、发展,高凤国对粮食行业的认识和掌握愈加清晰和深刻,对粮食行业的感情也越来越浓厚。在高凤国看来,专心和专注的精神是做好一件事情的基础,不打无准备之仗是把事情做成功的前提。经过对面粉行业充分的掌握和渗透以及管理经验、运作模式、客户资源等各方面条件的成熟,高凤国率领利生集团走上了开疆拓土的扩张之路。

高凤国将前期承包租赁面粉企业所得的积蓄加上从亲朋好友等各个渠道筹集来的资金700余万元全部用于购买厂房和设备。聘请河南工业大学工程师设计调试施工,以高标准高起点作为建设要求,在2000年开工建设日处理小麦150吨的第一条生产线,并于当年8月建成投产,依旧是当年投资,当年收益。

人们对于高凤国每次的投资决策总是如此成功十分好奇,然而高凤国对此的解释十分简单:成功没有偶然,"不积跬步无以至千里,不积小流无以成江海"。每一个决策的背后都是一个艰难的探索和长久沉淀积累的过程,做任何事情仅有冲动和热情是远远不够的,最重要的是需要充足的准备和足够的理智以及敏锐的判断力。

随着市场上对利生面粉需求热度的持续上涨,2002年高凤国投资开建第二车间,日处理小麦300吨,并在当年下半年建成投产。2003年,高凤国投资500万元收购当时破产企业济宁市第三面粉厂,并投入200余万元进行机改工作,员工人数达到250人,随后投资300万元新建挂面生产线一条。

随着产业规模的迅速扩张,营销网络的日益健全,加上高凤国对产品质量和服务的精益求精,利生面粉在市场上一直处于供不应求的的状态。2004年,经过高凤国和公司高层反复论证,决定在成武县投资3000万元成立占地60余亩、日处理小麦600吨的成武利生面业有限公司。2005年12月,汶上县的优质原料基地吸引高凤国投资5000多万元,成立山东利生集团汶上食品有限公司,在济宁市汶上县规划60亩地,建成4条挂面生产线和日处理小麦600吨的专用粉生产线。

生产规模的迅速扩张在为利生集团提供强劲发展动力的同时,大量原粮的需求也成了必须要面对的问题。自古都是兵马未动粮草先行,后方的充足供应是保证前线生产加工的基础。高凤国高瞻远瞩,从2007年开始逐渐加重对粮食仓储建设和粮食基地建设的投入。作为农业产业化重点龙头企业的利生集团,充分发挥龙头带动作用,利用资金、技术、品牌、规模等方面的优势,大力发展订单农业,成功走出了一条"公司+基地+农户"的产业化运作模式。同时该集团在济宁市、汶上县和成武县投资建立3个大型粮食收储公司,粮食收储能力达16万吨。

做食品 做良心 做未来

在食品领域,高凤国曾率先提出"质量第一"决定"永远第一"。对于这句话,高凤国这样解释:"民以食为天!食品关乎千家万户,关乎国计民生,关乎每一个人的生存质量、生存价值和生存权利,要把做食品与一个企业家的'做良心、做良知、做人格、做人生、做未来'紧密联系在一起,才能做出无愧于国家人民,更无愧于自己良心的健康食品。"从高凤国平静的表情中看到的是这个齐鲁汉子对于责任担当的执著和坚定。"他对产品质量的要求近乎苛刻!"这在利生集团人尽皆知。

产品不出问题,只是质量的最低标准。将产品做到有利于人们的生活和健康,才是质量的最高标准。在高凤国带领下,利生集团上下同欲,精诚合作,从原粮的种植到产品的出库,每个环节都是精益求精严格把关。也正是在这样的努力下,利生面粉得到了各方的认可和好评。2007年利生集团成为顺利通过ISO9001-2000质量体系认证、ISO14001-2004环境体系认证、ISO22000-2006食品安全体系认证"三标一体"的全国第一家小麦加工、深加工企业;利生面粉被中国粮食行业协会评为中国"放心面粉";"利生"牌挂面被中国粮食行业协会评为国家"放心面粉"、"放心挂面"、"中国挂面知名品牌";"利生"牌商标被评为"山东省著名商标"……

谈到未来的规划,高凤国坚定地说,他会坚持做有利于百姓生活的事业,未来希望在食品上取得更大的成就和突破,集团的重心会逐渐向生态农业转移,做有机粮食和有机蔬菜种植。目前正在同各方协调流转和联合5000亩土地用于生态农业的发展,努力为消费者提供绿色、有机、健康的食品。

对　话

有一种精神叫"利生"

问:您能解释一下"利生"的具体含义吗?

高凤国:我们的目标就是为消费者提供最为健康绿色的好食品。当时想到"利生"这个名字,我感觉可以从很多角度来诠释:利于生命、利于健康、利于发展、利于民生、利于国家……这就是"利生"品牌的含义。

问：您对企业文化有什么理解？

高凤国：企业文化是企业经过几十年的发展逐渐沉淀积累下来的一种共同的认知和精神。好的企业文化是一种无形价值，是增强企业内部凝聚力和团队精神的源泉，也是企业不断发展的核心力量。

问：利生企业文化的核心是什么？

高凤国：利生所信奉的精神可以总结为8个字：团结、奋进、诚信、创新。团结就是团结一切能够团结的力量，众人拾柴火焰高；奋进是企业上下必须共同拥有的创业意识和吃苦精神；诚信要求我们对国家、对客户、对职工、对百姓以及对所有消费者以诚相待；创新是一种意识，更是一种执行力，包括产品创新、市场创新、管理创新、思路创新等。

问：您认为目前面粉行业处于一个什么现状？

高凤国：市场欠规范，产能严重过剩。面粉行业的竞争非常激烈。这个现状不是一朝一夕形成的，但是以后肯定会慢慢得到解决。

问：需要从哪几个方面来解决？

高凤国：首先，政府应该提高面粉生产企业的加工门槛，过度的竞争会导致产品质量的参差不齐；其次，从源头上进行规范，统一种植粮食，提高粮食内在质量，比如发展订单农业；再次，国家要对一些重点龙头企业给予长期的扶持。

问：面粉加工企业在这个现状下需要做哪些努力来提高竞争力？

高凤国：第一，要根据市场需要来做产品，做有特点和竞争力的产品；第二，在企业管理上必须细化，责任到人；第三，做企业要专注，不能看到利润低或是不赚钱就撤出。

问：未来面粉行业会朝着什么方向发展？

高凤国：整合，肯定面临着进一步的整合和重新洗牌。未来会朝着节约化生产、有计划生产和规模化生产的方向发展。

问：您对未来利生朝着生态农业方向发展是如何考虑的？

高凤国：生态农业是最近才有的一个概念，投资非常大，利润也比较低。但是这是一个非常有意义的事业，总要有人去开这个头，去做去摸索。企业做到一定程度，就需要对社会有一个引领作用，需要为社会尽责尽力。

问：您喜欢看哪类书籍？

高凤国：一般看管理类的书籍比较多，平时对企业管理方面也是非常注重。企业的老总必须要有从宏观上把握或组织企业战略的能力，而这个能力是通过不断学习获得的。

问：您有什么兴趣爱好吗？

高凤国：(笑)说实话我还真想不起来有什么特别爱好的事情，我认为做企业就是凭借执著和专心，平时我90%的时间会用在工作上，是个名副其实的工作狂。

中国粮油 财富解码
DECODING

石耀武：
中国小米第一品牌擎旗人

•姜华山•

人物简史

石耀武，山西沁县人，先后担任沁县农产品办公室主任、沁县乡镇企业局办公室主任、沁县人大办公室主任、段柳乡乡长、羊庄乡党委书记、沁县农委副主任等职。

2000年，他下海从商，组建山西沁州黄小米(集团)有限公司并任董事长兼总经理，开始担起振兴当地名产沁州黄小米的重任。11年来，公司产品销量已占到全国小米行业的30%以上。

石耀武一直有这样一个理念，就是他所经营的不再是普通的粮食，而是晋东南这块土地上特有的一种东西，是5000年农耕文明的结晶。"沁州黄"三个字，是小米，也是历史，还是文化，甚至还可以看做是健康，看做是高端的生活方式。他的任务就是不断提炼沁州黄的文化价值。

坐在沙发上的石耀武并没有因为我们的到来而结束与客人的谈话。他讲起话来慢条斯理,声音低沉沙哑,脸上的表情安静,不像很多具有表现欲望的商人那样渴望去征服面前的听众。但如果知道他过去几年的人生经历,很多人会敬佩他在管理企业上所表现出的进取心和开拓精神。

他刚刚从一场喜悦的喧闹中平静下来。不久前,石耀武和他所领导的山西沁州黄小米(集团)有限公司(以下简称沁州黄集团)刚刚主办了沁县"第二届沁州黄小米文化节",在来自五湖四海的人们都沉浸在沁州黄历史故事情境剧及书法、绘画等活动的中时,沁州黄集团为本企业的沁州黄小米深加工项目——小米营养粉生产线举行了隆重的竣工投产仪式,让在场的人亲身体验了一把沁州黄的魅力。"该项目推动沁县小米产业迈入一个领域更宽广、结构更多元的全方位发展新阶段。"出席仪式的省市领导对石耀武的这一新举动给予了高度评价。

不过,与石耀武对话之后才发现,今天所获取的成就仅仅是他踏上新征程的起点,在他眼中,拥有300多年历史文化的"沁州黄",完全可以成为中国小米的第一品牌,而他已经擎起了这杆大旗。

临危受命

沁州黄小米在有"杂粮王国"之誉的山西拥有不可撼动的地位。它位列我国四大传统名米(小米)之首,是明清两朝的宫廷贡品,不仅作为国品在光绪年间(1875~1908)的国际博览会上两度摘金,在国内数次专家品鉴会上多次夺得冠军宝座,而且曾搭载神舟五号宇宙飞船遨游太空,还是全国谷物第一个原产地域保护产品。

虽然曾经有过无比辉煌的历史。但沁州黄和它的神秘历史一样,一度被神话,被禁锢,到20世纪80年代甚至到了濒临灭绝的地步。在此之际,毕业于山西农业大学的高级农艺师耿聚萍主动请缨,进行了长达8年的研究,揭开了沁州黄生长的奥秘,并打破了沁州黄"不能下山、不能高产、不能施肥"的定论,使沁州黄的品质和产量大幅提高,种植区域也扩大到全县更多适宜生长的地方。沁州黄由此获得了新的发展生机。

1988年沁县把沁州黄列为沁县农业七大开发项目之一,并且借助国家级贫困县的政策优势,在资金、政策、人员上大力倾斜,成立了沁州黄开发服务中心,注册了"沁州"商标,力图通过"公司+基地+农户"的模式,让沁州黄成为当地农民致富的一项产业。然而,这一举措并没有给沁县人带来更多的实惠,沁州黄也没有形成一项带动农民致富的产业。直到2000年,全县沁州黄的种植面积才将近667公顷,沁州黄的开发仍处于原始阶段。更难以置信的是,自收自支的沁州黄开发服务中心竟在银行负债500多万元,其他负债300多万元,企业资产几乎为零。沁州黄产业再次陷入发展危机。

2000年是沁州黄发展历史上具有里程碑意义的一年。次年,时任沁县羊庄乡党委书记的石耀武被调任县农委副主任,并且兼任沁州黄开发服务中心主任。"从那时起,我基本上就算是弃政从商了。我的命运也接着发生了很大的转变。"回忆往事,石耀武依然表情平静,看不出他对当时的抉择持何种评价。

似乎是习惯了进取与开拓,石耀武没有过多地回忆从前。而是全身心地投入到了沁州黄开发服务中心的整顿、改制和产业发展中去。当时他已给自己定下了目标,那就是把名米开发事业做大做强,成为沁州黄新一代的传人,将沁州黄的美名播向全国,让普通的消费者尝到这一盛名甲天下的名米,让沁州黄成为带动当地农民致富的一大产业。"不过,现在看来还是有很大风险的。搞好了,沁县人可能忘了我们,但是搞不好,就成了历史的罪人。"已经小有所成的石耀武此时才暗暗舒了一口气。

决胜市场

开弓没有回头箭。石耀武上任后,面对沁州黄开发服务中心办公没场所、销售缺渠道、周转没资金的艰难现状,从抓科研提升产品质量、抓改革激发内部活力、抓销售拓展市场三项重点入手,三管齐下,迈出了企业自主创新、加快发展的步伐。

企业体制改革是挽救企业的根本措施。他先是发动全体职工集资入股50万元,完成了国有性质的沁州黄开发服务中心向民营股份的转变,组建了"山西沁州黄有限责任公司"。随后,又通过增资扩股、制定章程、注册登记等一系列法定程序,把企业整体变更设立为山西沁州黄小米(集团)有限公司(以下简称沁州黄集团),提出了"诚信经营、追求卓越、创新服务、奉献社会"的经营理念,为企业的后续发展奠定了坚实的基础。

沁州黄小米之所以位居中国四大传统名米之首,靠的就是它的品质。据说,在沁县过去妇女生孩子有100天内只喝米汤的习惯,但是大人小孩都是白白胖胖、健健康康,原因就是沁州黄营养成分齐全,对人体有益。为了保护沁州黄小米这些代代相传的口碑与荣誉,石耀武一直把科研攻关、提升产品品质作为公司发展的支撑点和主线。为此,沁州黄集团每年都要拿出销售利润的10%作为沁州黄的科研经费。

在石耀武看来,中国农业生产方式是需要改革的,农民在缺乏科研、技术、资金、市场等产业要素的情况下,迈上产业开发道路并获得成功是不可能的,要改变这种局面,就是把农民的行为统一到企业行为中来,由企业组织农民去解决农民自己想解决而解决不了的事情。

不过,小米产业联结着千家万户,从传统的自然经济走向现代农业,首要解决的是标准化问题。为此,沁州黄集团遵循沁州黄的生物学特性和它所要求的生态环境,制定并实施了耕作、施肥、轮作倒茬、播种、田间管理等标准,构建起了一套完整的基地建设标准体系,采取"统一规划地块、统一品种、统一供肥、统一技术规程、统一收购"方式,把基地变成了小米产业的原料生产车间,进行企业化管理。在石耀武的努力下,原汁原味、浑然天成的沁州黄小米于2003年列入国家原产地域保护产品,通过ISO9001国际质量体系认证,荣获"山西省著名商标",2006年又荣获"中国驰名商标"、"中国名牌农产品"等称号。目前,石耀武领导的沁州黄集团已从一个资不抵债的亏损企业转变为集良种繁育、基地建设、加工包装、市场营销于一体,总资产达1.15亿元的省级农业产业化龙头企业,不仅是山西省"1311"工程重点企业,还是长治市最大的农业产业化企业。

铸造品牌

科研、标准和市场三驾马车把农民和小米带进了产业化经营的新历史,完成了沁州黄从扩大规模到占领市场再到战略扩张的"三级跳"。"但不是说这样就完事了,当农民行为方式企业化了,就轮到做品牌、塑形象的事了。"石耀武对沁州黄集团的未来发展方向及工作重点胸有成竹。产品质量是品牌的本质和基础,也是品牌的生命。沁州黄作为历代朝廷贡品,是凭借优良的品质取胜的。时至今日,传统农业耕作方式已经大大地改变了,环境、土壤结构、作物品种都跟过去不一样,沁州黄和其他农字号企业一样,面临巨大压力。"办法是技术创新,把科研攻关和质量维护作为品牌创新的基础,坚持不懈地做好守土有责的工作。"石耀武说。

由于适宜沁州黄生长的土地十分有限,大约10万亩左右,为了保障沁州黄小米的质量,维护沁州黄品牌,石耀武要求集团对种植地块实施全面监管,并给予相应补贴,以稳定沁州黄基地面积,保护土壤结构,保证小米品质。2006年沁州黄被评为"中国驰名商标",在全国范围内强化了它的知名度。为了拓展经营领域,延伸产业链条,近几年,沁州黄集团又在相关类别上向国家工商行政管理总局申请注册了20多项"沁州"和"沁州黄"商标,产品涵盖了100多个品种。同年,石耀武投资80万元,联合中国科学研究院的专家教授和海南凯洋咨询公司举办了沁州黄集团未来10年发展规划战略和战略研讨会,制定了沁州集团未来10年的战略规划。

按照这个规划,未来10年,沁州黄集团的愿景是:全方位开发小米的营养价值,创世界小米第一品牌。要实现的总体战略目标是:经过10年的发展,集团总产值超过26亿元,主营业务覆盖谷子品种选育、谷子专业肥生产、谷子种植、小米加工与销售、小米深加工、小米餐饮业等。到那时,绿色生态基地规模要达到25万亩,农户种植面积要达到30万亩,签约农户10万户,种子和肥料销售额接近9亿元,小米销售额超过6亿元,小米深加工和延伸产品销售额突破10亿元,太行山特色销售额达到1亿元,从而成为全国最大的高端小米产业集团。

对此,石耀武颇有信心。在他心里有这样一个理念,即他们所经营的不是普通的粮食,而是晋东南这块土地上特有的一种东西,是5000年农耕文明的结晶。"沁州黄"三个字,可以是小米、历史、文化,甚至可以看做是健康或高端的生活方式。他和沁州黄集团的任务就是不断提炼沁州黄的文化价值,积极营建文化平台,让消费者在文化层面提升沁州黄品牌的认同感,以此在市场和消费者中间树立其鲜明的个性,以消费者的信赖稳固品牌地位。为了把沁州黄铸造成中国小米第一品牌,石耀武正逐步加大沁州黄文化价值与产品价值的比重,在他看来,"买一斤小米,80%的钱买文化",是一种必然。

对　话

把老祖宗留下的宝贝守护好

问:2000年,沁州黄集团的组建一举扭转了沁州黄小米产业濒临灭绝的局面,您认为其中最根本的原因是什么?

石耀武:中国农业生产方式是需要改革的,农民在缺乏科研、技术、资金、市场等产业要素的情况下,迈上产业开发道路并获得成功是不可能的。要改变这种局面,就要把农民的行为统一到企业行为中来,由企业组织农民去解决农民自己想解决而解决不了的事情。例如,沁州黄小米的品质在近年来稳步提高,就是得益于老品牌提纯复壮、新品种改良培育、谷子专用肥研发、各品系对比试验、肥料对比试验、新技术采用试验等一系列技术措施的持久攻关和创新。这是普通农民所无法完成的。

问:您把沁州黄小米定位于"天下第一米",怎么样才能让消费者信服?

石耀武:沁州黄集团依托漳河源头独特的地域环境,历史也把这里生产的小米定位于高端产品,过去是皇帝吃的,现在也是市场上最好的,无人可比的。这不是夸口,只要研究一下中国农业史或者小米文化史,会很容易知道:羊头山小米的深厚历史积淀非同凡响,每颗沁州黄小米中都包含着神奇的历史烙印和文化信息。沁州黄是中国驰名商标产品,随着沁州黄产业链条不断延伸,品牌还将不断提升。

问:在公司里似乎能感受到一种特殊的氛围,这是为什么?

石耀武:沁州黄的好坏关键看沁州黄人怎样,看管理人员、营销团队、看老总的人格修为。因此,沁州黄公司上下要努力营造一种精神,一种文化。概括起来就是:诚信、卓越、创新、奉献。全员埋下头一门心思做事,把老祖宗留下的宝贝守护好,一步一个脚印地由小到大。让人们感到沁州黄的成长历程和发展轨迹,把对沁州黄的信赖植入心底。企业文化塑造是个庞大的系统工程,大的在决策,小的在细节,点点滴滴,集腋成裘。

问:对于沁州黄来说,除了品质之外,历史与文化是其最为重要的财富,未来公司如何保护并利用好这一财富?

石耀武:我们在做好今天、设计明天的同时,还要认真地做传统,这是所有农业企业的特点。比如,沁州黄有几千年的栽培史,传统农耕方式和农耕文化的精髓和要义要研究。现在我们正在实施沁州黄文化园项目,目的就是要为沁州黄进一步拓展发展的空间和领域,也使我们不断地强化自己的特色,能永远拥有市场竞争的活力。

田 明：
让大米"异类"无可遁形

·杜 欣·

人物简史

田明，汉族，1953年出生，本科学历，高级工程师，曾任安徽合肥轻机厂车间主任、党支部书记，设备管理科科长、党支部书记，合肥安科光电机械有限公司副总经理，现任合肥美亚光电技术有限责任公司董事长兼总经理。

从无到有，从小到大。通过自主创新，田明把中国的色选机推向了国际市场。"安科"色选机不仅稳坐中国同行业第一把交椅，同时也将响当当的"中国制造"打进了世界各地。

细心的人们会发现,现今市场上销售的大米中再也看不到黄变、霉变、病斑了,更不要说沙粒、谷壳等异物,甚至米粒颜色都十分接近。

是什么样的火眼金睛将它们区分?又是怎样的能工巧匠将它们分离?来到我国最大的色选机研发与生产基地——安徽合肥美亚光电技术有限责任公司(以下简称美亚光电),答案就变得如此简单!在美亚光电色选机产品展览区,您很难想象,就是这样一台机器,会有880双眼睛在一刻不停地高效工作。以大米为例,当质量参差不齐的原粮大米通过喂料系统均匀地下落时,每一粒大米都无法逃脱这880双火眼金睛的检测,如果有一粒大米哪怕只有1/40部分的颜色检测值在正常设定范围外,那么这粒"异类"就会被"无情"地喷射出去……

选择创新　打破国际垄断

从迈入色选机行业的第一天起,田明就选择了一条自主创新的不平之路。1996年以前,中国并没有自己生产的色选机。那时,买国外一台几十通道的色选机,需要花费100多万元,这对于国内大多数稻米加工企业来说,是一笔难以承受的费用。

田明选择了坚持。他始终相信,中国人一定能够制造出中国人自己的色选机品牌,并能够和国际一线品牌一决高下。正是在这种敢于和老外较劲的巨大信念的支撑下,田明带领着十几个人的团队,在一个不到100平方米的小房子里,开始了中国自主色选机品牌的研发之路。

"那时候,大家经常是为了一个技术难点,反复讨论、不断实验,一干就是一个通宵,"回想起最开始创业的艰辛,田明感慨地说:"我国第一台色选机正是在大伙儿无数个日夜的坚持下呱呱坠地的。"1996年,美亚光电推出中国第一台具有自主知识产权的"安科"牌色选机,一举打破了国外色选机厂家对国内市场的垄断与技术封锁。

很快,国内首台自主研发色选机的诞生引起了国内粮油加工行业的广泛关注。赞叹之余,他们对于国内产品的性能表示怀疑。然而,事实是击破怀疑的最有力武器。"安科"色选机凭借良好的产品性能、稳定的质量以及合理的价格,赢得了市场的青睐。就这样,国内首台色选机在人们怀疑的目光中站稳了脚。

成功赚得第一桶金后,田明深知技术创新对公司今后发展的重要意义。在田明的领导下,美亚光电不断加大研发投入,在自主创新的道路上越走越宽。

2000年,美亚光电首台全数字化色选机问世,在国内率先实现了双面色选、黄白同选、全数字化自动控制等功能。2003年,智能化色选机研发成功。2004年,美亚光电推出大产量数字化色选机。2005年年初,美亚人研发出新一代红外复合色选机和高速图像识别技术色选机,打破了国外同类产品一统国内市场的局面,迫使国外的同类产品价格下降了一半,目前该产品的国内市场占有率达到60%以上。2005年年底,美亚光电推出基于彩色图像识别技术的履带式色选机,将色选的品种从大米扩充到杂粮等其他粮食产品。2008年,国内首台智能化茶叶色选机在美亚光电诞生。

目前,美亚光电的数字化色选机已发展为8大系列,色选产品的范围也从最初的大米扩展到芝麻、葵花籽、花生、脱水蔬菜、豆类等多种产品。"安科"牌色选机已成为中国色选机市场的主导品牌,国内市场占有率达到60%以上,用美亚光电董事长田明的话来说,目前中国餐桌上60%以上的米饭是通过安科色选机选出来的。

瞄准前沿　打进全球市场

深具忧患意识的美亚光电不甘仅仅止步于中国色选机行业的领军位置,把目标瞄准了世界食品安全科技发展的最前沿。在田明看来,光机电一体化技术是21世纪的朝阳产业,可应用于各领域各个行业的高新技术产品上,具有广阔的发展空间。在田明的主持下,美亚光电在红外检测、特种光检测、光谱分析等方面均投入了大量人力、财力进行深入研究,同时不断尝试将这些最新技术应用到生产领域。

正是在这样一种强烈动力的推动下,美亚光电用了不到一年的时间,于2006年先后完成了近红外食品成分分析仪和特种光异物检测机的研制工作。以上两种新产品的研制成功不但填补了国内相关产品的生产空白,更标志着美亚光电正式涉足国际食品安全检测机械制造领域。

"人才是关键。"田明说:"作为典型的技术密集型企业,美亚光电的未来目标是加大科研投入,让科研人员、销售和管理人员、生产人员的比例分别占到总员工数的50%、30%、20%。"科技的持续投入保证了美亚光电的技术领导者地位。美亚光电"安科"色选机、近红外食品成分分析仪以及特种光异物检测设备等均具有完全自主知识产权。目前,美亚光电已拥有国家专利40多项,其中国家发明专利两项,每年新增专利申请量呈两位数增长。从一开始,田明就将目光瞄向了全球市场。

"作为致力于成为国际一流企业的公司,就要敢于走出去,向外国企业公开叫板。"田明坚定地说:"我们早就开始了全球布局,商标已在全球至少60多个国家进行了注册。"2003年"安科"色选机出口至东南亚,2004年"安科"色选机出口至东欧,2005年"安科"色选机出口至非洲,2007年安科(泰国)有限公司成立,同年安科东欧服务中心在俄罗斯成立,2008年安科(马来西亚)有限公司成立……现在"安科"色选机已遍布全球40多个国家和地区,国际市场占有率达到了30%以上。"安科"色选机已成为国际粮食加工领域的抢手货,被誉为"中国粮机行业的骄傲"。

承担重任　主导行业标准

作为荣获"国家科学技术进步奖"、"国家规划布局内重点软件企业"、"国家创新性试点企业"等殊荣的民营企业,美亚光电的科技实力受到了国家相关部门的充分认可和持续关注。

2008年,受中国标准化委员会委托,美亚光电承担起大米色选机国家标准的起草重任。目前该标准已经进入公示阶段。大米色选机国家标准的制定与执行,将结束我国多年以来色选机领域没有国家标准的尴尬局面,对于规范我国色选机行业,提升行业竞争力具有重要意义。

"这是一次契机。"田总踌躇满志地说:"我们不仅要做好中国色选机的标准制定工作,今后还要成为全球色选机标准的制定者。"从可见光检测到近红外检测,再到特种光检测,美亚光电十几年的发展历程,见证了中国食品卫生与安全检测领域的发展。过去由于国外技术垄断,我国所需色选机完全依赖进口,其高昂的价格、不完备的售后服务严重阻碍了我国粮食生产企业对色选机的推广应用,严重制约了我国粮食生产加工企业的发展。

自"安科"色选机诞生,十几年后的今天,随着我国自主色选机品牌的不断发展壮大以及色选机市场的日趋成熟,现在购买一台大米色选机只要10万多元,价格下降到了之前的1/10,而产量却达到了之前的10倍以上。设备成本的下降带动了我国稻米加工企业的技术变革,目前已有超过1万台"安科"色选机服务于我国的稻米加工企业,极大提高了我国食品安全的检测水平。

近红外食品成分检测仪和特种光金属异物检测机的推出,更是标志着我国自主食品安全检测技术进入到了一个新的阶段。美亚光电已经成立了合肥市食品安全检测设备工程技术研究中心、安徽省食品加工光电检测设备工程技术研究中心。工程中心的建立不仅为美亚光电的新产品研究提供了条件,而且也为安徽省食品安全检测设备提供了相应的实验及科研条件,同时辐射周边省份,开展技术服务和技术交流,带动安徽省和地区食品安全检测设备的发展,形成产业化经营集群,最终实现行业资源的优化配置,形成食品安全检测设备产业稳步向前发展的关联产业链。

"民以食为天,食品安全不仅是国家安全的重要组成部分,更关系到每一个人的切身利益。"田明说:"食品安全检测,任重道远。我们将以中国食品安全技术和设备的发展为己任,坚持自主创新不动摇,不断开创食品安全检测的新天地。"

对 话

研发优先基业长青

问:从一个十几人的小公司发展成今天的色选机行业国内领军企业,在国内乃至亚洲成为绝对的行业领导者,您能谈谈这成功的背后都有哪些秘诀吗?

田明:其实谈不上秘诀,我们这些年所取得的成就是我们全体美亚人共同努力的结果。坚持研发优先原则,坚持持续自主创新之路,是我们取得成功的关键。我国色选行业起步较晚,如果一味跟在日本、欧美等国家后面走低成本的模仿之路,那你永远没有机会赶超别人。所以,美亚公司从建厂之初就确立了自主研发技术领先的发展思路,并且一步一个脚印,扎扎实实、稳扎稳打走到今天,应该说我们当初定的这个发展思路是正确的、科学的。今天我们不仅在大米色选领域有了长足的发展,同时在杂粮、茶叶、X光机、食品分析仪等多个领域也取得了骄人的业绩。这些都是光机电一体化技术在不同领域和行业的应用和发展。

问:从过去国外色选机垄断市场到今天国外品牌色选机几乎销声匿迹,这十几年来,色选行业究竟发生了怎样的变化?

田明:从1993年建厂至今一路走来,美亚这十几年的发展史也同时见证了中国色选机行业的发展历史。与国外色选厂家相比我们起步较晚,基础差,但是我们不畏艰难,坚持自主创新,刻苦钻研,迎头赶上。因为我们深知,最终要取得良好的销售业绩,要赢得市场的良好口碑,必须靠质量取胜、靠售后服务取胜、靠领先的技术取胜。国外色选机厂家到中国发展,以追求利润最大化为企业目标,因此在市场上价格非常高,赚取超额利润。我们也是企业,也希望多赢利,但是我们更希望咱们国内越来越多的企业能够用得起色选机,用好色选机,为咱们民族的食品安全贡献一份力量。从这方面讲,我们与国外的色选机厂家有着本质的区别。现在我们的色选产品品类齐全,质量过硬,顾客信任度高,售后服务非常及时方便,价格又非常合理,这些都是国内色选机用户优先选择我们"安科"色选机的重要原因。随着时间的推移,我相信在不远的将来,国内将很难再看到国外品牌的色选设备。

问:在20世纪90年代初期,中国的色选机技术要比日本落后至少20年,而10多年过去了,以美亚光电"安科"为首的中国色选技术已经赶超日本,甚至欧美等国家,这里面有什么高招吗?

田明:确实有,那就是研发优先原则。这是美亚光电多年来始终坚持的一条原则,即在资金安排方面,优先保证研发经费。从我多年经营企业的经验看,企业要想可持续发展,成为基业长青的百年企业,要做的第一件事是要加大研发投入。不掌握核心技术,不推出技术门槛高、附加值高的产品,企业很难成长壮大。而在这方面,我们很舍得花钱。美亚光电以每年至少2000万至3000万元投入科研,也正因为如此,美亚光电才能成为国内色选机行业的领军企业,始终走在创新的最前端。另外,企业在经营中要顺应市场需求搞研发,比如在准确掌握包装食品异物检测的市场需求后,我们就在该方面加大研发力度,并在第一时间推出新产品。目前,我们研发的检测设备能够迅速准确地检测包装食品中的异物,这些新成果很快会成为企业今后的经济增长点。

问:任何一个行业都要有行业标准,我们国家现在有色选机的行业标准吗?它是怎么制定的?

田明:目前,我国的大米色选机行业标准即将出台。2008年,受中国标准化委员会委托,我们承担起大米色选机国家标准的起草重任,现在这个标准已经进入公示阶段,这也意味着我国将结束这么多年来色选机行业一直没有国家标准的尴尬局面,这对于全面规范和提升色选机行业的竞争力有重要的意义。

中国粮油 财富解码 DECODING

张继华：
80后的米市"黑马"

· 彭明霞 ·

人物简史

张继华，汉族，1980年4月出生于广东省东莞市虎门镇，获中山大学MBA学位。2000年参加工作，2003年成立东莞市太圣米业有限公司，现任广东省粮食行业协会理事、东莞市质量协会常务理事、东莞市太圣米业有限公司总经理。

10多年前：大学期间经常逃课，曾经是班主任眼中的问题学生，染着一头金发，带着墨镜耍酷，被同学们戏称为"黑社会大佬"……
10多年后：张继华已成为中国粮食行业民营企业家、广东东莞太圣米业的掌门人，而且在这个传统而又艰辛的行业里，他是一位已经摸爬滚打了11个年头的80后。

20岁大学毕业，22岁结婚，23岁开始创业，创业的那一年还做了父亲，并拿下中山大学的MBA学位，三十而立，坐拥数千万资产。在已走过的人生道路上，张继华总是比同龄人快了好几拍，同时他也实现了同龄人也许一辈子都不太可能实现的梦想。

　　大学期间经常逃课，曾经是班主任眼中的问题学生，染着一头金发，带着墨镜耍酷，被同学们戏称为"黑社会大佬"，半夜里领着一帮同学去爬广州白云山，如果不是张继华的亲自讲述，我们不敢相信此刻坐在眼前的这位沉稳、睿智的年轻人竟然会有这番经历，而更让人难以置信的是，那个10多年前玩世不恭、桀骜不驯的张继华竟然会成为中国粮食行业民营企业家、广东东莞太圣米业的掌门人，而且，在这个传统而又艰辛的行业里，他是一位已经摸爬滚打了11个年头的80后。

"问题学生"的另类智慧

　　张继华是中国粮食行业民营企业家队伍中鲜有的80后，他的个性与经历有些让人匪夷所思。1997年，他以第一名的成绩考入广州某高校，然而，老师们心目中的高材生经常在课堂上睡觉、甚至逃课，晚上还去打游戏，考试临时抱佛脚，而且同学缘极好的张继华在班级里又影响了一大片。在老师看来，高材生成了"问题学生"，班主任拿他也没办法。然而，"问题学生"张继华丝毫没有懈怠学习，该掌握的知识他绝不落下，每学期照样能拿奖学金。

　　读大一时，张继华就应聘到宝洁公司兼职做高露洁品牌的市场调研员。遇到烈日炎炎或风雨交加，他会坚持骑着单车跑市场，挨家挨户地去敲门拜访，曾经在广州天河城的地下停车场发放问卷被保安误认为小偷而遭到打骂。当时只有17岁的他，每个月都能赚取令同学们羡慕的3000多元的高收入。那一年，他还用自己挣的钱买了电脑。当时计算机还没有普及，他有空就钻研计算机技术，将一台电脑装了又拆、拆了再装。

　　毕业之后，学习经济管理专业的他放弃了在广州与他专业对口的高薪工作，而选择去了东莞樟木头镇的一家粮食企业，并坚持从学徒做起。用张继华的话说，他除了没做过财务，其他的都干了，如搬运工、业务员、设备安装员、原料采购员等。他当时是公司学历最高的，但每个月工资只有800元。在多数人看来，张继华似乎总是不走寻常路，但他有自己的想法，一个在他心中埋藏多年的"秘密"。

　　"上大学之前我就清楚我将来想要什么，我最大的梦想就是自己创业，自己当老板。大学的那段实践经历为我创业奠定了一定的基础，选择去粮食企业不同岗位的历练为我创业作了现实准备。我认为，粮食行业是最苦最累的行业，如果把这一行做好了，其他行业也能做好。当然，我也看到了粮食行业的前途和发展空间。"张继华说。

　　广东东莞太圣米业今天在珠江三角洲的风生水起已充分见证了这个当时只有20多岁的年轻人的胆识与魄力。这位曾经的"问题学生"给班主任的是太多的意外和惊喜。据了解，张继华2010年6月去母校参加10周年同学会，班主任提起当年还皱起眉头说："都没指望你成器，没想到你小子还会混到今天！""他有太多80后的与众不同,包括他的行为、他的智慧、他的见解、他的理想、他吃苦的精神、他的那股拼劲,还有他所取得的成绩,在我们看来,都很传奇。"张继华的一位好友十分感慨地说。

厚积薄发　白手起家

3年的稳扎稳打和不断积累,练就了张继华一身的本领,2003年,他决定开始创业。可是,没有厂房、没有设备、没有人员,建一家大米企业谈何容易!资金成了困扰他最大的难题。当时,张继华和妻子全部的积蓄只有5000元。同学、家人、朋友的帮助解决了这对年轻夫妇的燃眉之急,张继华一共筹集资金134万元。创业资金基本上都是借来的,这就意味着张继华需要面临再次叠加的风险。当我们问及他创业初的感受时,张继华这样回答:"当时我就没有考虑太多,只想着成功,没有失败,万一出现了不好的结果,再难再苦我也要坚持走下去。"用借来的这一笔钱,张继华先是收购了其原来工作的公司所在东莞常平的两个门市部,既懂技术又懂管理,也有一定客户源的他将大米店面经营得红红火火。

这一年对张继华来说,有太多的不平凡:随着两个门市的逐步发展,就在2003年这一年,张继华注册成立了东莞太圣米业有限公司。同年,事业和学业两不误的他经过3年的苦心攻读,获得了中山大学的MBA学位,最令他开心的是,宝贝女儿降生了,张继华完成了多重角色的转变。由于张继华独特的商业眼光和经营策略,太圣米业的发展蒸蒸日上,就在2004年,太圣米业创造了营业额将近3000万元的奇迹,不仅还清了所有外债,还实现了大幅度赢利。

然而,这其中的艰辛和磨难只有他自己知道。他说:"创业刚开始的那几个月,由于缺人手,我又是经理,又是司机,还是搬运工,半夜里送货也是常有的事,有时候累得腰都直不起来,有一次夜里给客户送大米,一不小心还将装满大米的车子陷在泥坑里……回想起吃的这些苦头,我觉得很值,因为那段经历让我开始转变经营思路,开始招兵买马,扩大规模,实行公司化运作。"

一波三折的煎熬

张继华平时说的最多的一句话是:坦然面对,凡事淡定。在这个年轻人心态普遍浮躁的年代,是什么让这位80后,年仅30岁的男人就学会了从容淡定?同样是2003年,太圣的赢利如同一针强心剂注入了张继华的血液,由于年轻气盛,急于成就一番大事业,他想通过进一步扩大规模来促进企业发展,可最终损失惨重而无果。

据张继华同行业的朋友介绍说,当年张继华和另外两位合伙人在广东江门共同投资成立了另外一家米业公司,总投资达2600多万元,张继华个人就投资了1000万元,占40%的股份,从2003年买地、建厂、设备安装到开业历经5年。可能几位合伙人的经营理念有出入,合作也不是很顺利,在这家米业运营了一年左右,也就是到了2009

年还没有收益的时候,张继华就退出了,他们觉得太可惜了,而且1000万元投进去也没抽出来。关于江门投资项目具体情况我们还不曾得知,可5年1000万元,这一组数字的确让人惋惜,张继华说好比他失去了抚养了5年的孩子,当时觉得好心痛,精神上受到了很大打击。

但这条铁骨铮铮的汉子并没有被现实击垮,张继华说:"我权衡一下利弊,觉得我的退出对合伙人、对我,在当时的情形下是最好的选择。1000万元不是小数目,但我可以再把它挣回来,这件事也告诉我一味追求规模并不适合太圣。"2005年,在国内粮食形势低迷的大背景下,作为粮食主销区的广东省也受到影响,东莞太圣米业自然在所难免。可偏偏在这个时候,太圣米业公司的内部局势也发生了较大的波动。关键岗位的几位干将相继离开,人才的流失对张继华来说,显得太突然。这段时间人才缺位是他难以承受的最大煎熬。

而张继华所承受的这一切,妻子看在眼里,疼在心里。她说:"其实,我知道这些年,他一直蛮难的,这么年轻却吃了太多的苦。有时候也希望为他分担一下,可他就是比较大男人,受了委屈很少对我说,从来都不会将不快乐带回家,遇到了困难和麻烦,他都是自己一个人扛着,一直都这样。"刚刚30岁,可张继华经历了同龄人所不曾经历的,他承受了同龄人所不能承受的,也许在暴风雨的洗礼后,他才拥有了"宠辱不惊,看门庭花开花落;去留无意,望天空云卷云舒"的淡定与从容。

缔造B2C 传递贴心的温度

经过7年的苦心经营,太圣米业已从两个小门市成长为集加工、仓储、贸易、销售及配送服务于一体的新型的综合性米业公司。太圣的产品畅销珠江三角洲以及整个华南地区,曾多次被广东省粮食行业协会及中国粮食行业协会授予"放心米"称号。用心做好米,让消费者吃得放心,是所有太圣人共同的心愿。而如何让消费者真正享用放心大米是张继华思考了良久的课题。

大米从工厂到粮食批发市场再到超市或粮店最后到家庭,是否可以省去中间环节,直接从工厂到家庭呢?这样不就可以规避流通环节中难以预估的风险吗?而且还能更好地拉近与消费者之间的距离?张继华想到了简化流通渠道,对产品从源头把关,亲自配送上门,从而保证大米食用安全,而B2C模式恰好就能实现。

在2008年9月,太圣米业建立了B2C网站,在粮食行业中首家开通了统一客户订购服务热线,并建立了客户服务中心,实行产品配送服务。同时,在广州比较集中的居民社区和优质肉菜市场开设了太圣米铺大米专卖店,并统一店面形象和标识、统一价格、统一产品系列、统一服务标准及提供送米上门等优质服务,让市民最便捷购买到产品。

据了解,从2009年8月开设第一家太圣米铺专卖店,到2010年3月开设第三家,截至目前,太圣自有专卖店渠道累计拥有家庭用户两万余家。"这个数字在所有太圣人的协同和努力下,还在不断攀升。等人们买米第一个想到的是来太圣米铺,那我就知足啦。"张继华笑言。

● 对 话

以变制变创造市场

问:东莞作为世界工厂所在地,可以说走"工厂化路线"有着广阔的市场,而您却选择走"家庭用户路线",为什么?

张继华:我是2006年放弃做工厂米的。因为考虑到产业将不断升级,未来东莞制造业的人口就会逐渐萎缩,而人口的萎缩会导致工厂米消费量的下降,但竞争不会减少。家庭用户的人口数量是固定的,客户也是稳定存在的,不会随着经济、环境的变化而产生大量的人口迁徙。所以,我们的大部分产品围绕家庭用户的需求来开发和生产。

问:您目前有没有将规模进一步扩大的打算?

张继华:规模会随着公司的发展需求和实际情况而加以扩大,但不会去盲目追求规模,而应该着重于经营的精细化,以实现稳中求进。

问:您如何看待大米企业之间的竞争?

张继华:目前来讲,大米行业的竞争相当激烈,同质化现象日趋严重,你能做好的别人也能做好,比如大米行业销售方面,加工技术也好,原料采购也好,基本上都不会存在明显的差异,而销售渠道的差异化却能产生很不一样的效果。太圣B2C模式是我们建立的一种适合太圣自身发展的销售渠道。

问:2010年的粮食行情可以用"复杂"两个字来形容,尤其是价格,那面对如此复杂多变的市场行情,您如何来应对?

张继华:我不会因为行情变化来投资粮食,只是根据市场需求和公司的销售情况来控制库存,根据客户的需要来增加或减少库存,我们做企业不能单纯投机倒把,只能稳扎稳打,这样才能保持经营链条的正常运转。

问:您如何看粮食行业目前的发展状况以及今后的发展趋势?

张继华:粮食行业还没有形成强势的品牌(如可口可乐、康师傅等),还有比较大的市场空间。消费者的忠诚度还没有完全建立起来,精细化、品牌化是将来的发展趋势,但需要一个漫长的周期来培养。

阎德富：
棉花世界舞"银河"

·牛 尚·

人物简史

阎德富，1953年8月生于河南省商丘县，1970年9月参加工作，1985年10月加入中国共产党，历任棉检技术员、工程师，棉花检验站站长、副经理、经理，现任商丘市银河棉业股份有限公司党委书记、董事长，兼任商丘市睢阳区供销社农民棉花种植产业协会会长和棉花专业社理事长、河南省纺织协会副会长、商丘市纺织协会会长、商丘市工商联合会副主席、商丘市睢阳区工商联合会主席，当选河南省第十一届人大代表、商丘市第三届人大代表，获省、市劳动模范等殊荣。

阎德富使银河棉业由单纯的棉花加工和调拨发展到棉花纵深加工、综合开发，已形成了一条生态产业链：棉花生产—收购加工—纺织—油脂—饲料蛋白—食用菌，增强了企业抗御市场风险的能力，同时自己也成为了商丘棉花世界的"国王"。

"在下一个10年中，我们要做实实业，做大贸易，集中产业布局，开发、盘活现有资源，充分发挥商品、资本市场功能，甩掉包袱，规避风险，为做大做强银河棉业开辟新途径。"阎德富把企业的发展目标已放得更远："房地产，将是我们的新兴产业，它将进一步提升企业的知名度。"阎德富，河南省商丘市银河棉业集团公司（以下简称银河棉业）董事长，在他眼里，自己现在已离不开"棉花"。而其进入这个行当的原因，只有两个字来形容：缘分。

就是在"缘分"下，他把一个县级棉麻公司发展成为由商丘市银河纺织有限公司、七彩纺织有限公司、飞天纺织有限公司、银河油脂有限公司、大顺棉业有限公司、敦煌双银棉业有限公司、敦煌大慧棉业有限公司、同心棉业有限公司等公司组成的企业集团，注册资金达到1.5亿元，总资产15亿元，固定资产8亿元。

结缘棉花　急农所急

1953年，阎德富出生在商丘市睢阳区一个普通工人家庭里。他自幼聪明好学。人生好像总要给人开玩笑，就在1968年，年仅15岁的阎德富刚刚初中毕业，便被卷进了"知识青年上山下乡，接受贫下中农再教育"的热潮中。但是，这突然的变故对于阎德富来说反而不是打击，而是一次真正接触农村、了解农村的经历。在广阔的天地里，阎德富"经风雨、见世面"，不断地磨炼自己的意志与品质，并逐渐增加了自己的办事能力。这为他以后进一步发展打下了基础。

1970年9月，根据上级组织的需要，阎德富跨进了商丘市银河棉业公司（原商丘县棉麻公司）的大门，当上了一名棉花检验员。从此，阎德富便与棉花结下了不解之缘，并且这一行一做就是40年。他发奋学习，刻苦钻研，不断跨过技术上的一个个门槛，先后获得棉检技术员、助理工程师、工程师等技术职称。

当时间步入20世纪90年代后，变革开始了——中国开始从计划经济向市场经济转变，这里面更是充满了"危"与"机"。1992年，由于多种原因，一直被看好的棉花市场发生突变，多年来响彻豫东大地的银色乐曲——"要发家，种棉花"口号，骤然被棉农们"卖棉难"的呼声淹没了。"不少棉农拉着一包包雪白的棉花，不分昼夜奔波，一连十几天时间，累得筋疲力尽，仍不能把自己用心血和汗水换来的棉花卖掉，棉农唉声叹气，叫苦连天。"阎德富看到眼里，愁在心里，他下决心一定要让当地棉花销售情况有所改变。

因为阎德富自从接触棉花，就不曾离开这个行业，而棉农的痛更是他自己的痛。就在这一年，他有了新的职务——商丘县棉麻公司的总经理，对于他来说更是一个新的挑战。上任没多久，他就把领导班子成员全部召集在一起开会，并进行深入细致的研究和探讨，最终做了一个让企业有突破性发展的决定：组织一批精干人员奔赴全国各地，采取因地制宜、机动灵活的方法，开辟棉花销售市场。

种瓜得瓜，种豆得豆，只要付出，就会有收获。经过全公司员工的不懈努力和辛勤工作，该公司成功地在中国东北、东南、西南建立了三大棉花销售基地，并且棉花销路也很快被打开。销路通,棉业兴。不但解决了"卖棉难"这一棉花经营部门的棘手问题,而且"在多数棉麻公司亏损的情况下,我们公司却实现利税66万多元",阎德富兴奋地回忆道。

四次兼并　一往无前

"如果有一天要编纂一部'阎氏字典',这部字典十有八九找不到'难'字。"阎德富的同行曾幽默地形容其性格——具有一种从不被困难所吓倒,不为挫折所屈服的一往无前的拼搏精神。企业刚开始起步时,面临的基本都是"大难题",但在阎德富的运作下,都被一一化解,其中就包括四次"兼并"。

在市场经济浪潮冲击下,加之多方原因,曾显赫一时被称为河南省四大针织企业之一的商丘内衣厂,陷入难以维持的境地。1994年,为了帮助工人尽快解决这一难题,上级领导决定让商丘市银河棉业公司兼并这个厂的纺织分厂。当时,内衣厂纺织分厂有工人138名,负债高达709万元,而且没有任何库存原料。

"兼并它就意味着必须付出相当大的代价,挑起一副额外的重担。"对此,阎德富的心里是非常明白的。但银河棉业公司投入20万元的启动资金,以最快的速度让企业转入正常生产,并且使工人安定下来。此后不久,银河棉业又集资60万元,将其原来3200锭的生产规模扩大到5000锭,恢复生产后仅8个月就实现利税106万元。

"从另一个角度讲,他们利用这个纺织厂加工自己收购的棉花,使资源就地增值,进一步提高了企业的经济效益。"一位业内人士如此评价道。随着棉花形势的变化和市场竞争的加剧,使阎德富逐步认识到,端"棉花"、"纺织"两个"饭碗",比端"棉花"一个"饭碗"要强很多。

银河棉业开始了新的"扩容"。公司又相继兼并了身背642万元债务的化工厂和负债300万元的色织厂。这三次兼并,不仅盘活了1200万元资产,而且安置下岗职工900多人,使银河棉业获得了良好的经济效益和社会效益。在此基础上,为扩大纺织规模,尽快实现规模效益,2007年公司又兼并了商丘市九天纺织公司。

谈起往事,阎德富激动地说,十年河东,十年河西,想不到竟一语成谶。

做透棉花"链"

在阎德富看来,作为一个企业家,要有三只眼睛:一只眼睛看市场,一只眼睛看员工,一只眼睛看政策。因为,阎德富既是棉花经营者,又是棉花消费者。所以,郑州棉花期货上市之前,相关部门曾几次找他征求意见,而此后,他也常借助棉花期货进行套期保值,为企业的发展赢得了资金与时间。

在棉花经营中,银河棉业始终把信誉放在首位,下设3个经营公司,与70多个家用棉花企业建立长期业务关系。随着棉花期货的上市和"电子撮合"业务的开展,他们又利用期货套期保值,规避市场风险,获得更大的市场份额。而这也使其成为了农发行的"红人",至今农发行累计为其贷款上亿元,充足的资金为银河棉业的进一步发展提供了坚实的后盾。

其实,阎德富很早就以助农增收为己任,以棉花专业社为载体,以棉花深加工为动力,拉长了棉花产业链条,找到了新的经济增长点,推进了农业产业化进程。阎德富通过摸索找到了让企业快速成长的一条捷径,即以纺织为龙头,以棉花加工厂为龙体,以棉农为龙尾,以利益为纽带,以合同为手段,联合建立"公司+农户、商农挂钩建基地"的新模式。

1996年,银河棉业在商丘睢阳区路河乡西马庄村建立了全省第一个比较规范的棉花专业合作社。经过了10多年发展,该集团积累了丰富的经验,对专业社的棉花,从育苗到收购,从信息到物资采取全程服务。

公司与棉农签订"君子协定",实行"五统一管理",即统一供应棉种、统一技术指导、统一栽培模式、统一病虫害防治、统一全程控制。同时,采取三项服务措施:一是信息服务,利用电视、广播、报纸宣传市场行情和种植信息;二是物资服务,优惠供应棉种、化肥、农药等;三是技术服务,公司高薪聘请技术员,吃住在村,服务到田间地头,统一播种育苗,统一栽培、喷药,为棉花生产提供全程技术指导。此外,在棉花收购中,银河棉业对专业社生产的棉花实行最低保护价。"这样在确保棉农增收的同时,我们也获得了丰富的优质棉花资源。"阎德富解释说。

这种作法极大地提高了棉农的植棉收益和植棉热情,并使棉花成为睢阳区农民的支柱产业。目前,全区专业合作社发展到21个,订单棉花发展到29.6万亩,涉及棉农12万户,每年的棉花收购量占到全市的近1/4。善于延伸产业链条,是阎德富在进行企业经营中的又一大特色。他把目光瞄向了棉花的"两翼",即棉花、棉副产品的深加工,延伸企业链条,向深加工增值要效益。棉花全身是宝,为充分发挥其优势,阎德富仅用7个月的时间又组建了一座年加工能力达15万吨的现代化油脂加工厂,日处理棉籽400吨,可生产棉籽、菜籽、花生、玉米胚芽等多种成品油,该厂规模在豫东地区首屈一指。该集团还将棉壳加工成牲畜的优质饲料——棉粕。对棉粕进行脱毒处理后,制成高蛋白饲料。产品远销韩国,年出口创汇100万美元。此外,集团还利用棉壳进行食用菌栽培,引导农民种蘑菇,发蘑菇财。此举带动21个行政村、87个自然村、8300户农民种蘑菇致富。

如今,经过20多年的发展,银河棉业通过兼并,扩大了企业规模,增强了企业实力。今天的商丘市银河棉业有限公司已形成一个集棉花生产、收购、加工、纺织、食用油和第三产业开发为一体的综合性股份制企业,成为商丘市最大的棉花企业、河南省重点农业产业化龙头企业、河南省百家重点服务企业和河南省百家高成长企业。同时,阎德富也成为了当地棉花世界的"国王"。

> 对 话

"四大板块"做大做强

问：现今，全国的棉花产量与现货吃紧，银河棉业如何应对？

阎德富：我们把目光瞄向西部，进军甘肃、新疆、山东，挖掘商机，抢占货源。公司先后在甘肃敦煌建立了两家棉花收购企业，与新疆银博、山东锦源棉业等公司签订棉花收购合作协议，并且还与跨国公司路易达孚签订供货协议。这样，不仅保证了原料供应，而且还为集团在异地收棉积累了经验。

问：企业以后几年的战略目标是什么？

阎德富：随着市场的变化、农村种植结构的调整以及农村劳动力的转移，我们将对公司经营方向和发展战略作出适时调整。在下一个10年中，公司将通过各种方式为做强做大集团而努力。在纺织板块上，我们要立足当地资源、调整产业布局、调整发展思路和经营方向，立足现有装备加强管理，提升规模效益；加快退城（城市）进园（工业园）步伐，力争3年内完成退城进园；把银纺和飞天整合成一个10万锭的公司，利用现有土地资源，进行融资，再建一个10万锭的现代化生产车间，保持30万锭生产规模。在食品（油脂）板块上，我们要通过技改，生产花生油。同时，我们还要转变营销方式，由群体客户向单体客户转变，提高市场占有率。在棉花上，集团还将保持本地产业，通过棉花专业社扶持棉花生产，并且要深入新疆组织好棉花收购，保证原料供应。此外，我们还开辟了新兴产业——房地产，从而以新兴形象产业提升品位。

问：在企业制度上，公司是如何制定并完善公司制度的？

阎德富：制度是企业生存的保证，用制度去管理，靠制度去约束，逐步建立一套规范的现代化企业管理制度。如财务、人力资源、安全、生产管理以及各种审批制度等。同时，我们制定的制度是刚性的，一旦出台，必须不折不扣地执行。我们公司将尽快出台和完善一系列制度，以保证企业持续健康发展。

问：您如何看待企业的社会责任？

阎德富：办企业不能仅仅为了个人吃饱穿暖，同时还要尽一定的社会责任，为子孙后代考虑，让更多的人富裕起来。财富来源于社会，同样要用之于社会。所以，我们在做强做大企业的同时，不忘回报社会，积极投身于社会公益和福利事业等。几年来，我们累计捐物、捐款上百万元，努力地去承担了一个大企业应承担的社会责任。此外，我们自2000年以来，上缴税金每年保持在1500万元左右，成为商丘市睢阳区第一纳税大户，安排劳动就业4000多人，带动全区12万农户靠棉花发家致富。

中国粮油财富解码 DECODING

汤 宇：
剪不断的"绿色情缘"

• 徐文正 •

人物简史

汤宇，汉族，1964年8月出生于湖南省长沙县金井镇，大专学历，中共党员，曾当选湖南省第十届、第十一届人大代表，长沙县第十一届、第十二届、第十三届人大代表，第十次党代会代表，荣获湖南省创业致富带头人、湖南省劳动模范和中国科学院亚热带生态农业研究所客座高级工程师等殊荣，现任湖南湘丰集团有限公司董事长。

汤宇的创业经历可谓丰富。他当过木匠，经营过饲料生意。1996年，略有原始积累的他，毅然购买了濒临破产倒闭的原长沙县脱甲茶厂，创办湘丰茶业，从此，开始了他和天然"绿"的一路同行。不满足现状的汤宇，还有着更大的"野心"，接下来他的目标就是筹备企业上市，把"善绿者，丰"的理念继续完美演绎下去。

走进湖南湘丰集团总部的院子,抬头便能清晰地看到房顶上一条让人记忆犹新的标语:"善绿者,丰!"而这也正是汤宇领导下的湘丰集团的经营理念。从木匠到销售饲料,再到经营茶叶,语气和蔼、态度谦和的汤宇,怎么看都不像是一个资产过亿的老板。而这一切,或许和他所从事的茶叶行业相契合:茶,需要心平气和才能品出味道。

"企业多一个产业,农民多一条增收渠道。"在他的带领下,通过开发项目,湘丰集团以"项目带村、产业联村、村企结合、整村推进"的方式,与联系村进行项目对接,延伸产业链,带动农民增收,实现着企业和农业、企业和农户的双增、双赢。无论是茶叶,还是红薯、稻米,湘丰集团经营的这些农产品,无不在诠释着汤宇与绿色的不解"情缘"。

不断改行 "情"定茶叶

1982年,汤宇高中毕业。由于各种条件的限制,他未能像其他同龄人一样,进入更高一级的学府进行深造。但是,没能去上大学并没有让汤宇消沉,他计划着给自己找点事情做。通过自己的调查,他选择了当时比较时髦的木匠行业,而且一干就是4年。在这4年中,凭借着娴熟的木匠手艺,汤宇的木匠铺子做得也是红红火火,并且有了一定的资金积累。

1987年,正当木匠店生意越来越好之时,汤宇却毅然放弃了这个当时在农村特别吃香的职业,干起了饲料经营的活儿。"我的性格就是只要是我看准的东西,就马上去做,并且会尽力把它做好。不会怕这怕那的,不然机会就有可能错过。"问起当时为什么那么坚定地作出那样的选择,汤宇眼神坚毅地说。

由于坚持"诚信为本,服务至上"的经营理念,汤宇的饲料生意越做越大,他本人也成为金井镇屈指可数的"富豪"。有了一些积蓄,加上几年来经营饲料积累的行业经营,1991年,他毅然斥资30万元兴办了长沙县湘丰饲料厂,正式迈出了创业的第一步。

从1982年到1991年,在这9年的木匠和饲料经营及办厂生涯中,汤宇深深感觉到要做一个与时俱进的新型农民,在农业现代化中有所作为,就必须树立起一个远大的理想,在富余自己的同时,也能给当地的父老乡亲带来实实在在的实惠。1996年,通过不断的学习与努力,汤宇光荣地加入中国共产党。他心中的创业目的,也不再是一个家、一个厂,而是一个村、一个镇。于是,他的那家饲料加工厂也就远远不能实现他的创业理想。

而就在那年,原乡办的脱甲茶厂由于茶树老化、设备陈旧等原因,已是举步维艰,濒临倒闭。为使集体财产不再流失,同时扩大自己的规模,汤宇再次做出了让家人朋友以及外人都不理解的决定——卖掉饲料厂,承包了脱甲茶厂。"我真的为我自己的这次决定感到自豪,因为与茶结缘,不但让我自己过上好日子,也实现了我一直以来的创业目的,让周围村镇的乡亲们的生活也能得到相应的改善。"问起这次不同寻常的决定,汤宇这样表述自己的心情。

1998年年底,长沙县进行乡镇企业改制,汤宇个人出资买下了脱甲茶厂,并更名为长沙县金井镇湘丰茶厂。在他的领导下，茶厂坚持走规模经营的道路，大刀阔斧地进行了一系列调整、改造，扩大茶园基地、狠抓科技创新、更新生产设备、引进管理人才和技术骨干。2002年，经过4年的发展，湘丰茶厂发展成为年产值超过2000万元，利税超过400万元规模的企业。2005年，湘丰茶厂也正式升格为湖南湘丰茶业有限公司，开始了不同寻常的发展之路。

软硬兼施 "情"系品牌

成功迈出第一步之后，汤宇意识到，要真正做好企业，必须"塑造企业形象，提升企业品位，打造企业品牌，做大企业规模"。2002年，在汤宇的规划下，湘丰公司开始了大规模的建设。新建厂房、新扩基地、新购设备，他要求所有的硬件设施，都要达到省内同行业一流水平，首先从硬件上为保证质量作好铺垫。2007年，湘丰茶业投资3200万元，建成世界上第一条全自动炒青绿茶生产线。世界一流的绿茶精制包装生产线，年可加工干茶3600吨，其中名优绿茶近1000吨，产值可达4亿元。

除了硬件更新换代之外，制茶的原料——茶叶的质量更显得至关重要。"基地不牢，地动山摇"是汤宇经常挂在嘴边的一句话，从中可见他对产品原料的重视。其实从1999年开始，汤宇就通过新开、承包两种方式，在努力扩充自有茶叶基地的同时，还通过与镇上各村级茶场、各种茶大户签订鲜叶收购协议，进一步扩大原料基地面积，所有的茶叶基地均按照制定的茶叶种植规程进行培育和管理。

为了提高茶叶的鲜叶品质，在汤宇的倡导下，湘丰茶业与湖南省茶叶研究所实现成功合作对接，建立的亿株优质良种茶苗繁育基地，已成为国内最大的茶苗繁育基地。通过新扩、品改、承包、订单等方式，推广优良品种，良种茶比例占到了90%以上。为了增强市场的占有率，加快公司的发展，不断开发新产品，使企业和产品知名度得到快速提高，从2000年起公司先后与中国社会科学院亚热带农业生态研究所、湖南农业大、南京农业大、华南农业大、湖南省茶叶研究所等院校合作，引进管理科技人才，同时进行新产品的研制与开发，加快科技成果的转化。先后开发出白露毛尖、降火茶、迎春早茶、水晶粉丝、金湘米等10多个新产品。

目前，湘丰茶业公司拥有茶叶鲜叶原料基地20万亩（其中自有茶园4.5万亩，合同承包茶园2万亩，订单农户茶园3.5万亩，协议收购基地10万亩），生产基地主要辐射本县的金井、双江、开慧等8个乡镇及浏阳、汨罗、平江、保靖、石门的22个乡镇、152个村，涉及近20万农户。

10多年来，汤宇带领他的企业，围绕"农"字做文章，致力于做大基地、做强产业、做响品牌，企业得到了健康快速的发展。茶叶产品荣获第三届、第四届中国国际茶业博览会金奖，连续6届获"湖南省国际农博会金奖"，"湘丰"茶叶商标和星香"大米是湖南省著名商标，"湘丰"牌绿茶、红碎茶成为湖南省名牌产品。

一企多业 "情"牵乡亲

除了茶叶做出了精彩,汤宇把当地的其他两样涉农产品也做出了规模和效益。这就是红薯和稻谷。2003~2004年,在自己的茶厂得到初步发展后,在资金上有了宽裕的汤宇的坚持下,湘丰茶厂控股成立了长沙湘丰金薯食品有限公司和长沙湘丰星香粮油购销有限公司,在抓主业茶叶的同时,不失时机地开拓了红薯淀粉、水晶粉丝和优质大米三个新项目,进军当时并不被人看好的红薯和稻谷加工行业。

"我认为企业多一个产业,农民就会多一条增收渠道。"汤宇说这是他做这两个产业的初衷,"湘丰是在农村成长起来的,这就决定了企业必须自始至终与农村和农民紧密联系在一起,这也是湘丰发展的根本。"一企多业惠农民,汤宇说了更做到了。2006~2009年,湘丰茶业先后控股成立了湖南百里茶廊有限公司、湖南保靖黄金茶有限公司、长沙湘丰茶叶机械制造有限公司、湖南壶瓶山茶业有限公司。2010年,汤宇个人还控股成立了湖南湘丰投资控股有限公司,湘丰茶业控股成立湖南开心慧明茶业有限公司。

至此,以汤宇作为实际控制人的公司达9个,涉及茶叶、旅游、茶叶机械、红薯、稻米、投资等多个领域。但农业产业仍然是主打产业,各公司既相互独立经营,又互补互利,初步形成了现代农业产业集团的格局。"我是农民的儿子,我要尽我所能帮助更多的父老乡亲过上好日子。"这个最朴素的想法是汤宇创业的原动力。

面对青山绿水,汤宇告诉我们,现在湘丰有员工1300多人,其中960人是周边乡镇的农民;公司自有的4.5万亩茶叶基地为周边市、县、乡镇的闲散劳动力创造了鲜叶采摘的创收机会。高峰期间,每天有3万多人采茶,近3年来,采茶工累计达到240万人次,公司共支付采摘工资6200万元。截至2009年年底,湘丰的订单农户已达4万多户,各类农户平均每亩可增收800元至1500元不等。

自称木匠出身、没读过多少书的汤宇,还有着更大的"野心",目前投入了大量科研资金,与中南大学、中国科学院等一起联合开发研制国内首条全自动炒青绿茶生产线,预计2011年4月将研制完工,2012年可推向市场。为了谋求更大的发展,汤宇和他的团队正积极力争早日实现创业板上市。

从10多年前濒临倒闭的脱甲茶厂,变身到今天的湘丰集团;从名不见经传的小茶厂,到成功跻身中国茶业30强的国家级茶叶标准化示范企业,成为中国科学院唯一一家有机茶示范基地,建设中国最大的无性系良种优质茶苗繁育基地。湘丰,在汤宇的带领下,正继续完美演绎着"善绿者,丰"的神话。

对 话

坚持就是胜利

问：如今，可以说您和您的企业取得了辉煌的成绩，那么在这个发展的过程中，曾经遇到了什么样的困难？您又是如何一一克服的？

汤宇：是呀，任何创业都不会是一帆风顺的，也不可能一蹴而就，总会遇到这样那样的困难和挫折，我也不例外。在这个过程中，首先，遇到的便是资金难题。由于当时茶叶市场不被看好，很多银行都不敢贷款给我。情急之下，我就厚着脸皮借遍了亲朋好友，找遍了能找得上的银行，个中滋味真是一言难尽。其次，就是技术人才问题。说实话，我刚开始对茶叶种植技术并不懂行，加上当时农村这方面的专业人才也缺乏，又离城市太远，真找不到合适的人。当时，我就把附近稍微有点经验的老农一个一个请到厂里，后来规模大了，我们又聘请了一些高学历、高技术的专家。再次，就是在发展基地、承包茶山的过程中，有个别村民不理解，不支持，明明是一件互利互惠的好事，他们却不合作。我只能不管白天黑夜，一家一家地上门做工作，并且保证他们会从中得到更多收入。

问：您怎么看待所从事的茶叶生产，它是怎样一个行业？

汤宇：我们种茶的有句话最能说明这个问题，"家有一园竹，子孙一觉到饭熟；家有一园茶，子孙累得要起爬"。

问：创业这么多年，也经历了这么多坎坷，让您记忆最深刻的事情是什么？

汤宇：10多年来，遭遇挫折的次数我已经记不清了，但是在我的印象中最深刻的要算是2001年。那年，一场冰雹把我的厂房、基地打得百孔千疮，辛苦了几年的收成转瞬间成了泡影。当时对我的打击很大，不过还好，我最终还是坚持了下来。

问：大家都知道涉农企业大多是微利行业，比如说咱们的稻米加工业。另外，听说您个人还控股成立了湖南湘丰投资控股有限公司。从这些方面来看，湘丰是不是会改变自己最初的"农业企业"的发展主线？

汤宇：湘丰确实涉足了多个行业，在走"一企多业"的路线。目前，公司业务涉及到茶叶、旅游、茶叶机械、红薯、稻米、投资等多个领域。但农业产业仍然是我们的主打产业，正像我经常说的那句话——企业多一个产业，农民就会多一条增收渠道。

杨广川：
搭建农产品交易高效平台

·姜华山·

人物简史

杨广川，1964年出生，河南省郑州市柳林镇刘庄村人。1982年毕业后，从事运输行业；1993年，开办郑州市隆基石材有限公司并任总经理；2003年至今，在郑州农产品物流配送中心有限公司任总经理兼法人代表；2009年当选郑州市第十三届人大代表；2007年10月25日，杨广川作为全国唯一一家市场代表，受国务院邀请参加在山东省潍坊市召开的全国产品质量和食品安全专项整治第二次现场会，并做了题为《做好市场准入工作保障蔬菜质量安全》的发言，受到时任国务院副总理吴仪的高度评价。

在刘庄蔬菜批发市场，平均3秒钟就会有一辆车驶进市场，平均6秒钟就能完成交易，平均28秒钟就能结算完毕，每天的交易额高达千万元……但杨广川把今天所取得的成绩归功于信任他的商户、支持他的员工，甚至归功于河南是个农业大省、郑州是个商贸都市，他自己只是抓住了一些机遇。而他真正的目标是——提升河南农产品市场在全国的地位。

如果提起郑州农产品物流配送中心有限公司，别说在全国，就是在郑州也不一定有几个人知道，但是如果提起刘庄蔬菜批发市场，别说在郑州，就是在全国也是大名鼎鼎，它是目前中原地区规模最大、功能最全、辐射能力最强的蔬菜农产品专营集散中心。其实，这两个名字所指的是同一个企业，由于郑州农产品物流配送中心有限公司地处刘庄，又以蔬菜批发为主，所以人们习惯地将其称为刘庄蔬菜批发市场。

"在刘庄市场，平均3秒钟就会有一辆车驶进市场，平均6秒钟就能完成交易，平均28秒钟就能结算完毕……"说此话的是刘庄蔬菜批发市场总经理杨广川，虽然他的名字如同"郑州农产品物流配送中心有限公司"的名字一样不为人熟悉，但在"蒜你狠"、"豆你玩"、"姜你军"等农产品大幅涨价的今天，作为连续7年获称"全国蔬菜批发十强市场"的决策者，他所作出的每一项决策与规划，却又与千千万万的消费者息息相关。

而在交谈中，杨广川却表现得非常谦虚，他把今天所取得的成绩归功于信任他的商户、支持他的员工，甚至归功于河南是个农业大省、郑州是个商贸都市，而他自己只是抓住了一些机遇，付出了比别人更多的努力。

从建材到蔬菜的跨越

杨广川是郑州市柳林镇刘庄村人，1982年高中毕业后，刚满18岁的他就开始从事汽车运输行业，抓住了改革开放的先机，走在了时代的前沿。在赚取了第一桶金之后，1988年，他又开办了金水绿城建材供应站，做起了建材生意，把握住了城市扩展的机遇，生意是越做越大。1993年，杨广川在柳林镇刘庄村北开办了郑州市隆基石材有限公司，并任公司总经理。

时间转眼到了2000年，经常出入郑州市区的杨广川明显感觉到了新的机遇正在来临。"那时的刘庄还是一片荒芜的黄沙岗，当时，我考虑随着城市发展步伐的加大，用不了几年城区将扩展到这里，未来刘庄将会成为郑州市的菜篮子和米袋子。"杨广川回忆说。已在建材市场做得顺风顺水的杨广川决定抓住这个机遇，提前下手，建立刘庄蔬菜批发市场。然而，当他把这个决定告诉给家人时，却遭到了家人的一致反对。他们的理由是建材与蔬菜是两个毫不相关的行业，贸然进入，风险太大。但生性耿直的杨广川依然坚信自己的眼光与想法，他力排众议，决心把这个市场建起来。

为了省钱，他自己琢磨，自己规划设计，并且自带干粮到山东实地了解考察，通过熟人和朋友论证蔬菜市场的可行性。几易寒暑，几经改造，杨广川终于在2002年建成了现在的郑州刘庄蔬菜批发市场。"建市场不易，培育市场更难。其中滋味，没有经历过的人永远难以想象。"看着今天的成就，杨广川感慨万千。

为了吸引蔬菜批发商，杨广川当时的经营策略在业内产生了很大的争议。他承诺，刘庄蔬菜批发市场从开业之日起，进入市场内的所有客商半年内不收任何管理费用和摊位费。他还专门对一些长期经营批发蔬菜生意的大客户进行公关宣传，只要连续3年以刘庄蔬菜批发市场作为唯一销售场所,并动员其他商户到中心进行经营;市场管委会将根据生意的大小一次性补贴给商户现金(3万至30万元不等)。这些措施一出台就吸引了大量的商户前来经营,交易额呈不断上升趋势。原来不少长期在陈砦蔬菜批发市场经营的大客商,纷纷转入刘庄蔬菜批发市场进行经营。

作为当时河南省最大的蔬菜批发聚散地,陈砦蔬菜批发市场受到了严峻的挑战。为了应对挑战,陈砦蔬菜批发市场也被迫制定了一系列与刘庄蔬菜批发市场类似的优惠措施,以至于当时的媒体发出了"经营免交管理费用,倒贴现金补助商户,郑州两蔬菜市场拼死恶战"的报道。"现在想来,从某种程度上讲,竞争反倒为我们双方培育出了更大的市场。我们当时推出的优惠措施,使一些在周边省份西安、保定、武汉、石家庄等地的大蔬菜批发商也开始向郑州转移。"对于当时的短兵相接,已经功成的杨广川说道,不仅没有让人看出骄傲,而且多了一些成熟与理性。

跳出郑州做市场

为了能在激烈的竞争中生存下来,并不断地发展,杨广川可谓是绞尽了脑汁。他在应对外部风险的同时,有计划地推进市场内部变革,以便在稳定中有更好的发展。因为在他看来,竞争有利于净化市场自身的抗风险能力,鞭策市场发展。而最终让刘庄蔬菜批发市场脱颖而出的是,杨广川对它的定位一开始就与竞争对手不同,他认为,郑州一些大的农产品批发市场之所以遇到了发展的瓶颈,都是因为没能跳出郑州做市场。因此,刘庄蔬菜批发市场必须跳出郑州市场。

在这种定位下,从一开始,杨广川就成立了农产品物流配送中心有限公司,实行市场以"公司+产地和销地批发市场(中介商户)+基地+农户"的经营管理模式,大力拓展省外和国内市场。"这其实是一种魄力,只有高定位,才会有大市场。现在的专业性市场管理,已经不仅仅局限于收收房租、看看大门那么简单了。"刘庄蔬菜批发市场总经理助理李森对杨广川当初的这一决策敬佩地道。

通过8年的发展,刘庄蔬菜批发市场已跻身国内农产品经营流通行业的前3名,连续7年获得"全国蔬菜批发行业十强市场"称号。更令杨广川引以为豪的是,今天的刘庄市场农产品供需及价格行情已影响到国内主要的农产品市场和国家级大型农产品生产基地,对国内农产品的产供销起到了积极有效的指导作用,且影响将会越来越突出。

同时,刘庄蔬菜批发市场还充分利用郑州大商贸城的区位优势,扬长避短,有效地发挥了市场对资源的基础性配置作用,为政府宏观调控和广大农民提供了一定的科学决策依据和供求致富信息,带动了中原地区及异地农业经济结构调整,在一定程度上促进了农业产业化经营快速、健康地发展。截至目前,除国内主要的农产品生产基地的反季节时令蔬菜及部分土特产在刘庄市场大量交易外,河南省内的中牟、开封、杞县、通许、尉氏、扶沟、商丘、新郑等地数百万亩蔬菜基地、上百万户菜农的产品也以刘庄市场为主要集散地,把河南的农产品运销到全国各地。

而2010年6月10日是让杨广川久久难以忘记的一天。当日下午,国务院总理温家宝在农业部部长韩长赋、河南省省委书记卢展工、省长郭庚茂等领导陪同下,来到刘庄蔬菜批发市场视察。当听到市场是全国性蔬菜批发市场,交易辐射全国20多个省市时,温总理指出:"要把市场做大、做强、做稳,多为商户、为农民办实事。"这让杨广川感触很大。在业内人士看来,刘庄蔬菜批发市场的兴起,大大提升了郑州市及整个中原地区农产品经营的市场档次和规模,加强和提高了郑州在全国的影响力和知名度,进一步完善了农产品批发、零售、配送三大流通环节的有效结合。然而,在杨广川的眼里,这些都还不够,他的眼光更远,目标更大。

提升河南地位

在杨广川看来,作为一个农业大省,近年来,河南省的农产品市场发展迅速,目前已初步形成了多渠道、多主体参与,国家、集体、企业、个体一起上的市场建设热潮,建成了一大批农产品综合批发市场和特色明显的农产品专业批发市场。据统计,全省现有农产品批发市场几百个,其中综合性市场和蔬菜市场占市场总量的一半以上。

但值得注意的是,这些农产品批发市场的赢利模式雷同,交易方式、交易品种、交易群体、功能定位也十分相似。各批发市场为了争夺客户经常采取补贴或降低收费标准等低水平竞争策略。这也造成了现有批发市场在食品安全防控体系建设、标准化建设与推广、产业带动等方面发挥作用不明显等问题。此外,现有农产品批发市场管理粗放、简单,不能提供更有深度的服务,因此核心竞争力不突出,很容易被竞争对手模仿或复制。

杨广川认为,河南农产品市场的现状与河南作为全国重要的农业大省的地位很不相符,他想通过自己的努力改变这一现状,提升河南农产品市场的地位与档次。其实,从2009年开始,杨广川就开始实施了自己的计划。"刘庄市场在郑州东区正在开发建设河南万邦国际农产品物流园项目,项目一期占地1600多亩。计划总投资15亿元。项目建成后,预计农产品年交易量达1000万吨,年交易额260亿元。"到时它将成为中西部乃至国内规模最大的农产品物流中心。项目现在已开工建设,预计2011年年底投入运营。"杨广川以一种少有的兴奋向我们透露道。

虽然新项目尚且令人期待,但是杨广川的又一个新计划已经抛出:刘庄市场预计3年内登陆国内资本市场。2010年9月16日,在刘庄蔬菜批发市场的八周年庆典上,杨广川一语既出,全场震动。对此,杨广川解释说:"目前,刘庄市场每年的利润额都在1000万元以上,具备了最基本的条件。从2011年开始,刘庄市场还要加大品牌和营销渠道的宣传建设,增强市场未来的赢利能力。这些条件具备后,市场在创业板上市就更有可能。现在我们一边建新市场,一边做咨询、规划报表等一系列上市工作,争取尽早成为全国第一家上市的大型蔬菜批发市场。"

对 话

做全国最大的农产品物流中心

问：2002年，刘庄蔬菜批发市场成立。当时郑州市已经有陈砦与毛庄两个规模较大的蔬菜批发市场。请问，成立刘庄市场的背景是什么？

杨广川：我是刘庄人。虽然当时的刘庄还是郑州市的荒郊野外，但是我感觉到城市的发展步伐很快，用不了几年城区就将扩展到这里。到那时，刘庄肯定会成为郑州市的菜篮子和米袋子。所以，我决定投资再建一个蔬菜批发市场。

问：现在刘庄蔬菜批发市场的交易量远大于其他市场，你们是如何在竞争中占据上风的？

杨广川：竞争是有的，但也是动力。长期以来，郑州的大批发市场都没能跳出郑州做市场，原因是他们的定位不同。刘庄市场从一开始就为自己定位，必须跳出郑州市场。为适应发展所需，从一开始，我们就成立了农产品物流配送中心有限公司，实行市场以"公司+产、销地批发市场（中介商户）+基地+农户"的经营管理模式，大力拓展省外和国内市场。

问：现在刘庄蔬菜批发市场的交易量怎么样？

杨广川：我们在蔬菜批发市场行业，可以说是中原最大的一家，从年交易额算应该是全国前5名，如果按综合指数排名，也在前10名以内。刘庄市场占地400余亩、固定及流动商户5000多家、年成交额在36亿元以上。

问：河南是一个农业大省，您认为农产品市场对于河南而言有什么样的作用？

杨广川：今天的刘庄市场农产品供需及价格行情已影响到国内主要的农产品市场和国家级大型农产品生产基地，对国内农产品的产供销起到了积极有效的指导作用，且影响将会越来越突出。同时，刘庄市场还有效地发挥了市场对资源的基础性配置作用，为政府宏观调控和广大农民提供了一定的科学决策依据和供求致富信息，带动了中原地区及异地农业经济结构调整，在一定程度上促进了农业产业化经营快速、健康地发展。

问：据说刘庄蔬菜批发市场在郑州东区正建设一个新的物流园区，是吗？

杨广川：为将农产品物流做大做强，解决市场现有交易场地不足的局面，我们在郑州东区正在开发建设河南万邦国际农产品物流园项目，一期占地1600多亩，计划总投资15亿元。项目建成后，预计农产品年交易量达1000万吨，年交易额260亿元，成为中西部乃至国内规模最大的农产品物流中心。

中国粮油 财富解码
DECODING

向勇：
无招胜有招"摘星"油脂业

·张广普·

人物简史

向勇，1962年出生，河南省光山县人，1985年毕业于河南省粮食干部学校（现河南工业贸易职业学院）；1985~1995年任光山县植物油集团公司副总经理；1995年~2000年辞职做粮油贸易；2000~2005年合资创建北京博路通实业有限公司，任副总经理；2005年回乡收购光山县植物油集团公司建立四方植物油厂，任厂长；2008年创立四方植物油有限公司，任董事长兼总经理至今。

10多年后，当他携资回乡收购原来的县植物油公司，创立四方植物油有限公司，并在短短几年时间中经过股份制改造、滚动式发展，生产经营规模迅速扩大时，人们才明白，向勇不是"疯"了，他只是在自己理想的道路上执著地前行。

科班出身，一毕业就对口分配到县植物油公司工作，从技术员到技术科长再到副总经理，在1995年以前，向勇的职业生涯可谓顺风顺水。然而，就在1995年，向勇作出了一个决定，辞职下海，这一举动在当时的人们看来，无疑觉得他疯了。

初入商海 "信誉就是生命"

河南省光山县历史悠久、景色宜人、农业资源丰富，是全国粮油基地、茶叶之乡、青虾和麻鸭原产地，粮、油、棉、林、果、茶、畜禽、水产等是其支柱产业，素有豫南"鱼米之乡"的美称。从小生长于此的向勇对家乡有着浓厚的感情。

1985年从河南省粮食干部学校毕业后，深爱自己家乡的向勇毅然选择回到光山县植物油公司，做了一名普通的技术员。他说："当时没想那么多，能在自己的家乡做一名国企的员工，挺好，剩下的就是好好工作，希望自己所学的知识能为国家作贡献，推动公司的发展"。

但是"树欲静而风不止"。20世纪90年代，随着改革开放的不断深化，周围的人一个个通过做生意富了起来，头脑灵活的向勇坐不住了，觉得自己又不比别人笨，又有知识有技术，为什么自己就不能富起来呢？1995年，已经是公司副总经理的向勇毅然决然地辞去公职，带着从亲戚朋友处借来的3万元钱，自己做起了粮油贸易。凭着专业知识和对粮食市场的熟悉，向勇很快成为远近闻名的粮食经纪人。当时的向勇，做生意全凭诚信，总认为只要自己真诚地对待别人，就一定能换来别人的诚信。然而，事实并非如此。

1997年年底，向勇给河北某公司发了价值150万元的货，而货款却迟迟不能到位，当时为了能接下这笔生意，备货资金不足的向勇就向亲友转借、向银行贷款，甚至一部分货就是靠自己一贯的好信誉担保拿过来的，货款一旦不能到位，那就意味着他对大家的承诺变成一句空话。这对一向视信誉如生命的向勇来说，是无论如何也不能接受的。他说："当时我没想自己有多大损失，只有一个念头，这钱必须要回来，大家的钱一定要还上"。随后，向勇的生意几乎停止，每天都奔波在要账的路上，找法院、请律师、诉讼、调解，整整两年时间，在向勇努力不懈的追讨下货款终于要了回来，向勇不但还了大家的钱，还补上了两年的利息。

两年的讨账路让向勇心力憔悴、身心疲惫，整个身体都瘦塌了架。回忆起那段时间，向勇说："两年里，我都没睡过一个安稳觉，压力太大了，150万元不是个小数目，如果不要回来，我砸锅卖铁也换不上。亲朋好友们都没来找我催债，他们相信我只是一时的困难，但越是这样我压力越大，能不能要回来，我心里也没底，如果要不会来，我都不知道该怎么面对他们，面对他们的信任……在我记忆中，我睡的最香的觉，就是还完最后一家欠款的那天晚上"。

漂亮翻身 "曲线救国"

成功人士共有的特质就是越挫越勇,向勇也不例外,经历了长达两年的讨账辛酸后,向勇并没有因此畏首畏尾停滞不前,而是很快重整旗鼓,恢复了往日的雄心。

2000年国内连续两年菜籽油丰收,菜籽价格走低,但向勇却分析,由于国内养殖业的迅猛发展,对菜粕的需求量很大,这两年对外进口的油菜籽的数量在不断增加,国际市场的价格必然影响到国内油菜籽的价格。当时的油菜籽生产情况是国内丰收而国际上减产,所以后市油菜籽价格必然走高,也就是说菜粕的价格也一定会涨起来。

2000年8月,当油菜籽价格还处于低位的时候,当大多数经纪人和企业还在观望的时候,向勇再次筹集资金果断出手,开始大量收购菜粕。从2000年8月开始一直到2001年1月,他累计收购了数千吨的菜粕,当时没有仓库,又为了运输方便,向勇在公路两侧租用了上百间民房存放菜粕,雇佣工人24小时轮班巡视管理。当我们问向勇就不怕赔钱吗?他说当时对自己的判断非常自信,这既来源于他多年的从业经验,也来源于有理有据的理性分析。事实证明,向勇这次的判断是正确的,在向勇停止收购后不长的时间里,由于国内需求的增长和国际油菜籽价格的上涨,国内市场的油菜籽价格也开始上扬,带动了菜粕价格的上升。2001年3~4月,向勇将手中菜粕陆续出售,短短的两个月就赚取了120余万元的利润。

经过这次漂亮的翻身仗,向勇又有了新的想法。在这次收购中,向勇看到建立自己企业的重要性,"如果我有自己的企业,有加工、有仓储、有物流,那么我这次正确的判断就会产生更大的利润"。向勇说。但是要建立一个粮油企业不同于做粮油贸易,有过企业管理经验的向勇很清楚这一点,首先就是资金问题,虽然自己有一些资金积累,但这些资金要想建立一个粮油企业还远远不够,于是向勇将目光投向了更远的地方。

2000年3月,向勇与人合资在北京注册成立了北京博路通实业有限公司,任副总经理,经营旧房拆迁改造和建筑业。回忆起这次创业,向勇说:"创业初期,我们人员资金不多,机械也不先进,我自己也要亲自参加劳动,我轮过大锤,抬过撬杠,开过打桩机。"凭着这种吃苦耐劳的精神,向勇的博路通实业有限公司终于在首都站稳脚并拥有了自己的市场份额。到后来,博路通实业有限公司又开始慢慢涉足房地产行业,企业越做越大,向勇也不用像当初那样再亲临一线工作了。但是,向勇并没有开始享受这种生活,他没有忘记自己是为什么出来的,也没有忘记自己创立这个公司的初衷。

回归粮油 "助人幸福"

2005年,经过市场调研,向勇收购了自己原来所在的光山县植物油公司,建立四方植物油厂,从事粮油加工销售。回归到粮油行业后,向勇的干劲十足,带领企业员工学技术、抓生产。不久,四方植物油有限公司主打的菜籽油就走出本地市场,销往鄂、豫、皖、陕等地区。

2008年,向勇抓住河南省政府提出的油料"倍增计划"的机遇,引进省政府委托财政厅参股资金,成立了四方植物油有限公司。经过股份制改造,滚动式发展,公司生产经营规模迅速扩大,目前企业总资产1.8亿元,除去河南省财政厅参股的1200万元和银行贷款2000万元以外,向勇个人筹集了1.48亿元。目前,四方植物油有限公司年产能15万吨,2009年公司被信阳市评为"市级农业产业化重点龙头企业"。

2010年四方植物油有限公司的注册商标"四方乐"公示完毕正式生效,不久"四方乐"小包装食用油将投放市场走向千家万户的厨房餐桌。谈起对公司的经营管理,向勇坦言,现在的一些管理经验主要来自于在北京时的积累和自己的不断学习,虽然行业不同,但管理是有相通之处的。

在公司成立的这几年里,人才的引进和培养始终是公司战略重点之一,目前公司招收了大量的高素质专业人才,同时拨出大量资金组织员工进行学习培训。2008年至今先后选送20多批次工人到河南工业大学进修学习,还聘用河南工业大学油脂系主任刘玉兰为技术顾问,定期对员工进行培训或现场指导,以提高员工素质为企业做人才积累。

有了足够的人才储备,还要有严格的制度才能发挥人才的最大效用,在四方植物油有限公司的员工手册上,对于企业运转的每一个环节,都有相应的制度和奖惩措施,从原材料采购到财务资金管理,从加工操作到成品储存,甚至连卫生制度都有相应的规定,量化责任并落实到人。"再好的兵没有铁一样的纪律也是一盘散沙,良好的纪律,使每个人做好自己的工作,这样企业这个大机器才能高速运转,这些纪律不仅员工要遵守,我也一样要遵守,而且要做守纪的榜样。"向勇说。

软件的建设向勇不遗余力,硬件的投入他也从来不吝啬,公司成立之初,他斥巨资引进先进的生产设备。当时有人告诉他,有些设备可以买便宜点、简单点的,他的回答是:"设备可以简单点、便宜点,我的企业不能简单不能便宜,我们要出一流的产品,就不能在设备上斤斤计较,我是个节省的人,但这个不能省。"大巧若拙,大智若愚。向勇的经营策略看起来好像似乎没什么高明,既没有花样翻新的广告宣传,也没有奇招百出的营销策略,就是凭着实实在在的投入,培养一流的人才,执行严格的制度,使用先进的技术设备,苦练"内功",最终打造出一流的企业,生产出一流的产品,也自然得到市场的认可,得到消费者的信赖。这一切都是在毫不华丽的朴实行动中实现的,而又有谁能说,这不是真正的智慧,这不是高明的经营策略呢?

如今的向勇是企业家,更是慈善家,每年他都为县里的敬老院和孤儿院捐款捐物,汶川和玉树地震时他也慷慨解囊为同胞送去温暖。向勇说:"现在企业的员工有一大部分是原来的下岗职工,我觉得能为他们创造就业岗位,能培养他们掌握新的劳动技能,我感到很骄傲,做企业有酸甜苦辣,但想想能帮助这么多人,也很有成就感,很幸福。"长风破浪会有时,直挂云帆济沧海!相信有这份执著在,有这份对粮食行业的感情在,有这种企业家的责任感在,向勇一定会带领他的企业越做越大,成为油脂行业内一颗璀璨的明星。

> 对 话

让"四方乐"走四方

问：2000年，您在北京与人合伙创立了北京博路通实业有限公司，涉足房地产和建筑工程行业，您也在这个行业中积累了不少财富。那么，是什么原因让您放弃这些回到家乡重新回到粮食行业？

向勇：客观地说，房地产和建筑行业确实很赚钱，但我觉得房地产行业我找不到自己的定位。我大学时学的就是粮油加工储藏专业，参加工作后的十几年一直从事粮油行业，创业初期也是粮油行业给了我第一桶金，在这个行业里我总有如鱼得水的感觉。粮食行业是一个可持续发展的行业，加上近年来，随着人民生活水平的提高，食用油的消费量不断增加，国家政策对粮食行业的倾斜，让我感觉到粮油行业的发展前景很好。

问：从离开原单位做粮食贸易到创立四方植物油有限公司，一路走来经历过失败的挫折，也体验过成功的幸福，回头看看自己的创业之路，您有什么感悟？

向勇：在这个过程中有一点自己的体会，那就是有舍有得。放弃了当初的工作得到了今天的发展，舍弃很多娱乐爱好全身心投入工作得到了人生价值的实现。

问：有媒体说现在我国食用油的总体产能过剩，行业内恶性竞争严重，您同意这种说法吗？如果是这种情况，您怎么看？

向勇：产能过剩问题是存在的，现在是市场经济，哪个行业发展前景好，必然会吸引资源的投入，竞争更是无处不在了，但竞争是市场经济的特点，没有竞争就没有优胜劣汰，也就达不到资源优化配置，市场经济体制下无论哪个行业都是如此，粮油行业当然也不例外，所以我认为竞争很正常。但是，这其中的恶性竞争就另当别论了。从长远的眼光来看，使用不正当的手段进行竞争的企业可能会一时得利，但最终会被市场淘汰的。企业要想在竞争中立于不败之地，归根结底就是一句话"内抓管理，外树品牌"。

问：请您谈谈四方植物油有限公司未来几年的发展方向。

向勇：在未来几年，我们在保证菜籽油压榨的基础上将投产大米加工和米糠油加工，实施品牌战略，让"四方乐"这个品牌真正地走向"四方"。

阎仲黎：
齐齐哈尔的"粗粮王"

·闫 巍·

人物简史

阎仲黎，回族，中共党员，高级工程师，1962年4月出生于黑龙江省齐齐哈尔市，毕业于哈尔滨建筑工程学院，现任黑龙江省中小企业协会常务理事、齐齐哈尔市第十四届人大委员。

1987~1992年，在齐齐哈尔乳品厂工作，任副厂长；1992~2002年，创建齐齐哈尔铁峰区瑞盛香油厂，任厂长；2002年8月，在原瑞盛香油厂的基础上组建瑞盛食品制造有限公司，任董事长至今。

1992年以1万元创建香油作坊，发展到现在占地百亩、资产过亿的瑞盛食品制造有限公司，阎仲黎靠的是不断创新的理念和永不消减的激情。

在19年的创业过程中，他深谙经商之道，在商海中如鱼得水；在19年的奋斗发展中，他怀揣信念不变不移，立志做利于百姓生活的事业。

"在未来的发展过程中,我们要充分利用好科技优势,把'粗粮'做成'细粮'。"在黑龙江省齐齐哈尔瑞盛食品制造有限公司(以下简称瑞盛食品公司)的办公室中,董事长阎仲黎兴致勃勃地向我们描述起公司发展的方向。

面前的阎仲黎个头不高,戴着一副金丝边眼镜,看起来温文尔雅,但他举手投足中又透露出企业家特有的果断、坚定和雷厉风行的气质。

1992年以1万元创建香油作坊,发展到现在占地百亩、资产过亿的瑞盛食品公司,阎仲黎靠的是不断创新的理念和永不消减的激情。

"挫折"变"转折"

阎仲黎拥有同龄人少有的创业经历。1987年,刚刚从哈尔滨建筑工程学院毕业的阎仲黎被分配到国营齐齐哈尔乳品厂。短短5年时间,从技术员到能源科科长,无论在哪个岗位上,阎仲黎都勤勤恳恳、踏实工作。凭借过硬的技术水平和管理能力,阎仲黎被提升为齐齐哈尔乳品厂负责技术的副厂长,成为当时厂里最年轻的副厂长。

"阎总的脑子很好使,年轻的时候就很喜欢钻牛角尖,对于搞不懂的问题总要摸个清楚,问个明白。"瑞盛食品公司的副总经理孙耀辉介绍说。

齐齐哈尔乳品厂给年轻的阎仲黎提供了一个施展才华的平台,作为厂里为数不多的大学生,阎仲黎很快成了厂子里的科技研发主力。他白天在车间工作,晚上在宿舍学习,不久,他所参与、主持的新产品开发项目荣获了轻工业部、黑龙江省轻工业厅"科技成果二等奖",他本人也获得了齐齐哈尔科委"科技进步奖"。

1992年邓小平南巡讲话,激励了一大批人"下海"经商,阎仲黎就是其中之一。"当时作出这个决定很不容易,毕竟自己是在国营单位担任领导,工作稳定,但是小平同志的一番话,激发了我的激情,我要在而立之年干出一番事业来。"阎仲黎回忆说。

于是,年仅30岁的阎仲黎从齐齐哈尔国营乳品厂副厂长的位置上退下来,开始了他的商海生涯。之前一直做技术的阎仲黎对于经商没有任何经验,一切都得从头学起。"创办厂子之前,我一直在做市场调研。我坚信,只有找好市场、选好项目,投资才有回报。"阎仲黎说:"我从不打无准备之仗。"敏锐的市场意识,是商人必备的素质。经过半年的市场考察,阎仲黎觉得随着人们生活水平的提高、消费习惯的改变和食物结构的改善,食用油和调味品市场大有潜力可挖。

找准方向后,1992年,阎仲黎把全部的家当押上,凑足1万元开始创业。创业初期,只有一个面积仅十几平方米的厂房和一台老式的石磨,生产工人只有5人,开始了第一批瑞盛香油的生产加工。

产品推广的过程更不容易。为了打开市场,阎仲黎带领职工每天用自行车送货到齐齐哈尔各大调味品批发市场和散装香油市场。通过努力,质优价廉的瑞盛香油在齐齐哈尔地区慢慢打开了销路。"当时的创业日子很苦,但现在回忆起来却很幸福。"阎仲黎回忆道。

一分耕耘终有一分收获,随后,瑞盛香油厂的效益和规模越来越大,阎仲黎也成了鹤城的知名人物,1999年被选为齐齐哈尔市第十二届人大代表。

"粗粮"变"细粮"

齐齐哈尔是我国重要的农产品生产基地,拥有耕地约3000万亩,盛产大豆、玉米等农作物,在杂粮、油料、谷类等特色作物上具有较强优势。

但身为齐齐哈尔人的阎仲黎发现,黄豆、粟米这两样绿色作物,每年都会被当做低廉的原料销售给海内外食品加工企业,然后再"摇身一变"成为了口碑、效益俱佳的健康食品返销回来。

"当地自产的好黄豆、好粟米,为何在齐齐哈尔就做不出好食物呢?这只能说明目前齐齐哈尔地区的农产物附加值太低。"2008年,在商海拼搏10余年的阎仲黎决心进行一场食物加工革命,把企业成长方向转向黄豆、粟米精深加工,把饭桌上常见的"粗食"变为"细粮"。 对于生产调味品起家的瑞盛食品公司来讲,食品精深加工完全是一个陌生的生产领域,这个产业成本投入大,国内技术尚待成熟,风险也很大。

然而,阎仲黎看好大豆组织蛋白加工与玉米深加工的优势和市场前景,他认为:"植物蛋白在未来的食品市场上会占有一席之地的。"与创业初期一样,阎仲黎又作足了战前的准备。通过瑞盛食品市场考察团前期的市场调研,阎仲黎了解到,高品质的大豆蛋白,因其全面的营养价值和独特的保健功能在国外已形成势不可挡的新型食潮。目前,大豆蛋白除了作为肉制品添加剂以外,还可以作为营养素加入到肉食品、素肉食品(仿肉食品)、豆乳、冰淇淋、焙烤食品、巧克力、点心、调料等食品中。

"只靠自己的科研团队搞科技创新是不行的,要有效地利用各种资源。"阎仲黎说。在确定企业未来的发展方向后,阎仲黎先后组织企业专业技术人员到黑龙江大学、齐齐哈尔大学、齐齐哈尔医学院及武汉大学学习,了解国内外大豆组织蛋白生产核心技术的研发动向、工艺设备、技术应用及趋势,同时他还反复研究加工技术和配方,并委托湖南长沙富马科食品机械制造公司为两个生产项目配方"量身定做"专利生产线。

2009年6月,经过一年多的准备,当金灿灿的玉粒煨饭米、纤维状的大豆蛋白成品新鲜"出炉"时,阎仲黎一直悬着的心终于有底儿了。当月,瑞盛食品公司一举买下了8条生产线,为年产4万吨大豆组织蛋白加工项目和年产4万吨"谷瑞金"玉粒煨饭营养米项目上马作好了准备。

据了解,总投资8006万元的4万吨大豆组织蛋白加工项目建成后,可带动大豆种植基地17万亩,可新增销售收入5.6亿元、利税2500万元,提供就业岗位120个。总投资10581万元的4万吨玉粒煨饭营养米项目,为国内创新的功能性食品项目,建成后可新增销售收入20855万元、利税7237万元。

"难得的是,两个项目都是经省环保厅批准的节能环保项目,加工过程中几乎不产生污染,做到了'零排放'。"同行的齐齐哈尔粮食局办公室主任王滨介绍道。项目虽然前景很好,但是销路又在哪里呢?面对这样的疑虑,瑞盛食品公司副总经理孙耀辉介绍,瑞盛食品公司不仅瞄准了国内肉制品生产企业的主要供应商,还把眼光投向了海外,为大豆植物组织蛋白正常生产、销售、出口办好了一切相关手续。

"目前,我们的清真食品在国内很有市场,公司拥有13张绿色食品认证证书,还拥有'HALAL'国际清真食品最高认证,所以生产的清真产品出口沙特阿拉伯等伊斯兰国家畅通无阻……一旦这两个项目正式投产,产品的高品质和良好的销售渠道将使瑞盛在看好植物蛋白的日本、韩国、俄罗斯、沙特阿拉伯等国外市场中异军突起。"阎仲黎说。

授之以鱼不如授之以"渔"

"牛有舐犊之情,羊有跪乳之恩",靠艰苦创业富起来的阎仲黎致富不忘回报社会。

随着企业发展,瑞盛食品公司对芝麻、花生、玉米、大豆等农产品的需求量逐年上升,巨大的采购量一下子就打开了原料供应基地的农产品销路,为加强原料基地建设,保障农民利益,阎仲黎采用了"公司+农户"的产业化模式。但刚开始,订单农业的效果并不理想,农户的订单履约率只有20%左右,粮源短缺问题摆在了阎仲黎的面前。

面对困境,阎仲黎起初也是一筹莫展。慢慢的他发现,自己之前推行的订单农业,只是签一个合同,而没有给予农户更多的指导和帮助,挫伤了他们的积极性。

找到问题的阎仲黎,从此加大向农户提供种子、农药、化肥等生产资料,以物质手段保证收购订单的履行。此外,在主要的订单区附加了粮食耕种技术等服务项目,配合农技站的技术人员,深入村寨落实品种推广,并进行技术指导、现场服务,以情感激励促进收购订单履约率的提高。

"现在我们的订单农业基地严格按照企业的需求来生产,企业在原料质量方面就有了保证……通过'闭环的财富产业链条',既解决了消费者对食品安全的疑虑,又解决了农民卖粮难的问题,并借此保证了从生产到食用整个链条的食品安全。"阎仲黎说。企业在发展的同时,阎仲黎也没有忘记自己所需要承担的社会责任,瑞盛食品吸纳了大量的就业人员,直接安排的农村剩余劳动力就有上千名。

另外,瑞盛食品全力拉动农村地区的发展,力求将"经济交换"转化为"社会交换",强化对农村地区的"造血"功能,通过政府指导、企业操作、农民参与的方式,他们先后建立了良种推广、技术培训、生产服务、保护价收购四大体系。

"农民如何富起来不只是政府的事情,作为民营企业家,我们也要参与到新农村的建设中来……对于收入暂时还不高的农民,直接的物质援助,可解一时之需,却不能根本改变落后面貌,而延伸农产品加工的产业链条,却为落后地区带来了机会,提高了当地经济活力……这就是授之以渔。这个'渔'既包括'捕鱼'的方法和工具,更包括"捕鱼"的意识和思想。"阎仲黎说。

● 对 话

瑞盛：引领"粗粮革命"

问：2008年之前瑞盛主要做调味品，您怎么想到将公司发展方向转到大豆和玉米的深加工上面？

阎仲黎：粮食行业是低利润行业，东北地区虽然是中国的大粮仓，但是粮食深加工产业却并不发达，长久以来都是靠买卖原粮来赚取利润，但是这部分利润太低。东北有着丰富的大豆资源，大豆富含蛋白质，因其全面的营养价值和独特的保健功能在国外已形成势不可挡的新型食潮。如果能将大豆蛋白纯化搞好搞精，走农产品精深加工路线，企业的产品附加值会大幅增加。

问：从一个做调味品的公司转型为农产品深加工公司，这其中的困难多吗？

阎仲黎：当时的困难很多，主要是自己的技术力量不行，我们的人员之前都是做调味品的，突然转型搞技术有点力不从心。我及时联系齐齐哈尔大学食品科学方面的教授给我们的技术人员讲课，搞懂了什么是大豆组织蛋白，学习生产流程、工艺设备、技术应用等，这对我们的项目上马很重要。

问：科技人才对于企业来讲十分重要吗？

阎仲黎：人才是企业发展的基石和保障，企业要做大做强，必须要重视人才，培养人才，还要能留住人才，这样才能增强企业发展后劲。

问：民营企业发展非常不易，在企业发展中您有没有干不下去的时候？

阎仲黎：2004年，我们要扩大企业的规模，投入近亿元购置土地、建设新厂房并购买了大批生产设备。公司将土地和房产抵押给了银行，但抵押所得款项并不能满足其融资需要，为了钱我当时愁得夜不能眠。不过，最后还是坚持了下来，政府得知我们的困难后，将我们的项目推介给了黑龙江辰能担保有限公司，将企业的股权质押给辰能担保公司实现反担保。

问：作为一个成功的企业家，您认为必须具备什么样的素质？

阎仲黎：要懂得利用人才，经营企业就是在经营人才。另外，人还要有责任感，要对自己负责，对家庭负责，对企业负责，对社会负责。

问：一个企业要取得长足的、可持续的发展，最重要的因素是什么？

阎仲黎：企业的领导是最关键的，军井未掘，将不言渴；军灶未开，将不言饿。一个企业怎么样，首先要看它的领导者，企业是老板思想的物化，领导者也要承担起企业全部的责任。

中国粮油财富解码 DECODING

马家杰：
一个现代农民的朴素梦想

• 姜华山 •

人物简史

马家杰，1966年出生，河南省淮阳县家杰农资合作社理事长。合作社拥有成员5000多户，常年在外租地40多万亩。曾被河南省农业厅授予"创业明星"先进个人称号，被河南省社会文化联合会评为"和谐河南先进工作者"，被河南省人民政府政策与发展研究中心授予"先进个人"称号。

他不仅精通农业技术，是名副其实的"田秀才"，还经营着1.6万亩的土地，被誉为"种粮大王"。他有一个朴素的梦想，就是让更多的农民能像自己一样也拥有几十万元的轿车，让自己经营的数万亩土地能像美国的大农场一样设备先进、环境优美。

在河南省周口市淮阳县曹河乡,有一位农民在当地极有名气。他经常开着价值30多万元的吉普车穿梭于田间地头;他不仅精通农业技术,是名副其实的"田秀才",还经营着1.6万亩的土地,被誉为"种粮大王";他已经拥有了足够的财富,但他从没有想过要离开农村;他有一个朴素的梦想,就是让更多的农民能像自己一样也拥有几十万元的轿车,让自己经营的数万亩土地能像美国的大农场一样设备先进、环境优美。

他,就是淮阳县家杰农资合作社理事长马家杰。

在与马家杰近一天的接触中,让人不禁发现,他今天的成功几乎是一种必然,因为他既有着农民的勤劳、质朴与憨厚,也有着商人的头脑与能力,再加上他精通种植技术与农业机械,在国家鼓励发展现代农业、规模农业、"打农经济"(与"打工经济"相对)逐渐兴起的今天,他顺理成章地就成为了"希望的田野"上的明星与带头人。

"田秀才"经商

"我叫马家杰,今年43岁,淮阳县曹河乡一个地地道道的农民,文化水平不高,今天在这里和大家共同学习交流创业的经过。"这是马家杰2009年在周口市各地进行巡回演讲时的开场白。他至今仍然很满意自己当时的演讲效果,他说:"虽然我说的不是普通话,但是我讲的内容最实在,鼓掌的人最多,会上想和我交流换名片的人也最多。"

正如马家杰所说,他虽然身着西装,但依然给人一种农民所特有的朴实感觉。虽然接触过不少媒体,也曾到各地发表演说,但简单的交流便能看出他文化水平并不高。因为,20世纪60年代出生的他与大多数农民一样,经常为吃饱穿暖而犯愁,总在想方设法走出困境,上学对于他们而言大多是一个奢侈的梦。但艰苦的时代同时也磨炼出了他们坚韧不拔、勤劳苦干的性格。

马家杰比别人稍微幸运的是,他的父亲马金榜对农业一往情深,酷爱钻研农业新技术,是当地小有名气的"土专家"。曾在曹河乡从事农业技术几十年,退休后被新乡市麦棉研究所聘为技术顾问。在父亲的影响下,马家杰同样在很年轻时就学得了一身农业技术好本领。但20多岁的马家杰并没有走父亲走过的路,而是于1990年开设了曹河乡第一家农资店和农药专营店。由于懂农业技术,待人诚恳厚道,他的生意一直做得很好,是乡里乃至县里的致富能手。但如同大多成功人士一样,马家杰的成长和进步之路并非一帆风顺,用他自己的话说就是"跌倒了再站起来"。

2004年听别人说到河北包地种植棉花很赚钱,马家杰就带着10多年的积蓄去河北包了200多亩地。开始时他非常自信,既懂种植技术又熟悉农资,以为自己最差也能保本经营,但没有想到是,不期而至的自然灾害让他这次赔了个一干二净。后来没有办法,他只有回家继续经营农资店。

或许是因为年轻,马家杰不甘心就这样失败了。当年的化肥行情好,一吨利润上百元,马家杰就想多进一点儿货,多挣一点儿钱把去河北包地赔的钱快点赚回来。于是,他就东借西借,加上贷款共找来20万元钱,到淮阳县化肥厂进货。令他再次没有想到的是,他刚交过钱不久,化肥厂的老板就带着钱跑了,他又赔了个精光。

仅仅几个月的时间,就接连遭遇了两次重大失败,赔进去了二三十万元,马家杰的日子实在没法过了,妻子卧床不起,整日以泪洗面。他很想出去打工,可以暂时逃避一下现实,但还账太慢了,躲到什么时候才是个头呢?最终,在朋友的安慰与帮助下,仅剩3间门面房而且背负16万元欠债的马家杰还是决定坚持下去,继续与农业为伴。

合作种粮一举成名

历经了失败的痛楚,经过了3年的蛰伏,已到不惑之年的马家杰没有了年轻时的冲动,却多了一份生意人的智慧。他在暗暗等待自己再次复出的机会。

2007年的一天,中央电视台的一个节目突然给了他一线光明。"当时看到国家出台办农民合作社的一系列惠农政策,不收税、不收管理费,还支持土地流转,等等。我心动了,想办一个农民合作社。"回忆起当时的情景,马家杰依然表情兴奋地说。虽然当时只是一个简单的想法,后面也还有很多的困难等着他,但这一想法却让他脱离了传统农民所固有的思想束缚——他学会了聚合集体的力量,把自己的命运与国家的政策联系起来。

2008年,以马家杰为核心的几户农民成立了家杰农资种植合作社,注册资金100万元,同时建立了合作社章程和管理制度。一种新型的农业经济形式开始在世代传统农耕的淮阳县曹河乡蹒跚起航。这次马家杰还是选择了种地,他说:"我首先和成员们共同学习种植技术、农药使用技术、机械使用方法。之后通过去各地考察、学习,在政府的支持下协调了30万元贷款,又组织成员集资贷款,在河北承包了2000多亩地。"马家杰的第一次出手就是大手笔。

但这次他明显考虑得更加成熟,汲取了在河北种棉花失败的经验和教训,他这次不再种棉花了,因为种棉花投入的人力、物力都太大。经过考察和比较,他把目光定在种豆上,不但投入小,而且便于管理,收割也能采用大型机械,省时省力。

而就在社员们一致同意种豆子的时候,谨慎的马家杰又多想了一层。种豆子固然有诸多好处,但是丰收之后能卖出什么样的价格呢?会不会给社员们带来实惠?他必须做到万无一失,实现开门红。又经过一段时间的市场考察,马家杰发现,豆种的价格要比普通商品豆的市场价高出0.3元,而且他的合作社又具有种植技术与农田管理的优势,种出优质的豆种绝对不成问题。于是,马家杰就到河北省文安县农业局寻求支持,并通过他们找到了文安县倡达种业,签订了大豆种子繁育合同。

接下来的事情一切顺理成章。不过有一件事令马家杰至今津津乐道:"收割豆种时,我从农机合作社调动了5部收割机,并且指导机手把大工作轮换成小工作轮,因为我懂机械技术,转速高了会烂豆子。收割完之后,当时地头有80米刚修的柏油路,尚未通车,上百万斤豆子黄澄澄地堆在那里,像座金山似的。倡达种业的领导到地里一看,这么好的豆子,高兴极了,又在合同价格的基础上每斤加一毛钱,当年给合作社成员带来了上百万利润。"掘得了第一桶金的马家杰婉言拒绝了文安县农业局高薪留他做技术顾问的邀请,再次回到老家继续经营自己的合作社,开始走上了"种粮大王"之路。

土地能生"金"

在河北一举成名的马家杰在家乡产生了不小的轰动,特别是他在河北用自己配制的除草剂战胜草荒的故事更是被传为佳话。周边的老百姓都想要他传达技术,买他的除草剂。淮阳县城一位经营农药多年的商户还要他大量提供除草剂,合作销售。由此,马家杰的信心更足了,胆子也更大了,特别是看到近年来国家对"三农"工作越来越重视,他觉得距离自己的梦想越来越近了。他说,农业不仅是"稳天下"的产业,还是"打天下"的产业;不仅是经济社会的"稳定器",还是转变经济发展方式的"新引擎"。只有与时俱进,不断创新搭建农业发展的新平台,推动农业现代化向广度和深度进军,才能加快新农村建设,全面实现建设小康社会的目标。

这些听上去耳熟能详的官话在马家杰的口中说出后似乎特别有力,特别是近两年土地流转新政策的出台,马家杰认为这是个千载难逢的大好机会。2009年,马家杰在当地的五三农场、太康县长青农场、临颍南街村、西华县军分区农场等地签订了上万亩的种植合同。紧接着,在与多年的合作伙伴泛区绿源化工、周口农科所等签订合作协议的基础上,马家杰又与合作多年的域外租地大户再次联手包地,专业繁育小麦、大豆品种,合作社负责农资提供、技术指导和良种精选,以高出市场0.25元的价格供应种子经营企业和各大国营农场,年总产值达亿元。

家杰农资合作社已经成为惠及全乡、带动乡邻,为企业加力、为农民增收的地方"品牌"。在他的引领下,目前曹河乡的小麦生长期施药由6次减少到3次,施肥成本由亩均300元降至200元,由点火灭麦秆变为机器自动还田。大豆喷洒除草剂,由大剂量的两次不除根变为微剂量的两次,避免了药害的延伸,降低了对下季作物的影响。

截至目前,家杰农资合作社已有5000多户合作社成员参与,有6000多户接受着合作社的技术指导,并且实现了曹河乡近8万亩土地、域外40万亩租地全部实行科学管理。在家杰合作社的帮助下,曹河乡的张国强、位廷玉、张建国、赵陪然、王成等一大批农户每年净收入不下20万元。对此,马家杰自豪地说:"企业老板开轿车,我们农民有钱了也要开轿车。现在我们有几位成员已经开上了几十万的小轿车。我想给大家说,还是土地能生金。"

而马家杰也成为了远近闻名的"种粮大王"、"科技明星"。2010年6月麦收时节,河南省电视台对马家杰进行了专题报道。同时,由于成绩突出,他还被河南省农业厅授予"创业明星"先进个人称号,被河南省社会文化联合会评为"和谐河南先进工作者",被河南省人民政府政策与发展研究中心授予"先进个人"称号。

对 话

带领更多的农民致富

问：目前您经营着数万亩的土地，感觉累吗？

马家杰：如果在以前，别说上万亩地，就是几亩地也能把我累坏。我现在骄傲的是，在合作社成员的共同努力下，加上我们的技术优势以及大型农机合作社的配合，现在经营几万亩土地很轻松。

问：目前农业合作社在国内非常多，您觉得家杰合作社的优势是什么？

马家杰：我觉得是技术。我们现在种植的全部是种子粮和高产优质粮。种子回收的时候要比商品粮高出两毛五到三毛钱。按我们的高产试验田每亩600公斤小麦算，每亩能增收二三百元。

问：最近有新的土地流转计划吗？

马家杰：我们前一段刚与舞钢市签订了4000亩地的合同，目前已经播种完毕。舞钢市的领导看到我们的种植模式，高兴地说我们比当地农民种得好。

问：听说您与世界最大的转基因种子公司孟山都也有合作，是吗？

马家杰：对，目前孟山都的产品在我们的试验田里也在使用，主要是用他们的杀虫剂、杀菌剂、除草剂。

问：您以后的打算是什么？

马家杰：在河南打造一流的大规模的农场，与高效农业机械公司进行合作。

问：您现在可以说已经拥有了足够的财富，有没有想着有一天到城市生活？

马家杰：没有想过。我一个农民也没有其他本事，只想能带领更多的农民掌握更多的技术，取得更大的效益。

问：您认为自己现在还是一个农民吗？

马家杰：我还是一个农民。但农民和农民不一样，我想做一个能带领农民共同致富的农民。

问：您对农产品涨价有什么样的看法？

马家杰：对农业合作社和所有农民来说，农产品涨价是最高兴的事，我们最害怕落价。另外，我最害怕的还有自然灾害。关于农业保险我也问了，如果每亩地交一两块钱的话，受灾而不绝收时每亩地最多能获赔二三十块钱。这对于我们这些农业合作社或者种粮大户来说太少了。所以我希望国家能在这方面出台一些更好的措施，以降低我们的种植风险。

米君：
缘定胡麻的执著前行者

•徐文正•

人物简史

米君，研究员，1954年出生于河北省张北县三号乡，1979年毕业于北京农业大学农学专业，曾被评为河北省有突出贡献中青年专家、张家口市拔尖人才和优秀科技工作者、国家油用胡麻产业技术体系育种研究室资源创新研究岗位专家，现任河北省张家口市农业科学院油料作物研究所首席专家。

坐在电脑前的米君和蔼可亲，虽然已经56岁，但依然精神矍铄。就是这样一位老人，把自己的所有时间用在了农业科研上，把自己的一生心血都奉献给了不太被人们所知的油料作物——胡麻。

周六的上午艳阳高照，晴空万里。走进米君的办公室，除了映入眼帘的一对沙发和一个大书柜外，偌大的空间里，吸引人们目光的是放在角落里的那张床。沙发、书柜、办公桌和床，这就是米君办公室里所有的家当，显得简单、整洁且朴实。

阳光透过窗户，投射到他的身上，满头的丝丝银发在阳光下格外闪亮。坐在电脑前的米君和蔼可亲，虽然已经56岁，但依然精神矍铄。就是面前这样一位老人，把自己的所有时间用在了农业科研上，把自己的一生心血都奉献给了不太被人们所知的油料作物——胡麻。

"歪打正着"入农学

"我那时间学习好着呢，没留过级。但是上学晚，所以大学毕业时已经26岁了，和现在二十二三就毕业的学生比，真是差太多了。"谈到自己的学生时代，满头白发的米君显得那么激动，从眼神中就可以看出那种回味生活的甜蜜。

1954年，米君出生在河北省张家口市坝上一个偏远的张北县。坝上特别的气候条件，加上学校离家较远的缘故，米君到9岁才走进了小学的校门。凭借着自己的勤奋好学和良好的悟性，在两年初中和两年高中的学习生活中，米君延续了在小学时的好成绩，功课门门优秀，一直到高中毕业。但是，转折也从毕业这年开始。由于当时政策规定，高中毕业生必须到农村锻炼两年才能获得被推荐上大学的资格。1974年，带着梦想和自信的高中毕业生米君，回到了老家接受贫下中农再教育。

"高中毕业那年，因为我成绩一直很好，所以当时就下定决心，也很有信心考个好学校，目标就是清华或者北大。"回想起高中毕业时的那次转折，米君脸上稍显遗憾和无奈。在回老家的再教育中，由于勤奋好学、表现突出，不久米君就被选举为村里生产大队的副队长，并兼任村会计职务。一年之后，有着突出表现的他，被当时的公社破格提拔为大队的团支部书记。

1976年，米君在农村锻炼已过两年时间，通过逐级推荐，他从所在的三号乡的100多名符合条件的高中毕业生中脱颖而出，获得了去北京农业大学（现中国农业大学）就读的名额。之后通过考试、考查，米君一路过关斩将顺利考入了北京农业大学，并成为该校农学系农学专业的学生。"当时能上北京农业大学，算是我们乡里，甚至是县上最好的大学了。"谈起他的大学考试，米君好像回到了当年。

"通过两年的农村生产实践使我认识到，农业生产水平低的主要因素是农业科学技术水平所限，农业科学技术是发展农业的第一生产力，所以我立志要学习和研究农业科学技术。"说到被推荐上农业大学是否和自己的期望与理想相符时，米君如此表示。

机缘巧合"识"胡麻

1979年7月,米君从北京农业大学顺利毕业,被分配到张家口市的坝上农科所,从事土壤肥料的科研工作,而这一干就是近10年。因为与自己在北京农业大学时所学的专业一致,所以米君在土壤肥料这个领域的工作还算得心应手,科研水平也得到了不断的提高。1987年,米君的"耕作土壤有效钼含量状况及钼肥施用技术"获得河北省科技进步四等奖;"农田轮作条件下氮磷钾肥效及土壤养分演变规律"也于1989年获河北省科技进步三等奖。

在完成自己本职工作的同时,米君还经常关注其他学科的发展,多次发表学术论文,学习国外一些先进的农学理论,这也使得他成为多个方面的专家。1989年,对于米君来说绝对又是一个转折年。从事了近10年土壤肥料研究的米君,有了转行的机会,也正是这次转行,使米君在之后的胡麻科研中成为了国内著名的胡麻专家之一。

就在那年,张家口市坝上农科所的老所长因为工作所需,要调离单位,而那位老所长是一位从事多年胡麻科研的专家。为了弥补自己调走后胡麻研究的空缺,在调任之前,老所长破例提拔了米君作为胡麻研究的继承者。从此,米君与胡麻结下了不解之缘,也把自己的心血和精力都献给了这个人们所不太熟知的行业。

"胡麻主要是用来榨油,而胡麻油是一种优质食用油,富含α-亚麻酸及各种不饱和脂肪酸,在动物体内可直接转化成DHA和EPA,这些物质是人体必需的不饱和脂肪酸,也是深海鱼油的主要成分,并具有促进人体智能、强身健脑、防止心血管疾病、抑制疾病基因等重要作用。"说到胡麻的用途,米君如数家珍。

"20世纪80年代中后期,胡麻生产遭遇到了严重的病虫害。枯萎病、炭疽病和立枯病成为当时的三大病害。"问起刚接手胡麻科研工作时的情况,米君深有感触地说:"所以,当时遇到的最大困难就是尽快培育出胡麻新品种,抵抗三大病对胡麻生产带来的影响。"

当时,米君所在的张家口市坝上农科所条件异常艰苦,不用说现在的高科技科研设备没有,就连日常的办公条件也很差,经常是七八个人挤在一间办公室上班。要克服困难,培育出具有抗病能力的胡麻新品种的难度可想而知。"在困难和条件不足的情况下,我们没有其他选择,只能自己创造条件,也要完成科研任务。"米君如是说,语气坚定而自信。

就这样,米君带领着他的胡麻团队,开始了他的胡麻育种"零起步"。由于之前的胡麻没有抵抗当时遇到的病害的能力,米君只能从最基本的开始,一步步摸索着前进。其中一个主要的办法就是自己人工培养病圃,然后在上面种植胡麻,培育能够适应这种病圃的胡麻新品种。功夫不负有心人,经过无数次的试验,米君和他的团队育成了抗病、高产、优质胡麻系列品种,如"坝亚五号"、"坝亚六号"、"坝亚七号"、"753"、"坝亚九号"、"坝亚十一号"、"坝亚十二号"和"坝选三号"等胡麻品种。这些品种高抗亚麻枯萎病，为生产解决了亚麻枯萎病的危害。同时，"坝亚七号"的含油率也达到了当时的全国领先水平，并于2002年获得了河北省三等奖。

"除了最开始遇到的病害，我们在胡麻科研当中遇到的另外一个难题就是资金不足。"说到钱，米君一脸感慨。为了了解一些国外在育种方面的科研资料，米君经常自己花钱买来相关的书刊杂志。同时他积极向当地和河北省政府争取科研经费。但是每年才1万多元的经费，怎么花都不够，胡麻科研团队最困难的时候只剩下了两个人，只能在单位搞些简单的实验。现在，我每年光国家现代农业产业技术体系都有70万元的科研经费，并且办公室也很宽绰，和之前真是没法比呀！"谈到现在的工作条件，米君脸上露出了会心的微笑。

潜心研究收获多

从1979年毕业分配到张家口坝上农科所，到2010年的张家口市农业科学研究院，米君一直在从事农作物科研工作。30多年风雨历程，米君靠着自己的勤奋钻研，加上同事的协助，在胡麻的育种和栽培研究上硕果累累。在米君参与培育的"坝亚五号"、"坝亚六号"、"坝亚七号"、"753"、"坝亚九号"、"坝亚十一号"等胡麻品种中，七号、九号和十一号更是意义重大。因为，它们是通过采用复合杂交、抗病育种、不同生态类型育种、加工品质育种等技术，选育出的抗病、高产、广适、品质优良的3个亚麻新品种，而这种亚麻种间杂交技术在国内尚处于领先水平。

进入21世纪，在营养保健食品研究开发方面兴起了不饱和脂肪酸热，而亚麻是不饱和脂肪酸主要来源，所以特异优质亚麻新品种发展应用前景广阔。为进一步发挥品种潜力，加速产业化发展的进程，创造更大的社会经济效益，2006年由河北省科技厅立科技推广项目在华北、西北等亚麻种植区对"坝亚七号"等进行深入广泛的推广。接着，以"坝亚七号"为原料，和北京万业经贸发展有限公司合作研究开发其药用价值，生产出"长安调脂软胶囊"保健药物，卫生部已经批准认证并批量生产。同时，米君依据亚麻种植区域生态特点以及亚麻生长发育规律，创造性研究总结出了亚麻"三早"栽培技术，应用此项栽培技术，比常规栽培法增产10%以上。"三早"栽培技术也为亚麻新品种推广提供了有力技术支撑。

到2010年，米君共育成审（认）定胡麻品种8个；获得国家科技进步奖1项，河北省科技进步奖7项，张家口市科技进步奖5项；主编图书一本，发表论文30余篇。由于成果显著，米君的职称也随之不断升高。在1989~2005年任坝上农科所经济作物研究室主任、亚麻育种课题主持人期间，米君实现了高级农艺师、副研究员和研究员的"三级跳"。2008年，国家油用胡麻产业技术体系聘米君为岗位专家和执行专家组专家。"'抗病高产优质亚麻系列品种选育及有机基地建设与应用'，这个项目2010年获得了河北省山区创业二等奖，是我最新的一个成绩。"米君幸福地说。

对 话

搞农业科研很值得

问：您从事这么多年的胡麻研究，可能不少人对它的关注度还不很高，请先介绍一下您这个"老朋友"好吗？

米君：您的比喻很恰当，胡麻真能称上是我的"老朋友"了。胡麻在我国至少有1000年栽培历史，是我国五大油料作物之一，含油率较高（38%以上），成为我国重要的经济作物和主要的油料作物，是我国工业用干性植物油和产区群众主要食用油的来源。

问：胡麻除了作为油料外，还有其他什么用途？

米君：其他主要是用到了工业上，像油漆、石墨、染料、制革等工业领域都有广泛应用。胡麻茎秆纤维质地柔软、耐磨、吸水性好、膨胀率大，是制造防水布、印刷油和油画色的工业原料，并广泛应用于肥皂、制革、橡胶工业。此外，胡麻籽中所含植物激素木酚素含量是其他普通作物的800倍左右，这种物质被人体吸收后，可以抑制癌症，特别是能降低乳腺癌、结肠癌和前列腺癌的发病率。胡麻籽中还富含可溶性植物纤维素，具有降低胆固醇的作用，经常食用胡麻籽，可以降低便秘、肥胖、心脏病等病症的发病率。

问：您现在最有成就感的是什么？

米君：当然是我研究出来的这些胡麻新品种。当看到地里种的是我培育出来的胡麻品种时，我觉得自己这么多年的心血和努力没有白费，总算是给乡亲们作了一点儿贡献。

问：您在胡麻的育种过程中，每一个新品种从开始培育到最后的成果鉴定，再到大面积推广，需要多长时间？

米君：我可以给你举个例子，以我的旱薄坡地抗病优质亚麻品种"坝亚九号"为例。这个品种是1989年配制杂交组合，1990年种成选种圃，1991年种成株行（株系）圃选单株，1992年入选优异株系，1993~1995年进行品系鉴定试验，1996~1998年进行品种比较试验，1998~1999年参加河北省亚麻品种区域试验，2000年进行生产鉴定试验，2006年通过成果鉴定。你从中可以看出，"坝亚九号"培育成功经历了10多年的时间。

问：那么您觉得自己能够克服困难坚持下来，并取得今天这些成就的原因是什么？

米君：搞科研的人，我认为最需要耐心，要耐得住寂寞才行。

问：您已经是56岁了，退休前的这几年怎么安排？

米君：是呀，再有4年就到退休年龄了，但我决定晚一年下来，干完"十二五"。这期间，在完成自己工作的同时，把我这几十年科研中的一些资料整理出来，为后来人打好基础，做好铺垫，给自己的科研画好句号。

米 君：缘定胡麻的执著前行者

相　海：
油脂加工行业"设计师"

· 万佳怡 ·

人物简史

相海，1964年3月出生于安徽省临泉县，1986年毕业于郑州粮食学院(现河南工业大学)油脂专业，现为油脂工程研究员、中国农机院油脂专业研究生导师、中国农机院油脂装备设计研究所所长、北京中农康元粮油技术发展有限公司总经理。

他研发主持的科技项目和课题提升了我国油脂加工行业的整体水平，他设计建造的炼油厂遍布全国各地。

他长年奔波在外，准确把握市场脉搏，为用户解决诸多难题，使中农康元在激烈的市场竞争中立于不败之地。

在业内打拼25年，北京中农康元粮油技术发展有限公司（即中国农机院油脂所，以下简称"中农康元"）的总经理相海设计建造的炼油厂遍布全国各地。在他的办公室里，光凭外表觉得他是个严肃的人，不苟言笑，做事雷厉风行，眼镜后面的目光中透出他特有的睿智与大气。但对于粮油行业，相海有着自己独有的深厚浓郁的感情。

黄土地里的扎实"耕牛"

"我是从农村出来的，种地出身，跟粮食有着不解之缘。"当我们问其如何走入粮食行业时，相海这样回答。

相海的老家临泉县位于安徽省西北部，地处中原，沃土肥壤，广袤百里，地平如砥，一望无垠。临泉是全国大型商品粮生产基地，种植的农作物有小麦、大豆、芝麻、玉米、棉花、花生、蔬菜、药材等，农副产品资源十分丰富。相海的祖上便世世代代生活在这片广阔的土地上，过着面朝黄土背朝天的农耕生活。在20世纪80年代，想要改变自己的身份和命运，唯一的方法就是考大学，走出去。在没有考到郑州粮食学院（现河南工业大学）之前，相海的理想就是考上大学，哪怕是个中专都行，只要能走出农村，成为城里人，吃上商品粮。

怀揣着走出农村的朴素梦想，相海参加了高考。报志愿的时候，本要报考园林专业的他被老师的一句话所影响，更改了自己的志愿。当时国家的粮食政策都是统购统销，粮食十分紧俏，平时就很关心相海的老师对他说："报郑州粮食学院吧，以后分配到粮食系统就能留在城里工作，待遇也好。"这位老师一直是相海尊敬和信任的老师，他的这句话让相海动摇了学习园林的想法，把志愿由北京林业大学的园林专业改到了郑州粮食学院的油脂专业。从此，他走上了粮油之路。

暑假过后，终于开学了。从拥挤的郑州火车站出来，被大卡车拉着去学校的路上，相海的心里无比自豪与激动，自己终于走出了那块土地，走进了大城市，要在这里创造自己的未来。直到现在，当我们问及时，相海脸上还满是幸福与自信，"要评价我的人生的话，我自己觉得还是比较满意的。

"回顾这么多年的人生，我最得意的就是学了粮食，进入粮食行业，很得心应手。"他总结说："人生就是这样，有时候是个机遇的问题。要是没有考上大学，还在老家种那两亩地都有可能。要是换了别的，又可能换了别的人生，都是一种机遇。"1986年，从郑州粮食学院，相海被分到了北京市大红门油厂。在大红门油厂里的这几年对于相海的整个事业生涯来说是非常重要的，可以说，相海现在的成就得益于早年在大红门油厂的积淀。

刚分配到油厂的时候，他是厂里唯一的大学生，那时候大学生可是"稀罕物"，厂里的工人都没见过大学生，到食堂吃饭时还有人在后面指指点点。为了和厂里的工人更好地交流，相海放下大学生的架子，主动和工人们打成一片。直到现在说起来，相海还总是说："我在工厂里和工人打交道时间长了，粗犷惯了，细不了。"这些经历也使得相海的性格变得粗犷豪爽、易于交往。进厂几年时间,凭着扎实的专业技术理论知识、严谨的科研能力、勇于开拓的创新精神以及与工人们打成一片的亲和力,相海被任命为副厂长。

粮油这个行业比较特殊,当时全国粮油是统购统销,可以说只要是搞粮食的都是一家人。当年的大红门油厂在油脂行业也是比较有名的,由于和全国油厂同行接触得比较多,相海在油厂的时候,到全国很多地方出过差,也结交了很多粮油界的朋友。后来,相海离开油厂到现在的中农康元还得益于在原来厂里的学习和积累,现在还有以前的很多朋友帮忙。

粮油市场的辛勤"蜜蜂"

为了实现更大的人生目标和理想,1994年从油厂走出来的相海进入了北京艾森绿宝油脂有限公司担任总经理助理、工厂部经理,后来又到北海粮油(天津)北京分公司大包装部担任经理的职务。1998年,相海进入中国农业机械化科学研究院油脂所(现北京中农康元粮油技术发展有限公司)担任所长。这个时候的相海早已过了而立之年,事业也逐渐进入正轨。按常理来说,这个时候相海也应该进入守成的时期。

但是,他没有安逸地坐在办公室,享受着事业成功带来的满足感。他长年奔波在全国各地,节假日很少休息,为的是跟踪市场,把握市场脉搏,通过自身的业务知识,为用户解决诸多难题,使油脂所的科研、生产、销售和服务走上了良性循环的发展道路,在激烈的市场竞争中立于不败之地。用相海的话说,我是从一线出来的,坐不住,总想自己身体力行做些什么,为公司作些贡献,心里才踏实。

要想做好企业,做百年企业,就必须具备核心竞争力,有拿得出手的"硬东西"才能在激烈的竞争中立于不败之地。相海把目光放在了科技上,十几年来,油脂所开发的膨化机、振动过滤机等产品不断得到改进,一直保持着国内同类产品领先水平,国内市场占有率在50%以上,并远销美国、意大利、以色列等国家,使油脂所在油脂界享有盛誉。

相海参与研发的"YLZ系列振动排渣过滤机"课题获得机械部科技进步三等奖、国家新产品称号;"YJP油料挤压膨化机"获得中国机械科技进步二等奖,填补了国内空白;近些年又进一步研发了NLG逆流干燥器、TKG油菜籽剥壳机等多个系列十几个产品,其中部分产品填补国内空白,达到国际先进水平,提升了我国油脂加工行业的整体实力。

先后作为课题主要负责人,他参与了多项国家课题的研究,其中科技部的院所基金项目1项,国家经贸委国家技术创新项目计划1项;国家计委的现代农业高新技术示范工程项目1项;国家"十五"科技支撑计划1项;国家"十一五"科技支撑计划2项,并成功推出"液晶态分离技术及其在油脂加工应用"、"油菜籽脱壳低温调质膨化技术及设备"、"油菜籽膨化预榨制油新工艺及关键设备研究"、"20t/d米糠膨化保鲜技术及关键装备"、"200t/d油菜籽冷榨机"等一大批科技成果。其中,"油菜籽膨化预榨制油新工艺及关键设备研究"获得2007年度中国粮油学会科学技术二等奖;"20t/d米糠膨化保鲜技术及关键装备"分别获得2008年度中国粮油学会科学技术二等奖和中国机械工业科学技术三等奖,以上成果均已实现产业化并创造了巨大的经济和社会效益。

有了过硬的技术,就不怕没有好的市场。相海说,很多时候,一些单位或公司就是看中了我们的技术,才选择让我们来做一些项目。我们在竞标工程的时候,一般都是精心把方案做好,几乎没有做过其他的公关工作。

在这个期间,相海领导完成了重庆利农一把手400t/d油菜籽预榨浸出、150t/d精炼油全厂交钥匙工程总承包;山东香驰集团2000t/d大豆膨化浸出改造工程;辽宁五峰米业100t/d米糠预处理、浸出油厂交钥匙工程;桦川鸿泰油脂25t/d米糠油精炼工程;海油碧路(南通)生物能源蛋白饲料有限公司1500t/d棉籽剥壳处理车间;阜新黑土地油脂有限公司200t/d花生深加工工程项目等几十个交钥匙工程。作为油脂行业公认的有较高知名度的技术专家,他先后在各种学术交流会和重要专业刊物上发表论文10余篇,获得中国包装与食品机械总公司2002年度"金蜜蜂奖"、中国包装与食品机械总公司2003年度"金牛奖"、"北京市先进工作者"、"北京市优秀共产党员"、"北京市优秀科技领导干部三等奖"等荣誉。

回首过去,相海露出了颇为自信的微笑。当很多光环围绕在头上时,他也没有骄傲,而是继续像蜜蜂一样勤勤恳恳地忙碌在粮油科研和市场中。

企业经营的智慧"王者"

正如相海的生肖——龙一样,在企业管理中,他无疑是一位王者。在中农康元从无到有的一二十年里,企业管理这部分一直靠领导者的个人魅力来进行,主观意识占主导地位。相海算是公司里的元老,像老大哥一样受着大家的尊重,所以很多事情他安排下去大家就都会照着做,并没有一个正规的流程。这样的管理模式实行了这么多年,公司和谐。但睿智的相海却看到了问题的存在。

"我们要做的是百年企业。"相海说:"现在的管理制度看着很方便、很省事,但是时间长了就会出问题,我们要有一套规范的管理模式。这样做什么都有个流程,某一个环节上面出了问题也能按照流程迅速找到出错之处,避免大的损失。而且下单执行有据可查,可以随时跟踪工作进度。"所以,相海认为,当务之急就是要做出一个规范化的管理模式,进行人力资源配置、成本控制管理,制定整体的战略目标规划。

在企业文化建设方面,相海最注重的还是建设学习型企业。他关注员工的再教育,并鼓励员工积极参与业余的学习培训。公司规定,凭业余时间学习获得的结业证书、资格证书等都可以到公司财务部门报销费用。这极大地促进了员工们的学习热情,在相海的鼓励下,公司多数员工都积极参与到继续学习之中。

在日常工作中,相海带领中农康元的员工们提出:成熟的技术、可靠的性能、过硬的质量是我们赖以生存和发展的宗旨和保障。我们将以尽善尽美的工作为客户提供最值得信赖、最贴近实际需要的技术和服务,全心全意为顾客提供帮助与服务。这一原则已经成为中农康元企业文化的宗旨。

在繁忙的工作之余,相海还会抽出时间组织大家举行一些活动,活跃公司里的员工生活。"我们所制定的规范化管理模式把企业文化活动建设作为重点项目列入其中,要让企业在和谐融洽的氛围里健康成长。"相海在提到企业文化时表示。

建设百年企业不是一个空想、一句空话,而是相海以及全体中农康元人的企业愿景。中农康元公司也正在经受着一次次脱胎换骨的历练与转变,相信相海定会带领着他的中农康元一路向前,最终成就梦想。

对话

粮油总有一席之地

问:在门口看到公司有两个名称,能谈谈中国农机院油脂所和北京中农康元粮油技术发展有限公司是什么样的关系吗?

相海:油脂所在中国农业机械化科学研究院中不管是学术研究还是销售等,都是比较单纯比较独立的一个部门,所以农机院就把这部分拿出来作为一个试点单位,改制成为股份制,成立了中农康元公司。可以说是一套人马两块牌子,主要是做粮油工程咨询、工程设计、工程总承包、安装调试及技术培训等工作。

问:刚刚过去的金融危机中,中盛、华农等一些知名的大型粮油企业纷纷破产,请问您的公司有没有受到什么影响?您又是怎么应对的呢?

相海:粮油行业其实一直都很平稳,虽然也有起起落落,但大家都要吃饭,就离不开这个行业,即使利很薄,但总还有一席之地。至于在金融危机中倒闭的企业,其实和他们炒期货有不可分割的联系。有多少钱办多少事,还是能很保险地度过危机。

问:公司目前的规模还算是不错的,请谈一下您对公司的远景规划和理想?

相海:我们公司现在只有一二十年的历史,从两三个人发展到一二十个人、一二百个人,一步步到今天很是不易。我希望它能成长为一个百年企业,持续发展下去。

问:很多成功人士都有着自己的爱好,您的业余时间是怎么安排的呢?

相海:我平时工作很忙,业余时间少。我喜欢动物,可以说是个不折不扣的动物爱好者。在电视上、书上、动物园里及平时生活中能见到的动物我都能给你说出名字、种类以及它们的生活习性,等等。从动物身上我也能悟出很多人生之道。我这个人还比较怀旧,喜欢看老的东西,一般去看出土文物、历史古迹什么的,喜欢去逛博物馆。但并没有收藏,只是爱看。

缪其满：
永不满足的"四海"前行者

·姜华山·

人物简史

缪其满，1960年出生，安徽省无为县无城镇人，安徽四海食品有限公司董事长。1975~1995年先后多次创业；1995年创办了无城竹园面粉厂，从一个10多人的小企业，发展为现有总资产6800多万元、员工200多人、产值近2亿元的省级农业产业化龙头企业；1999年以来，分别获得"安徽省创业之星"、"巢湖市金凤凰奖"等荣誉。

善于从不经意的小事中发现和把握商机，是缪其满经商的秘诀，而永不满足则是浸透在他骨子里的豪气。白手起家的他每次在事业即将达到高峰时，往往急流勇退，跳入另外一个陌生的行业，从新的起点再来。如今，他开始把眼光从自我提升转移到了幸福更多的人。

他是我所见的第一个永不知足的人。当过矿工、杀过猪、宰过鹅、制过瓦、卤过板鸭,白手起家的他每次在事业即将达到高峰时,往往急流勇退,跳入另外一个陌生的行业,从新的起点再来。直到现在把企业做成资产数亿元的安徽省粮食产业化龙头企业,他依然不安现状,一心创建一流企业,创新美食文化,创造美好生活,进军资本市场。他就是安徽省无为县四海食品有限公司董事长缪其满。

面前的缪其满似乎与矿工、屠户、厨师这些字眼毫不相关,既非皮肤黝黑,也非"脑袋大、脖子粗",反倒"低声细语"显得有些书生气,以至于我们不得不提醒他说话大声一些。

讲起创业前期的经历,他自己都感觉有些好笑,从安徽铜陵到南京、上海、连云港、哈尔滨,再到无为县,他频繁地"跳槽",在一个地方从不超过3年,无论是开一个小小的门店卖板鸭,还是日加工上万只鸡与鹅,他所看重的只是能否实现再一次的跳跃。一直跟随他四处漂泊的妻子无奈地说他是"一个不知满足的人",但他却说,人是要有精神的,男人就是不能知足。其实,如果把人生看成是一次旅行,体验越丰富的人越懂得人生和生命的内涵。

漂泊中前行

回首自己的创业历程,缪其满说了一句很富哲理的话:"善于从平常小事中发现和把握商机才能成功。"1975年,从无为县中学毕业后,缪其满来到了铜陵市有色金属公司当了一名井下工。"黑暗"的生活虽给了他强壮的身体、坚强的意志,但也让他倍加渴望"光明"。而这一望就是6年。

6年后,回到家乡的缪其满不失时机地抓住了改革开放的先机。他联合6户村民创办了村里的第一个食品厂——竹园食品厂,当上了只有12名员工的一个家庭手工作坊的厂长。一年后,食品厂员工扩展至36人,总资产由原来的6000元增加到3.6万元。但正当食品厂稳步发展的时候,刚干了3年的缪其满觉得再也不能这样干下去了,由于股东们文化素质低、技术力量有限,他觉得如此下去成不了大气候。

于是,1983年缪其满带着妻子来到了南京,并与该市浦口区农机公司联合创办了味美食品厂,自任副厂长,负责营销业务。从农村到大城市,从小作坊的厂长到大企业的副厂长,按常理缪其满的工作与生活已经发生了质的变化,可以稳定下来过安逸的生活。可是当机遇来临的时候,缪其满再次选择了漂泊。

一次,他在南京市汉中门与客户谈生意,无意中从客户口中得知当地人喜欢吃猪肉,但杀猪的人却不多,猪肉很难买。"我当时就觉得这是一个很好的商机,有赚头。"缪其满兴奋地说。他回家后立即找妻子商量,没想到妻子很支持他的想法。于是,夫妇俩离开了味美食品厂,跑到了南京市汉中门农贸市场从事个体屠宰业。他说:"当时杀一头猪可净赚80(元),我们每天杀两头,一天就能赚160(元)。"与当时大部分人月工资不过百元相比,缪其满的兴奋不无理由。后来因为市场拆迁,他转战马鞍山继续杀猪卖肉，到了1989年，他手头已经攒了6万元的资金。不仅是名副其实的"万元户"，甚至可以说是一个"有钱人"。

有了钱的缪其满不再满足于杀猪卖肉的行当了，当时"一心想要自己开个厂"的他衣锦还乡，创办了玻纤瓦厂，当年他的6万元就变成了27万元。后因无为县的轮窑制砖行业不景气，资金回笼十分困难，他又断然停厂。说到此，不得不说一下无为县的一张名片——无为板鸭。据说，早在清代道光年间无为板鸭就闻名于世，距今已有200年的历史。如今在无为，做板鸭的不计其数，出名的大多在城里，城南马家、城东燕家，可谓妇孺皆知的老字号，卤水配料和熏烤火候，都是祖上秘传，从不示人。

善于从小事中发现机遇的缪其满与无为板鸭也有过一段不解之缘。1989年，看到无为板鸭声名渐起，不做瓦厂的缪其满学了一手做板鸭技术之后，就到了妻子的老家张家港市东莱镇做起了无为板鸭生意。一天，他骑着三轮车走街串巷卖板鸭，忽然发现有不少人在他这儿买整只板鸭，他感到很奇怪，就问其中一人缘由。那个人说自己是某饭店的伙计，客人非常喜欢吃无为板鸭，饭店需求量很大。缪其满听后心中一阵狂喜。第二天，缪其满骑着三轮车，往一家一家饭店和食堂跑，尽力推销自己的板鸭。由于他做的板鸭口感鲜美，价格公道，很快就打开了销路。"以前零售，一天最多能卖出20只板鸭，往饭店和食堂送，平均每天能卖出60只，有时能卖出80多只，第一年就赚了8万元。"缪其满再一次成功跳跃。

前行中开拓

在黑暗处需要光亮，在困境中需要奋起，在奋斗中需要执著。人在不同的阶段，追求往往也不一样，或许这才应是"不知足"的真正含义。今年想要的东西明年才到手，它就没有了意义，到了明年就应当毫不含糊地放弃掉去年还很迷恋的东西。火箭之所以越飞越高远，就在于它不断地甩掉累赘，于是它看见了更广阔的风景。

1992年年初，缪其满又开始不满足张家港这块土地，他将所有经营的产权交给他带去的亲戚，然后带着妻子去上海金山县又创办了一家卤菜店，实行自己采购、宰杀、加工、销售一条龙服务。当时的他想做一个轻松的老板，不再事事亲力亲为，而是重点把控成本、质量与市场。于是，他招聘了18个人，每天平均加工板鸭200只。截至1993年年初，他累计存款达到了70多万元。而那一段时间确实是他最轻松、最开心的时候。

实话实说，行文至此，我再也找不到用什么样的词来描述缪其满的下一步转折，但事实是，正是在他最轻松的时候，他再次选择了别离，来到了冰城——哈尔滨。这次，他承包了一个国有冷库，并购买了先进的生产线杀鹅、杀鸡。"一天最多杀到1万多只。经过冷冻后运到上海，分销给以前的老客户。"对于这一段历史，应该说是缪其满人生的又一个巅峰，但他却说得很简略。

而此时，家乡无为县开始了"凤还巢"工程，当时的领导极力邀请他回来投资兴业。于是，他又开始返乡创业。1995年5月，缪其满决定投资127万元创办无城竹园面粉厂。然而，第一年3个月的时间他亏损了7万多元。之后，他总结出主要是没有技术力量造成的，并非是市场的问题。于是他花重金请来了阜阳市粮油食品厂的面粉车间主任，全面管理面粉车间的人事、生产和加工任务，并日夜培训员工。这样，到1997年无为面粉厂收益90多万元，缪其满的回乡创业到这时才算有了起色。而其公司生产的"争鸣"牌面粉、面条逐渐占当地市场95%的份额，并畅销北京、上海等全国20多个大中城市，成为安徽省著名商标。

同时，为了将当地农民带上致富之路，缪其满在资金、麦种和技术上全力给予支持。几年来，他每年都要拿出10多万元的现金，专门请专家技术人员到田间对农民进行技术指导。在每年的播种前，向农民发布品种和价格信息，并与农户签订合同，短短的10年里，公司与全县3.5万小麦农户进行股份制合作，订单面积达15万多亩。

开拓中升华

善于从不经意的小事中发现和把握商机，是缪其满经商的秘诀。这个秘诀给他带来了成功和财富，也培养了他不断学习和充实自我的习惯。在管理公司之余，四五十岁的他还到合肥工业大学学习经济管理专业，努力把现代企业经营理念融入到自己的企业发展之中。

无为县盛产红薯。但由于鲜薯的季节性很强(一般3个月左右)，产地一般在较贫困的山区，且地域分散，因交通问题运不出、吃不完烂掉的很多。而城市人现在都在提倡吃粗粮，但是因为保存与运输的问题，再加上价格高，也难以吃到鲜薯。看到这一商机后，缪其满经多方打听获知，四川光友公司利用红薯发明了无明矾粉丝，这是一项国家专利。他得到信息后，先后几十次去四川光友公司了解红薯加工成淀粉、粉丝及方便粉丝等食品及快餐食品的情况，得知副产品薯渣又可就地消化作饲料，既促进当地养殖业的发展，又环保。于是，他从四川光友公司买下了无明矾粉丝专利，并于2006年新建年产3000吨薯类方便系列产品深加工生产线。

如今，安徽四海食品有限公司总资产已达6800多万元，现有职工216人，拥有年加工6.8万吨面粉、面条和年产9000吨方便粉丝生产线。2009年加工产值1.862亿元，实现销售收入1.6亿元，是安徽省面条、面粉规模化生产基地之一，在方便粉丝生产上是安徽省唯一一家上规模、上档次企业，并成为安徽省粮食产业化龙头企业，被国家粮食局评为"全国放心粮油企业"。已经事业有成的缪其满在不知足中终于完成了自己的创业梦，而此时的他依然远未知足，开始把眼光从自我转移到了更多的人身上。他常说："人要讲奉献，不能光想着自己。"除了做修路、建学等公益事业之外，他把企业的使命定为"推动农业产业化及食品工业化发展"，通过精益求精地生产放心、绿色、健康食品创建一流的企业，"志圆农民小康梦"。同时，不出意外的话，2013年四海还将成为资本市场上的又一家上市食品企业。

> 对 话

做食品就是做良心

从创业历程上看,缪其满是一个不知满足的人,在企业管理与经营上,他同样也是这样。创建一流企业、确保一流产品、实现一流业绩,是他的目标。

问:您的妻子说您是一个"永不知足"的人,您怎么看她的评价?

缪其满:从1975年参加工作到1995年创立面粉厂,我始终在跳行业打拼,但我是在发展中跳,而且越跳做得越大。男人就应该不知足,趁现在身体还不错,也不存在吃饭问题,再好好地干一场。做企业必须要求发展,逆水行舟,不进则退。

问:在无为这样一个县城做企业,为什么要起"四海"这个名字呢?

缪其满:四海之内皆朋友嘛。市场是一棵摇钱树,任何个体的力量是难以撼动的,只有共同努力作用于市场,财源才能滚滚而来。另外,在创业时我就感受到,任何简单利益关系的合作都是很难持久的,只有血肉相连、相互依存的战略合作,方能持续、健康、共赢,才能长远。

问:近几年食品安全事件层出不穷,作为一家食品生产企业,您怎样看待食品安全?

缪其满:我经常对员工说:民以食为天,做粮食加工企业,利润少一点没关系,一定要做良心食品,一定要严把产品质量关,应当以"质量似生命,信誉博人心,价廉占市场"为宗旨。

问:在安全这个链条上您具体是怎样把控的?

缪其满:比如我们的小麦、红薯等原材料和其他辅料,严格规定不论是从本公司收购点收购,还是从客户中进购,都必须抽样化验,不合格决不采用,坚决做到"宁缺毋滥"。在生产管理上,所有生产一线工人必须遵守食品卫生条例,进出一线车间必须更换衣、帽、鞋、清洁手。此外,还组织员工到县卫生防疫部门进行体检,取得相关合格证后才能上岗。由于采取了一系列措施,我们生产的面条、方便粉丝的质量一直保持优良。

问:为什么四海的产品可以做到先打款后发货?

缪其满:主要还是因为我刚才所说的产品质量,做食品就是做良心,这句话不是我发明的,但是是我发自内心的感慨。除了这个之外,就是品牌优势,我们的"争鸣"面粉、面条和"蕾枫"方便粉丝是安徽名牌农产品、免检产品。

问:对于四海,您未来的定位是什么?

缪其满:我们的目标是做成一流的企业。方便粉丝这一块从起步开始就是安徽第一,很快就将是华东第一,但这不是我们的目标。

后记 /POSTSCRIPT

  从生产、流通到加工、消费,围绕中国粮食这一主题,单学科、单作物品类的图书并不少见,但对粮食经济全面的关注却还是个"被遗漏的角落"。由《粮油市场报》编撰出品的"中国粮油书系"无意间填补了这个空白。

  中国是个农业大国,中华文明的核心就是农业文明,无论是回望粮油人物撩开古老文明的一角面纱,还是探秘广袤中华大地的种植文化,无论是解码粮油企业家的财智方略,还是对粮食产业的深度观察与思考,都是在做五谷文章,都需要潜心耕耘。我们深知,只有沉下去真正感知中国粮食经济的优势、劣势和发展潜力,才能读懂中国农业,才能真正助推粮食强国。希望这些来自粮油一线的观察、解读、感知、思考,能为涉农涉粮工作者提供一点有益的启迪。

  本书系的出版凝聚了所有粮油市场报人的智慧,也凝结着众多领导、专家、学者的心血。特别感谢郑州粮食批发市场董事长刘文进、总经理乔林选,正是在他们的悉心指导和大力支持下,改版后的《粮油市场报》乘势推出了"中国粮油地理"、"中国粮油财富"、"中国粮油产业"等一系列专刊、专栏,为本书系的结集出版积淀了大量鲜活、生动、深刻的素材。

  在采访、报道和编撰过程中,国家粮食局、中国农业发展银行、中国粮食行业协会等涉农涉粮部门、组织和个人给予诸多指导、关怀和帮助,不少采访是在他们的直接指导下完成的。许多来自一线的粮食工作者热情出谋献策,答疑解疑,无私协助,是隐藏在文章具名背后的英雄。在成文过程中,我们还参考了一些知名专家学者的专著或论点,摘录了部分媒体记者的报道资料,他们深邃的思想、精彩的论述为文章添色良多。在此一并表示诚挚谢意。

  本书系的顺利出版还得益于河南大学出版社的大力支持和精心策划,他们派出精兵强将精心编校,提出了许多真知灼见。他们的辛勤付出使本书系最终能够走进"农家书屋",呈放在您的案头。

  本书系的统筹、组稿分别如下:《中国粮油地理探秘》、《中国粮油新视点》为裴会永、白俐;《中国粮油产业观察》为石金功、宋立强;《中国粮油财富解码》为张宛丽、任敏;王丽芳承担了《中国粮油人物志》的组稿工作,并独立撰写了该书。王小娟、王勃、孙利敏为本书系设计制作了封面和插图。其他作者因文中均有具名,这里不再一一列举。

  虽然编者尽了最大努力,但由于学识有限,书中仍难免存在错漏之处,敬请广大读者不吝赐教,我们将在今后的工作中尽力完善。

打造精品图书　竭诚服务三农
河南大学出版社
读者信息反馈表

尊敬的读者：

感谢您购买、阅读和使用河南大学出版社的一书，我们希望通过这张小小的反馈表来获得您更多的建议和意见，以改进我们的工作，加强我们双方的沟通和联系。我们期待着能为您和更多的读者提供更多的好书。

请您填妥下表后，寄回或发E-mail给我们，对您的支持我们不胜感激！

1.您是从何种途径得知本书的：
　□书店　　□网上　　□报刊　　□图书馆　　□朋友推荐

2.您为什么决定购买本书：
　□工作需要　　□学习参考　　□对本书感兴趣　　□随便翻翻

3.您对本书内容的评价是：
　□很好　　□好　　□一般　　□差　　□很差

4.您在阅读本书的过程中有没有发现明显的错误，如果有，它们是：
_____
_____

5.您对哪一类的图书信息比较感兴趣：
_____

6.如果方便，请提供您的个人信息，以便于我们和您联系(您的个人资料我们将严格保密)：
　您供职的单位：_____
　您教授的课程(老师填写)：_____
　您的通信地址：_____
　您的电子邮箱：_____

请联系我们：
电话:0371-86059712　0371-86059713　0371-86059715
传真:0371-86059713
E-mail:hdgdjyfs@163.com
通讯地址:450046　河南省郑州市郑东新区CBD商务外环路商务西七街中华大厦2304室

河南大学出版社高等教育出版分社